奥咨达医疗器械行业蓝皮书系列

2018
奥咨达医疗器械行业
研究报告

主编◎张 峰 潘 薇 李 晶

·广州·

图书在版编目（CIP）数据

2018奥咨达医疗器械行业研究报告/张峰，潘薇，李晶主编.—广州：华南理工大学出版社，2019.4
ISBN 978-7-5623-5957-9

Ⅰ.①2… Ⅱ.①张…②潘…③李… Ⅲ.①医疗器械-制造工业-研究报告-中国-2018 Ⅳ.①F426.7

中国版本图书馆CIP数据核字（2019）第056285号

2018 AOZIDA YILIAO QIXIE HANGYE YANJIU BAOGAO
2018奥咨达医疗器械行业研究报告

张峰　潘薇　李晶　主编

出 版 人：卢家明
出版发行：华南理工大学出版社
　　　　　（广州五山华南理工大学17号楼，邮编510640）
　　　　　http://www.scutpress.com.cn　E-mail: scutc13@scut.edu.cn
　　　　　营销部电话：020-87113487　87111048（传真）
责任编辑：黄丽谊
印 刷 者：广州市新怡印务有限公司
开　　本：787mm×960mm　1/16　印张：19.5　字数：361千
版　　次：2019年4月第1版　2019年4月第1次印刷
定　　价：168.00元

版权所有　盗版必究　印装差错　负责调换

编委会

主　编：张　峰　潘　薇　李　晶
副主编：钟志辉　顾新中　吴庆荣
编　委：（按姓氏拼音排名）

曹延昭　范　安　方菁嶷　高桂萍
郭树林　郭新海　黄怡隽　黄　颖
金浩宇　李梦涛　黎　勇　卢坤明
罗　斐　罗勇彪　陆志城　马　杰
马　骁　孟　慧　任　力　疏　翠
孙嘉伟　魏旭峰　夏　天　夏延春
杨业平　杨　宇　招仲恒　詹金城
张晓慧　周　晶　周　勇　朱远洪

序

2018年中国医疗器械产业在监管与创新上迈出了重要一步，划时代的医疗器械上市许可持有人制度的落地与拓展，为产业带来了新的生机。产品注册和生产许可的"解绑"为业界释放了500亿元的制度红利，同时极大激发了产业创新的活力。在可以预见的将来，奥咨达创建的医疗器械3C服务平台的诞生，将会带来医疗器械生产组织方式的巨大变革，未来产业发展格局也将因此发生变化。

2018年我国医疗器械行业仍保持快速增长态势，不断出台的鼓励创新政策为产业发展增添了助推剂，如深化公立医院综合改革文件的发布、4+7城市药品集中采购试点的启动等，均为医药购销环境带来质的改变。而美国挑起的贸易摩擦给中国医疗器械产业未来发展蒙上了一层阴霾。此外，医疗器械作为与生命健康息息相关的特殊商品，其质量是医疗健康领域永远不能失守的底线。"问题疫苗""致癌原料药"等事件，为医疗健康领域的监管敲响了警钟。监管部门仍需进一步规范医疗器械市场的监管，着力建立与世界接轨的监管制度和体系，确保医疗器械产品的安全有效和高质量，促进产业健康发展。

奥咨达医疗器械服务集团继2017年开创企业先河，出版发行了奥咨达第一本行业蓝皮书《2016奥咨达医疗器械行业蓝皮书》后，于2018年乘势推出《2017奥咨达医疗器械行业蓝皮书》。蓝皮书对当年中国的医疗器械行业进行了全面回顾和分析，让广大同行明晰医疗器械产业发展的状况与趋势，在行业内引起了强烈的反响和广泛的好评。

今年我们再接再厉，围绕医疗器械产业生态圈，组织专家编写了奥咨达医疗器械行业蓝皮书系列之《2018奥咨达医疗器械行业研究报告》。本书分为七部分，涵盖医疗器械上市许可持有人制度与医疗器械产业服务平台，全球医疗器械法规和监管动态、临床评价发展状况、行业市场和投融资概况以及对行业未来发展的展望。本书通过详实的资料、数据、图表进行客观的分析论述，全面反映了2018年医疗器械行业现状，展望行业未来发展方向。

衷心希望通过我们的努力，为我国医疗器械行业发展略尽绵力，期待中国成为全球医疗器械产业中心，祝愿中国医疗器械产业发展得越来越好！

奥咨达医疗器械行业蓝皮书编委会
2018年12月31日

目 录

概述 ·· 1
　一、行业升级,快速增长 ·· 1
　二、加强监管,鼓励创新 ·· 1
　三、研发突破,产业加速 ·· 2
　四、创新引领,合规护航,未来可期 ··· 4

第一章　生产组织方式创新　改变产业发展格局 ··· 5
　一、医疗器械上市许可持有人制度的探索 ··· 5
　二、医疗器械3C产业平台,是顺应时代发展的创新模式 ································ 13

第二章　中国医疗器械法规和监管概览 ·· 24
　一、2018年中国医疗器械法规发布概况 ·· 25
　二、重点法规及监管情况概述 ··· 28
　三、近年国家局注册审批及创新优先审批情况 ·· 57
　四、近年医疗器械注册退审和撤审汇总 ·· 84
　五、2018年国内医疗器械监管动态 ··· 90

第三章　中国医疗器械临床评价发展状况 ··108
　一、临床评价法规监管动态 ···108
　二、医疗器械临床评价及其常见问题 ···113
　三、体外诊断试剂临床评价的常见问题及展望 ···117
　四、临床试验数据管理监管概况 ··121
　五、医疗器械临床试验生物统计现状和趋势 ··126

六、医疗器械临床评价未来发展展望……………………………………………133

第四章　2018年国际医疗器械监管动态　138
　　一、美国医疗器械监管动态概述……………………………………………138
　　二、欧盟CE认证监管动态……………………………………………………143
　　三、其他国家监管动态………………………………………………………145
　　四、其他国际组织动态………………………………………………………147
　　五、专业精准的翻译，助力全球法规监管精要的传播……………………149

第五章　医疗器械行业市场发展状况　152
　　一、中国医疗器械行业市场发展状况………………………………………152
　　二、全球医疗器械行业市场发展状况………………………………………154
　　三、年度热点行业事件简述…………………………………………………156
　　四、行业需求解析……………………………………………………………160

第六章　中国医疗器械投资概况　180
　　一、2018年医疗器械行业投融资情况………………………………………180
　　二、2018年医疗器械上市公司半年业绩概况………………………………182
　　三、香港上市制度改革对生物科技公司上市的影响………………………185
　　四、中国医疗器械企业跨境投资情况………………………………………185
　　五、奥咨达推荐的医疗器械投资领域………………………………………187

第七章　中国医疗器械行业未来发展展望　197
　　一、未来十年将是有序发展的黄金生长期…………………………………197
　　二、中国医疗器械上市公司即将突破百家…………………………………198
　　三、产生3～5家航母级的医疗器械企业……………………………………202
　　四、中国将成为全球医疗器械产业中心……………………………………203

附　录　206
　　附录1　2018年国务院发布关于医疗器械的法规文件清单………………206

附录2 2018年其他部委发布关于医疗器械的法规文件清单……………208
附录3 2018年国家药监主管部门发布关于医疗器械的法规文件情况……211
附录4 2018年国家药品监督管理局发布医疗器械指导原则的通告……217
附录5 2018年市场总局、国家药品监督管理局发布医疗器械法规文件
　　　征求意见稿……………………………………………………222
附录6 2018年发布医疗器械行业标准清单………………………………224
附录7 2014年至今国家局创新医疗器械公示产品清单…………………232
附录8 2018年FDA发布指南性文件清单（中英文对照）………………247
附录9 欧盟施行MDR/IVDR相关重要事项时间安排……………………259
附录10 现行法规欧盟官方公告机构清单…………………………………266
附录11 2018年投融资案例汇总……………………………………………272

后记……………………………………………………………………………302

概 述

近年来，我国医疗器械产业发展成效喜人，年均增速已连续多年在20%以上，成为生命健康领域发展最快的行业，远高于国民经济的平均增长水平。从整体发展情况看，我国医疗器械产品还集中在中低端产品领域，但部分领域已开始突破。2018年度的医疗器械产业发展又将呈现如何境况？以下分别从行业市场、法规监管和创新发展等方面展开解析。

一、行业升级，快速增长

2018年，我国医疗器械行业仍保持快速增长态势，国产医疗器械发展迎来了加速期。2018年我国医疗器械市场总规模约为6070亿元，比2017年增长了16%。总体而言，我国医疗器械市场发展滞后于药品市场，我国器械/药物市场规模比例仅为0.3∶1，远低于欧美1∶1的水平，未来发展空间潜力巨大。按照15%的增速估计，到2020年我国器械市场规模有望达到8000亿元。

但是高增长的同时也有诸多问题显现，特别是2018年4月份以来，美国挑起的贸易摩擦给中国医疗器械产业发展蒙上了一层阴霾。4月3日，美国发布针对总额约500亿美元的拟征税中国商品出口清单，涉及特色原料药、生物制品、制剂、医疗器械等领域。7月6日，美国开始实施对贸易清单涉及的340亿美元商品加征25%的关税，涵盖电子诊断患者监测系统、心电图记录仪、心脏起搏器等22项医疗器械产品。从中美贸易摩擦进程可以看出，美国旨在针对"中国制造2025"重点发展的高新技术领域，旨在打压我国医疗器械产业的转型升级。未来，中国医疗器械产业将承受更多来自外部的压力。

二、加强监管，鼓励创新

加强监管、保证行业合法合规，鼓励创新、激活产业发展潜力是年度法规监管的主旋律。合规是医疗器械产品的生命线，2018年长春长生的"问题疫苗"事件及华海药业的"致癌原料药"事件，均为医疗健康领域的监管敲响了警钟。产品的研发、技术进步和工艺更改需要反复的验证与确认，稳定运行的质量体系保障产品的高质量以及批量稳定，并能持续性改进。产品的安全和有效，永远是医疗器械行业首要考虑的问题。

2018年适逢改革开放四十周年，国家着力推进简政放权、放管结合、优化服务（简称"放管服"）改革，旨在破除一切影响生产力释放的因素。自2015年8月国务院印发《关于改革药品医疗器械审评审批制度的意见》（国发〔2015〕44号）、2016年3月国务院办公厅印发《关于促进医药产业健康发展的指导意见》（国办发〔2016〕11号）、2017年10月中办国办印发《关于深化审评审批制度改革鼓励药品医疗器械创新的意见》（厅字〔2017〕42号）以来，药监主管部门以提升审评审批质量和效率为重点，全面部署医疗器械审评审批制度改革工作。一系列评审审批制度改革的利好政策，旨在对国内生产企业提高创新能力提供支持。2018年医疗器械监督管理条例的全面修订，上海、广东、天津三地医疗器械注册人制度（即医疗器械上市许可持有人制度，注册人也称持有人）先后落地，豁免临床试验医疗器械目录进一步扩容，医疗器械临床试验机构备案开始施行，多地降低注册审评费用，贯彻落实"证照分离"改革的各项措施均体现了监管的逐步成熟与进一步"放管服"，减轻企业成本。但我国的临床前评价、上市前审评、上市后监管还存在诸多的问题，能力建设、制度桎梏远远不能满足不断出现的创新型医疗器械的产出，仍需进一步加大改革开放力度。

三、研发突破，产业加速

部分高端细分领域取得突破，产业加速仍需政策加码。高端医疗设备一直是我国医疗器械行业的短板。从企业总体体量、产品原创性、技术细节、核心材料和关键部件等方面，国内企业仍与国外领先企业有较大差距。因此，国家政策大力鼓励创新，从鼓励研发、改革临床管理、加速评审审批、加强医疗器械全生命周期管理等多个方面，为优质的创新器械开路，并沿着高端医疗器械升级发展方向，从推广应用、政策衔接、资质支持、组织协调、动态监管五方面保障落实。

在政策的重大利好下，我国医疗器械逐渐向中高端市场进军，通过持续的研发投入和技术创新，我国医疗器械龙头企业已积累了部分核心技术，并在某些领域开始突破。2018年8月28日,由上海联影医疗科技有限公司主导研制的一体化PET/MR设备——正电子发射断层扫描及磁共振成像系统(国械注准20183060337)获批上市,PET/MR作为高端医学影像诊断设备领域尖端技术的代表,被业界誉为"科技皇冠上的明珠",具有低辐射剂量、多模态多参数成像等优势,被认为是高端医疗设备未来发展的大势所趋。由于研发难度极高,此前全球只有2家跨国公司具有研发和生产一体化PET/MR的能力。上海联影该项产品填补了我国在高端医疗设备最尖端领域的空白,以唯一医疗器械代表入选,并一举斩获代表工业领域尖端创新与设计水准的第19届"中国国际工业博览会"工业设计金奖。

2018年9月4日全球医学界权威学术刊物《柳叶刀》全文刊登了上海微创医疗器械(集团)有限公司自主研发的Firehawk(火鹰)冠脉西罗莫司靶向洗脱支架系统在欧洲进行大规模临床试验的研究,试验结果证明我国自主研发的心脏冠脉药物洗脱支架"火鹰"仅需同类产品1/3的全球最低载药量,就可以达到与国际顶尖的XIENCE支架同等的安全性和有效性。该研究破解了困扰世界心血管介入领域十多年的重大难题,也是《柳叶刀》创刊近200年来首次出现中国医疗器械的身影。预计在未来10年,我国医疗器械产业发展或将迎来翻天覆地的变化,将会出现越来越多的"中国创造"产品。国内医疗器械企业需着力提升研发能力和技术水平,加大研发投入,转变研发观念,实现技术提升和创新突破。中国医疗器械产业发展将由过去低端产品以量取胜向中高端产品以质取胜进行升级转型,市场格局将发生根本转变,科研能力强、品牌影响力大的创新型企业将会是市场主流。

在此发展背景下,我国医疗器械行业以创新为驱动的技术研发还需继续加紧。从国家层面,将加快创新医疗器械审评审批。以"特别审批""优先审批"和"上市许可持有人制度"为核心,优化技术审评、行政审批等注册上市步骤,对部分具备核心技术发明专利、技术领先、临床急需等产品打开绿色通道,激发产业创新发展活力,提高产业发展水平和国际竞争力。作为企业,国内中高端医疗器械市场现在开始进入蓬勃发展期,核心技术以及售后服务才是市场的主要关注点,同时也是国内企业需要克服的难点。只有企业加大对研发的投入比例,提高自主创新能力和竞争力,才能在未来的产业竞争中谋得一席之地。

四、创新引领，合规护航，未来可期

医疗器械的安全性和有效性是两大基本属性，保持产品的高质量贯穿于整个医疗器械的全生命周期，因此对其监管提出更高的要求。在研发环节，产品的研发和技术更改阶段要反复验证确认，体系必须保障产品的批量性稳定，并能持续性改进；在注册环节，将落实深化审评审批制度改革、鼓励医疗器械创新工作要求，做好相关标准、分类、命名、编码等法规的实施；在生产环节，以日常监管、飞行检查、跟踪检查、监督抽查为主要手段，保证企业质量体系持续合规、有效运行；在经营环节，通过交叉检查、飞行检查、产品召回，落实日常监管；在使用环节，将开展使用未经注册的医疗器械专项整治行动，狠抓生产企业不良事件监测和再评价制度的建立和执行。国家市场监管总局局长曾在全国市场监管工作会议上透露，将建立违法严惩制度，对于故意违法、造成严重后果的企业，实行巨额罚款，强化刑事责任追究。

总体而言，无论从研究水平还是政府的重视程度和投入、企业的关注和成果转化，以及社会资本的介入，中国医疗器械正迎来一个更好的发展时期，在巨大的市场潜力下，中国有着丰富的资源以及完善的产业体系，将逐渐成为全球医疗器械产业中心。可以说，多方面的行业政策的红利，为企业奋起直追创造了良好环境。"大道至简、实干为要"，未来医疗器械产业将迎来黄金发展十年。

第一章　生产组织方式创新
　　　　改变产业发展格局

生产组织方式的创新，往往能带动行业整体的变革，2018年我国医疗器械行业正在孕育这样的革新。划时代的医疗器械上市许可持有人制度的落地与拓展，为业界释放了500亿元的制度红利，产品注册和生产许可"解绑"所激发出来的产业创新活力将深刻影响行业未来发展。可以预见，在不久的将来，中国医疗器械行业将发生巨大变革。

一、医疗器械上市许可持有人制度的探索

医疗器械的安全有效关乎人民群众生命健康，世界各国均对医疗器械采取有别于一般商品的严格监管措施。在上市许可持有人制度实施前，我国药品和医疗器械注册评审和生产许可均存在捆绑关系，不利于研发创新和行业资源的合理配置。为破除这一障碍，药品领域上市许可持有人制度自2015年开始试点，即将向全国推广。同样地，上市许可持有人制度也于2017年开始在医疗器械领域的试点。

现行医疗器械法规背景下的上市许可持有人制度，也称医疗器械注册人制度。它是指符合条件的医疗器械注册申请人提出医疗器械上市许可申请获得医疗器械注册证后成为注册人，对医疗器械设计开发、临床试验、生产制造、销售配送、售后服务、产品召回、不良事件报告、产品再评价等全生命周期产品质量承担全部责任的制度。医疗器械注册申请人可以单独申请医疗器械注册证，然后委托给有资质和生产能力的生产企业生产，从而实现医疗器械产品注册和生产许可的"解绑"。

（一）政策发布的背景

1. 产业特点：规模小、碎片化、创新多、更新快

据国家局[①]的统计，2017年，我国医疗器械生产企业接近1.8万家，但其

[①] 2018年3月底前为国家食品药品监督管理总局，简称国家食药监总局；2018年4月1日后为国家药品监督管理局，简称国家药监局。本书中也统称国家局。

中体量规模上亿的不超过500家,国内前5%的企业以及国际巨头占据了70%的市场份额,剩下95%的企业其平均体量在1000万元左右。同时,医疗器械技术成熟快,产品迭代周期短,细分领域创新较多,相关技术以及产品始终处于快速更新替代当中。小企业往往擅长产品研发创新,但对庞大的生产线投入以及漫长的产品注册流程常常感到束手无策。

2. 现行产品上市流程周期长、投入大,阻碍创新

根据《医疗器械注册管理办法》(原国家食药监总局令第4号)的相关规定,医疗器械注册申请人和备案人应当建立与产品研制、生产有关的质量管理体系,并保持有效运行。不属于按照创新医疗器械特别审批程序审批的境内医疗器械申请注册时,样品不得委托其他企业生产。因此,我国现行的法规体系下,医疗器械的注册与生产两大环节被"捆绑",除创新产品外只能由一个主体来完成注册与生产。这种模式影响了创新研发的热情,与国际通行规则和我国《医疗器械监督管理条例》关于适当减少事前许可、重点强化过程监管和日常监管的立法精神不符。

在现行法规条件下,医疗器械产品上市基本流程如下:

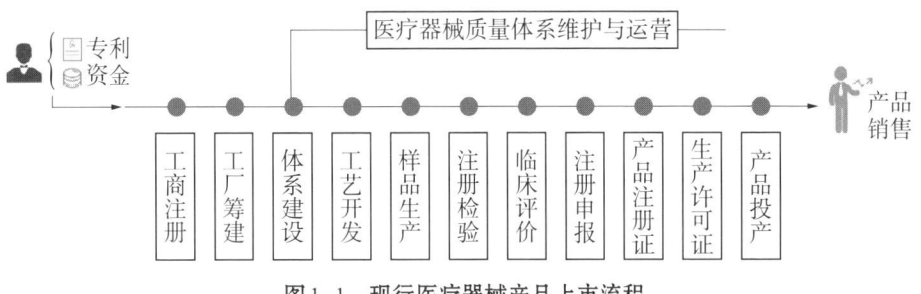

图1-1 现行医疗器械产品上市流程

除产品研发时间,上市耗时至少3～8年,投入资金2000万～10 000万元。注册申请人不仅需要承担经济投入巨大、设备厂房闲置等问题,同时还需具备较强的生产管理能力、质量保证体系能力。这些都会造成注册申请人的经营困难。

表1-1 典型Ⅱ类医疗器械生产企业三年基础运营投入

项目	费用(万元)	备注
场地租金	144	800m^2×50元/(m^2·月)×36月
设备	80～150	常规设备

续表1-1

项目	费用（万元）	备注
车间装修	175	$500m^2 \times 0.35$万元$/m^2$
水电	72	2万元/月×36月
质量体系	25	GMP+ISO 13485顾问与认证费用
人工费用	540	最少人数10人×1.5万元/（人·月）×36月
基础建设	约1150	硬件投入
运营费用	约1000	一般1:1
合计	约2000万元	

资料来源：奥咨达整理。

3. 现行医疗器械注册上市流程资源浪费严重

现行的监管体系中，除创新医疗器械产品外，将医疗器械上市前的注册和生产许可捆绑在一起。医疗器械产品申报注册时，需首先考虑设立GMP厂房。按目前全国每年新增Ⅱ、Ⅲ类医疗器械企业4000～5000家，从开始厂房建设到拿产品注册证的3～5年注册周期，厂房的使用率不超过5%，厂房闲置导致的资源浪费每年约为500亿元。目前这种注册和生产的"捆绑式"制度，不利于社会化大生产，不利于社会资源优势互补，不利于创业创新，不利于抑制低水平重复建设，更加不利于整个行业的健康有序发展。

4. 科研转化亟需市场推手

近年来，国家大力鼓励医疗器械创新，各研发机构和科研人员持有的创新项目及专利市场化需求倍增。这些项目和专利如果按医疗器械产品和服务全生命周期进行开发，则需投入大量的资源（如基础建设、人员、设备、资金、技术、工艺、管理、时间等）。除了资金还需要对国家监管医疗器械产业的法规政策十分了解，这些往往研发机构和科研人员都很难独立完成。此外，医疗器械产业具有高投入、高风险、技术领域广、研发周期长、流程环节多等特点。仅研发过程就可能涉及材料制备、结构设计、机械加工、质量管控、动物试验、型式检验、临床试验等环节，一般科研人员甚至一些小企业很难同时具备研发、临床、注册、生产、营销和售后所需的全部技术和能力。为了降低成本和风险，在产业链的不同环节，常常需要具有不同专业能力的企业和机构充分发挥自身专业特长，分工协作，各司其职，优势互补，合作完成整个产业过程。

（二）政策在上海试点的情况

为促进医疗器械产业结构调整和技术创新，提高产业竞争力，中共中央办公厅与国务院办公厅在2017年10月8日印发《关于深化审评审批制度改革鼓励药品医疗器械创新的意见》（以下简称：《创新意见》）。文件中提及以鼓励研发创新、改革审批方式为中心，完善审评审批制度，激发医药产业创新发展活力。允许医疗器械研发机构和科研人员申请医疗器械注册证，"医疗器械上市许可持有人须对医疗器械设计开发、临床试验、生产制造、销售配送、不良事件报告等承担全部法律责任，确保提交的研究资料和临床试验数据真实、完整、可追溯，确保对上市医疗器械进行持续研究，及时报告发生的不良事件，评估风险情况，并提出改进措施"。该文件成为医疗器械上市许可持有人制度的重要依据和纲领性文件，新制度率先在上海浦东试点落地，探路成功后将向全国推开。

2017年12月7日，上海市食品药品监督管理局发布了《关于实施〈中国（上海）自由贸易试验区内医疗器械注册人制度试点工作实施方案〉的通知》（以下简称：《上海试点方案》）。上海试点方案标志着医疗器械注册人制度正式出台，方案中明确符合条件的医疗器械注册申请人可以单独申请医疗器械注册证，然后委托给有资质和生产能力的企业生产，从而实现医疗器械产品注册和生产许可的"解绑"。

2018年1月5日，原国家食品药品监督管理总局发布《关于上海市食品药品监督管理局开展医疗器械注册人制度试点工作的公告》（2018年第1号）：国家食品药品监督管理总局已批复同意上海市食品药品监督管理局制定的《上海试点方案》，其中有关内容与现行规章和规范性文件规定不一致的，按照《上海试点方案》执行。该公告为医疗器械注册人制度落地，提供了政策支持。

2018年2月8日，上海远心医疗科技有限公司委托上海微创电生理医疗科技股份有限公司生产的单道心电记录仪，获得由上海市食药监局颁发的第二类医疗器械产品注册证。至此，远心医疗的单道心电记录仪成为按照《上海试点方案》获批上市的首个医疗器械产品，从正式受理至准予上市仅用时26个工作日，比法定工作时限缩短了82%。

2018年4月18日，上海市食品药品监督管理局批准了美敦力（上海）管理有限公司手术动力系统的产品注册证，受托生产企业为捷普科技（上海）有限公司。美敦力成为按照《上海试点方案》获批上市的第二个医疗器械产品的注册人。

2018年6月25日，司法部发布《医疗器械监督管理条例修正案（草案送审稿）》（以下简称：《修正案草案》）。该《修正案草案》旨在落实《创新意见》精神，保障有关改革措施落实于法有据，从法规层面为医疗器械注册人制度提供法律支撑。上海率先执行的医疗器械注册人制度，即为本次《修正案草案》中的注册人制度的试点。

2018年7月5日，上海市药监局发布《关于将本市医疗器械注册人制度改革试点扩大至全市范围实施的公告》，允许上海市范围内的医疗器械注册申请人委托上海市医疗器械生产企业生产产品，将注册申请人的区域范围扩大至上海全市。7月10日，上海市公布的"扩大开放100条"行动方案中提到将医疗器械注册人制度改革试点推广到上海全市并逐步复制推广至长三角地区实施，推动长三角地区生物医药产业集群化高质量发展。

2018年8月14日，上海市药监局发布了《上海市医疗器械注册人委托生产质量管理体系实施指南（试行）》。该实施指南的发布，规范了医疗器械注册人委托生产的质量管理，明确了不同主体间的质量管理的责任划分，指导了医疗器械注册人、受托方建立与产品相适应的质量管理体系，指导了检查人员开展质量管理体系核查，"让制度更完善，让责任更具体，让方向更明确"，受到各方的高度关注。

截至2018年12月底，已有4家企业的7个产品按照《上海试点方案》获准许可，另有10家企业的17个产品被纳入试点范围（其中4家企业的6项产品已提交注册申请）[①]——医疗器械注册人制度试点在上海取得阶段性成果。

（三）政策在广东、天津的拓展

2018年5月24日，国务院印发《进一步深化中国（广东）、（天津）、（福建）自由贸易试验区改革开放方案》，允许广东、天津自贸试验区内医疗器械注册申请人委托广东省、天津市医疗器械生产企业生产产品。医疗器械注册人制度改革，由上海自贸区扩展至广东和天津两地的自贸区。

2018年8月16日，国家药品监督管理局批复了广东省医疗器械注册人制度

[①] 2018年各地医疗器械监管工作都有哪些亮点？［EB/OL］.（2019-1-22）https://mp.weixin.qq.com/s?__biz=MjM5MzAxMzIzNA==&mid=2650069507&idx=5&sn=2c24dd5cc12509a494ffed951f81fd50&chksm=be9df69e89ea7f883f02bcee5a221572b7097ec4d1d2a04fa58a1f20cbc447b1148669c22693&mpshare=1&scene=1&srcid=0122MqNovrt2b11RuR6n8WeB&rd2werd=1#wechat_redirect

试点工作实施方案,为广东省医疗器械注册人制度落地提供了合规性支持。8月22日,广东省食品药品监督管理局正式印发了《广东省医疗器械注册人制度试点工作实施方案》(以下简称《广东试点方案》),允许广州、深圳、珠海的医疗器械注册申请人/注册人委托广东省医疗器械生产企业生产样品/产品。此后又分别发布了《广东省医疗器械注册人生产质量管理体系实施指南(草案)》《关于征求广东省医疗器械注册人委托生产质量协议编写指南意见的函》《广东省医疗器械注册人生产质量管理体系实施指南(试行)》等一系列配套文件,医疗器械注册人制度正式在产业大省广东落地。

根据《广东试点方案》,广州、深圳、珠海三个试点地区的医疗器械注册申请人可以委托广东省医疗器械生产企业生产产品,允许医疗器械研发机构和科研人员申请医疗器械上市许可,打破了此前在产品注册和生产许可"捆绑"的审批管理模式。在《广东试点方案》公布43天后,深圳迈瑞科技有限公司委托深圳迈瑞生物医疗电子股份有限公司生产的注射泵,于2018年9月29日取得了首个试点注册批件。

广东省药监局在总结《广东试点方案》实施以来的情况后,广泛征求各方意见,结合广东实际,于2018年11月8日发布了《广东省医疗器械注册人生产质量管理体系实施指南(试行)》。明确了注册人及其受托人在《医疗器械生产质量管理规范》及其附录要求的基础上,同时符合医疗器械注册人制度试点和医疗器械委托生产质量协议的相关要求。这是对《广东试点方案》的细化和补充,落实了企业主体责任,建立完善了医疗器械质量的责任体系,确保医疗器械产品上市后的安全、有效。

2018年12月17日,广东省药品监督管理局向广州市豪尔生医疗设备有限公司发出了第一张医疗器械注册人制度试点产品的优先审批通知单(编号:20180001)。这跟目前注册人试点中的绝大多数集团与其子公司之间的合作模式不一样,是中小型生产企业按照国家医疗器械相关法规和要求,以及《广东试点方案》的规定,委托合同生产组织生产医疗器械样品的新型生产方式。广东省药监人开创全国先河,迈出了探索创新监管模式的第一步,形成注册人和受托人相互监督制约的质量安全"双保险",推动行业高质量创新发展。

与广东同步,国家药品监督管理局亦于2018年8月16日批复了天津市医疗器械注册人制度试点工作实施方案。根据实施方案,允许滨海新区内注册申请人/注册人可以委托天津市医疗器械生产企业生产样品/产品。随后,天津市市场和质量监督管理委员会于8月25日公布《关于印发〈中国（天津）自由贸易试验区内医疗器械注册人制度试点工作实施方案〉的通知》（津市场监管械注〔2018〕7号）（以下简称：《天津试点方案》）；11月21日发布《天津市医疗器械注册人委托生产质量管理体系实施指南（试行）》的通知。注册人制度亦在天津市正式铺开。

至此，上海、广东、天津三地均已公布了相应的注册人制度试点方案。与率先出台的《上海试点方案》相比较，广东和天津方案均有借鉴，同时又存在各自的特点。

（1）《广东试点方案》在主体责任和义务规定得更详细，主要体现在：

①要求注册人保留设计开发的技术文件有效转移给受托人的记录（包括培训记录），还要求对委托生产产品的生产工艺确认进行批准。

②要求注册人明确与不良事件相关的专门机构和人员设置、不良事件报告后续工作等要求。

③要求注册人建立医疗器械再评价制度，对上市医疗器械进行全流程监管，"主动申请注销"更强调了企业的社会责任。

④对于不再符合医疗器械质量管理体系要求的受托人，要求"召回"更符合当前对缺陷及问题产品的普遍做法。

⑤要求受托人保留委托生产产品的批放行记录，并开放给监管部门。

⑥明确提出申请人/注册人可以是研发机构和科研人员，且鼓励集团公司成为注册人。

⑦要求无纸化审评审批，开创了国内先河，顺应了当前中央政府的"放、管、服"改革要求。

（2）对比上海和广东，《天津试点方案》以下几点极具特色：

①在"自行生产"和"委托生产"方面，删除了注册人生产资质和能力方面的限制。

②鼓励注册人使用唯一器械标识对产品赋码，加强可追溯性。

③对于受托方的要求，强调了受托企业的主体责任，对"生产条件"的规定更为具体，包括人员、厂房、设施设备、检验检测仪器等。

④对于购买商业责任险，上海为强制性责任，广东为鼓励。而天津提供两种选择：一是购买商业责任险；二是委托有能力的担保单位作为提高承担医疗器械质量安全责任能力的补充。

⑤对于受托方的义务和责任（受托生产终止的情况），天津在上海和广东的基础上增加了"受托生产变更"的情形，也增加了"注销医疗器械生产许可证"的可能性。

⑥对于监督管理，天津在"完善相关制度"方面作出了相关规定。如提出了"实施注册人年度质量管理体系自查报告制度"的具体规定；并专门对"严控质量风险"作出了相关规定，包括针对质量风险的风险控制措施，以及违反相关规定的法律责任。

（四）政策对产业发展的影响

医疗器械注册人制度从根本上解决委托生产的过程问题，预示着医疗器械生产方式转型的真正开始。这将对医疗器械行业发展产生深远影响，进一步加快医疗器械行业格局的改变。

1. 有利于行业资源的合理配置

由于医疗器械上市许可持有人制度打破了医疗器械注册和生产许可之间的"捆绑"，上市许可不再只颁发给生产企业，更多优质的社会资源将涌向医疗器械行业。在阻碍行业资源顺利流通的制度性要素被剔除之后，市场对资源配置的决定性作用将得到强化，从而促进了行业资源的合理配置。

2. 有利于激发科研人员积极性

在医疗器械上市许可持有人制度中，持有人可以自行生产也可以直接委托他方生产，甚至可以将样品研发、临床试验、销售配送等活动均委托给其他企业，持有人因此将获得更大的经营自主权，经营方式也将更为灵活。上市许可持有人制度已经使医疗器械上市许可成为了一项可以带来巨大收益的财产性权利，持有人享有完全的所有权，可以按照法律关于财产性权利的规定进行占有、使用、收益和处分。在现行法规规定下，尽管医疗器械上市许可还不能转让，但持有人可以通过直接委托其他企业生产产品的方式实现相应的收益，因此更多掌握技术的科研人员或医生会加入到持有人的行列中来。

3. 将诞生专业的研发型企业和生产型企业

持有人获得上市许可后，由于可以直接委托给相应生产企业生产，打破了此前对受托生产企业的严格限制，有利于更多具有条件的生产企业从事委托生产活动。部分持有人将专业从事产品研发活动，从而成为专业的研发型企业，部分受托生产企业也将利用自身代工生产优势发展成为专业的生产型企业，从而对医疗器械行业的社会生产活动形成合理的分工。大型医疗器械集团企业发展会加速，集团企业可以凭借规模化优势更好吸收政策能量，更容易在集团内部对研发、生产、投资作出合理分工进而获得市场竞争优势。同时，我国医疗机构特别是三级甲等医院的高端医疗器械市场几乎被跨国公司垄断，且近年来跨国公司从高端医疗器械市场慢慢向中低端医疗器械市场进行渗透。但是，随着产品研发技术创新的政策束缚被解除之后，在《中国制造2025》战略的推动下，国产化的中高端医疗器械产品比例将逐渐提高，在一定程度上抵消掉进口医疗器械的优势。

4. 监管模式的改变

医疗器械注册人是一个法律责任高度集中的主体，对医疗器械上市前的设计开发、临床试验、生产制造等环节以及上市后的流通销售、售后服务、产品召回、不良事件报告等环节承担全部法律责任。一言以贯之，就是注册人要承担整个产品生命周期中各环节的法律责任。

医疗器械上市许可持有人制度以破除产品上市审评审批顽疾、推动行业创新发展为目标。制度目标是构建与实施一项制度所要实现和追求的效果、目的以及价值。

医疗器械上市许可持有人制度的直接目标不外有三：一是实现社会资源的合理配置，二是增加行业产业的研发投入，三是提升企业产品的技术水平。只有实现这三个直接目标，才能使医疗器械行业创新发展这一最终目标成为现实。

二、医疗器械3C产业平台，是顺应时代发展的创新模式

（一）医疗器械CDMO的诞生

随着全球经济一体化的发展，行业分工越来越细化。伴随着制药行业的高速发展，在医药领域随之诞生了药品合同生产组织（Contract Manufacture Organization，CMO），CMO主要是接受制药公司的委托，为其提供生产工艺的开发和改进服务，以及临床试验药物和商业化销售药物所用中间体、原料药、制剂的生产供应服务。根据行业统计及预测，到2018年我国药品CMO/CDMO行业市场规模将达到370亿元，年均复合增长率达18%。目前药品CMO行业趋于成熟，发展稳定。同时，全球领先的医药CMO企业的经营模式正在发生

变化,正由传统的"技术转移+定制生产"转变为"合作研发+定制生产"模式,外包合作形式进一步扩展到了CDMO/CMO领域。因此,纵观生物医药领域,CDMO早已不是新生事物,在药品行业已经是相当成熟和成功的商业模式,国内起步较虽晚,但在药品领域也已形成几家独角兽企业。相比于药品行业,我国医疗器械行业发展相对滞后,医疗器械CDMO是近期崛起的新热点,医疗器械CDMO行业还处于起步阶段。

根据现行医疗器械法规规定,医疗器械生产企业需要对医疗器械产品进行质量体系建立、维护与运营,不仅要考虑巨大的经济投入和设备厂房的闲置问题,同时要求企业具备较强的生产管理能力、质量保证体系能力,给医疗器械企业和人员设定了较高的门槛,一定程度上限制了医疗器械企业创新发展,限制了医疗器械产品社会化大生产,不利于社会资源优势互补,不利于抑制低水平重复建设,更加不利于整个行业的健康有序发展。近几年国家不断出台相关政策加大对医疗器械领域的扶持,鼓励医疗器械的研究与创新。其中,相继在上海、广东、天津等地实施的上市许可持有人制度试点,打破现行制度中注册与生产两大环节的"捆绑"模式。符合条件的医疗器械注册申请人可以单独申请医疗器械注册证,委托给有资质和生产能力的生产企业生产,此举每年可节省500多亿元社会资产,全面激活行业闲置资源。上市许可持有人制度的推出,为医疗器械合同研发生产组织建设奠定了法规基础。

医疗器械合同研发生产组织(Contract Development Manufacture Organization,CDMO),即医疗器械CDMO平台,是一种新兴外包服务模式,主要接受医疗器械注册申请人的委托,为其提供生产工艺的开发和改进服务,以及临床试验和商业化销售所用原辅料、管理、生产的生产供应服务。CDMO平台从研发转发、工艺开发、体系建立到样品生产等每一个环节专业合规,其中的"D"是指创新,是平台的关键价值所在。医疗器械CDMO平台可实现与医疗器械企业的研发、采购、生产等整个供应链体系深度对接,为医疗器械企业提供创新性的工艺研发及规模化生产服务,以附加值较高的技术输出取代单纯的产能输出。同时具备定制研发和生产的能力,有利于提升创新产品商业化的机会,并且能够利用服务的技术附加值获得更大的利润空间。

从制造企业角度来说,CDMO模式同时具备定制研发能力和生产能力,能够提供从临床前研究到商业化生产的一体化服务,成为医疗器械生产企业的长期战略选择。从CDMO企业角度来说,CDMO模式有利于提升创新医疗器械商业化生产订单的机会,技术附加值高,盈利空间大,在与客户合作中提升企业综合能力。医疗器械CDMO是顺应时代发展的创新生产模式。

(二)医疗器械CDMO的价值

1. 经济价值

医疗器械是医学、工程、材料等多学科交叉、跨领域的高技术产业。与生物医药领域相比,医疗器械领域的技术研发更加依赖于企业、高校、科研院所与医院之间的协同合作。与此同时,我国医疗器械产业发展基础薄弱,行业集中度低,技术创新能力亟待提升。因此,基于医疗器械行业特点和我国医疗器械产业发展现状,搭建医疗器械全产业链服务平台,建立完善的技术创新体系是推动我国医疗器械产业创新和转型升级的重要举措。通过传统自行建厂模式和委托CDMO生产模式的投入估算对比(表1-2),在CDMO模式下医械企业投入可节省30%~50%,时间可缩短9~12个月,企业通过CDMO平台共享社会资源,可避免合规风险,极大地减少资金占用并缩短产品上市周期。

表1-2 CDMO模式与传统模式的投入估算

生产模式	样品生产阶段投入	规模生产阶段投入
传统自行建厂生产	12~18个月,600万元	6~12个月,500万元
委托CDMO生产	3~6个月,200万元	3~6个月,300万元
CDMO模式节省	在样品生产阶段,时间缩短9~12个月时间,节省超过50%投入	
	在规模生产阶段,时间缩短3~6个月时间,节省超过30%投入	

2. 社会价值

奥咨达CDMO服务平台共享医疗器械全产业链资源,节省社会资源,方便对医疗器械产品进行监管,有助于改变现有的医疗器械研发注册生产体系,推动了我国医疗器械行业的产业创新和转型升级。

第一,大幅提高医疗器械行业整体效率。奥咨达CDMO平台是产业、技术、资本和法规聚集的第三方专业服务平台,将大幅提高医疗器械行业整体效率,建立行业核心竞争力。一是推进医疗器械研发生产资源共享,预计每年可节省厂房建设的资金约500亿元;二是推进了专业分工(尤其是专业生产),有效提升了土地使用效率,缓解当前产业土地资源稀缺现状;三是提升了政府扶持医疗器械项目成功率,以便政府扶持资金在产业升级转型中有效落地。

第二，具备产品、企业及产业赋能的能力。奥咨达是国内优秀的医疗器械行业服务品牌，有着丰富的服务资源和强大服务能力以及巨大的客户（企业）资源，逐步建立健全全球医疗器械产业生态系统，可以通过为产品、企业及产业赋能，体现CDMO平台的增值效益。

第三，可形成聚集和加速效应。奥咨达CDMO平台还可形成规模优势和集聚效应，加速医疗器械产业发展，体现在以下方面：

（1）产业聚集：在传统医疗器械研发生产模式下，不同企业需根据不同产品自行建立产业线，研发生产平台分散，无法满足地区产业聚集的条件。在国家法规对共享制造的支持下，奥咨达CDMO平台通过厂区、设备、技术人员的共享，将医疗器械企业集中在CDMO平台进行专业化研发生产注册流程，涵盖了有源、无源、体外诊断试剂三大医疗器械类别，满足客户多方面需求。专业服务平台吸引优秀企业进行投资，带动上下游配套企业发展壮大，形成地区产业聚集。

（2）法规聚集：奥咨达拥有专业法规团队，能对现有的医疗器械政策进行深入解读，多年法规注册经验可为客户提供3000多种法规支持，涵盖三大类医疗器械，能应对不同国家的密集的法规审核，保障客户委托生产及附加服务的合规合法。

（3）技术聚集：奥咨达CDMO平台拥有医疗器械管理资深团队，为申请人提供医疗器械研发转化及生产制造服务，高层次技术人员熟悉现成大量专利、加工工艺及产品，能确保企业上千类医疗器械的研发、生产。CDMO平台为企业提供高端制造和研发服务，高端医疗器械可聚集在CDMO平台进行产品的研发注册生产。

（4）资本聚集：医疗器械CDMO平台的建立解决了工厂选址、体系建设问题，摆脱了企业繁琐的生产线筹建、质量体系筹建及庞大的人员队伍管理等问题，使企业资金可集中在产品研发。投融资机构和医疗器械企业也可以对平台的优秀项目进行投资，在CDMO平台形成产业资本聚集。

（5）产业加速：通过产业、法规、技术和资本的集聚，奥咨达CDMO平台将大幅提高科研成果的转化以及产品的产业化，加速国外先进技术引入转化，缩短产品上市时间，支持创新创业企业发展，加速我国医疗器械产业从中低端向高端迈进。

（三）奥咨达3C平台，一站式闭环服务，填补医疗器械行业空白

现阶段国内医疗器械行业面临着机遇和挑战并存的局面，加速提高中国医疗器械产业的技术创新能力，加强医疗器械研发的产、学、研联合，已经成为行业当务之急。国产医疗器械企业需要加大自主创新力度，加速医疗器械科技成果转化落地，打造企业自有品牌。

临床研究组织（Clinical Research Organization，CRO），20世纪80年代初起源于美国，它是通过合同形式为制药企业、医疗机构、中小医药医疗器械研发企业，甚至各种政府基金等机构在基础医学和临床医学研发过程中提供专业化服务的一种学术性或商业性的科学机构。CRO主要服务于医疗器械研发阶段。

合同销售组织（Contract Sales-logistics Organization，CSO），主要是指为医疗器械生产和流通企业提供仓储、配送、物流管理等专业的第三方物流服务，解决流通环节中存在的成本高、不专业、不合规等弊端。CSO主要服务于医疗器械的上市销售阶段。

奥咨达首创的医疗器械产业3C服务平台（CDMO合同研发生产组织＋CRO临床研究组织＋CSO合同销售组织）就是基于上市许可持有人制度的法规基础而建立的，三者有机结合、互为补充，形成CDMO+CRO+CSO创新服务平台。医疗器械CDMO平台主要接受医疗器械注册申请人的委托，为客户提供生产工艺的开发和改进服务，以及临床试验和商业化销售所用原辅料、管理、制造的生产供应服务，以此获取服务收入。服务项目包括项目评审、资源配置、物料开放、供应商管理、工艺开发、样品生产、工艺验证、性能验证、文档建立、质量体系保证、状态维护等几个模块，将根据客户项目的情况评定各项系数，最后确定服务费用，并签订客户委托生产服务合同。医疗器械CRO平台主要为医疗器械生产企业提供注册检验、临床评价、产品注册、培训教育、体系服务、专利申报等服务。医疗器械CSO平台则是为客户提供物流管理、仓储托管、冷链配送、市场策划，提供整体市场推广方面的服务。

医疗器械产业3C服务平台，按照通行国际标准ISO 13485建立，高标准的专业合规平台；是在CDMO平台上，将CRO、高校、研究机构、投资机构、医院和服务机构和流通平台融为一体，形成医疗器械创新专利和项目的孵化平台，从概念创意到产品成型再到市场推广；同时结合产业基金、人才培训、园区服务等构建创新孵化、产业集聚和资本助力的产业生态服务，形成医疗器械

研发、注册、生产和销售的全产业服务链条。

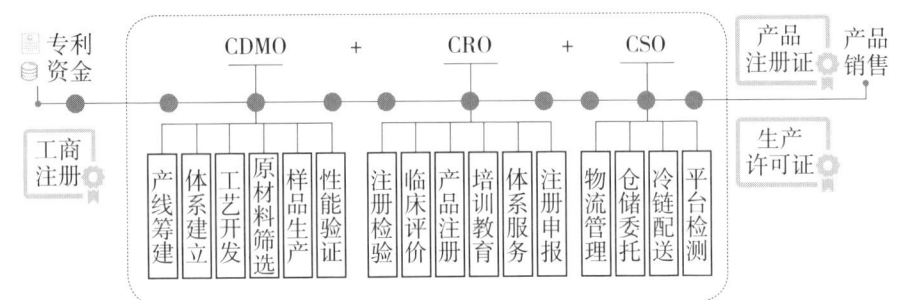

图1-2 奥咨达首创的医疗器械产业3C服务平台一站式服务

奥咨达医疗器械产业3C服务平台，提供了专业化的第三方服务，将在医疗器械上市许可持有人制度实施中所引发的医疗器械领域的生产组织方式变革、产业发展格局重构中发挥至关重要的作用，并拥有广阔的发展空间。奥咨达医疗器械3C平台创新产业模式，为医疗器械产品和企业提供一站式"闭环"服务，填补了医疗器械行业空白，必将领跑医疗器械领域，成为行业标准的制定者。

（四）奥咨达3C平台，实现医工转化新业态，推动产业集聚发展

医疗器械行业是全球公认的蓬勃发展、最具创新潜力的朝阳行业，但我国器械整体位于全球产业链的中低端水平，技术壁垒突破成为进口替代的前提。近几年国家不断出台相关政策加大对医疗器械领域的扶持，鼓励医疗器械的研究与创新。医疗器械上市许可持有人制度的试点，打破现行制度中注册与生产两大环节的"捆绑"模式，此举每年可节省500多亿元社会资产，全面激活行业闲置资源。注册人制度的推出，为奥咨达首创的医疗器械产业3C服务平台奠定了法规基础。

奥咨达医疗器械产业3C服务平台，具有明显的成本更低、质量保障、产能灵活、工艺提升等特点和优势，可以促进科技成果转化，减少产品上市资源投入，拓宽销售渠道，增加收入。

1. 医疗器械3C平台，促进科技创新及产业孵化

医疗器械是医学、工程、材料等多学科交叉、跨领域的高技术产业。与生物医药领域相比，医疗器械领域的技术研发更加依赖于企业、高校、科研院所

与医院之间的协同合作。与此同时,我国医疗器械产业发展基础薄弱,行业集中度低,技术创新能力亟待提升。因此,基于医疗器械行业特点和我国医疗器械产业发展现状,建立完善的产学研医协同创新的技术创新体系是推动我国医疗器械产业创新和转型升级的重要举措。

医疗器械3C平台,是解决这类服务需求最好的载体,它将实现生产组织方式创新,改变产业发展格局。项目发展可集成融CRO、CSO和高校、研究机构、生产企业、投资机构、医院、服务机构为一体的专利和项目的孵化平台,力争成为政府服务的助手、市场发展的推手、企业成长的帮手、服务对接的强手,打造中国医疗器械领域最具价值的创新孵化平台。

2. 医疗器械3C平台,减少产品上市资源投入、拓宽销售渠道、增加收入

通过与CDMO、CRO以及CSO等外包组织合作,医疗器械企业集中做自己擅长的、核心的业务,将本来由企业内部完成的其他业务,以契约的形式交给更专业、更合规、更高效的外部供应商——高度专业化的、具有丰富临床研究经验的临床研究组织和销售平台来完成,这不仅为企业节省了时间和金钱,增加了客户和市场渠道,更是企业增强竞争力的战略选择。

综合一些药品CDMO/CRO的经验,CDMO/CRO承担的项目与申办者承担的项目所需时间相比,大约可以节省一年的时间。该项目通过共享社会资源,避免合规风险,减少资金占用使产品上市周期及资金投入至少缩减50%。另有统计数据表明,全球医药上市企业的平均销售费用率为30%左右,而与深耕市场的专业CSO合作,至少降低25%的销售成本,并能较快打开市场,形成相当的影响力。

3. 医疗器械3C平台,新规下医疗器械企业的战略选择

随着国内创新大潮来临,医疗器械上市许可持有人制度等相关热点政策的落地,国内服务外包市场也将迎来新一轮增长,尤其是具有研发创新能力的合同研发生产组织成长空间更为巨大。医疗器械3C平台,可实现与医疗器械企业的研发、采购、生产、销售等整个供应链体系深度对接,为医疗器械企业提供创新性的工艺研发、规模化生产和市场推广销售服务,以附加值较高的技术输出取代单纯的产能输出。同时具备定制研发和生产、市场推广的能力,有利于提升创新产品商业化的机会,并且能够利用服务的技术附加值获得更大的利润空间。

CDMO合同研发生产组织+CRO临床研究组织+CSO合同销售组织三者相

互补充，贯穿于医疗器械全生命周期的全流程。奥咨达首创的医疗器械3C（CDMO+CRO+CSO）平台，全力加速产品的上市周期，为医疗器械注册申请人提供全产业链的专业服务，由此将引发医疗器械领域生产组织方式变革，改变产业发展格局，俨然成为上市许可持有人制度新规下医疗器械企业的战略选择。

奥咨达3C平台结合各种行业资源，将以"CDMO+CRO+CSO"为核心，沿产业链上下游不断扩展，从行业分析、产品研发、法规咨询、体系辅导到技术门槛较高的临床前研究（全过程服务）、临床试验单项服务（临床试验方案设计、临床试验过程监查、生物统计及数据分析、临床研究报告及临床评价）、生产制造、物流配送、冷链运输、市场推广、流通销售；并围绕核心业务开展诸如医疗产业链研究分析、行业可行性分析、检验检测、大动物试验、投融资、职业教育和专业人才服务等高附加值行业服务。奥咨达医疗器械服务集团将医疗器械CDMO、CRO和CSO平台结合，实现从"专利（技术）"到"产品注册"再到"上市推广"的有效转化。医疗器械3C平台，开启医疗器械医工整合、科研转化的新业态，实现土地更集约、生产更环保、技术更升级、产出更高效，推动医疗器械行业集聚新发展。

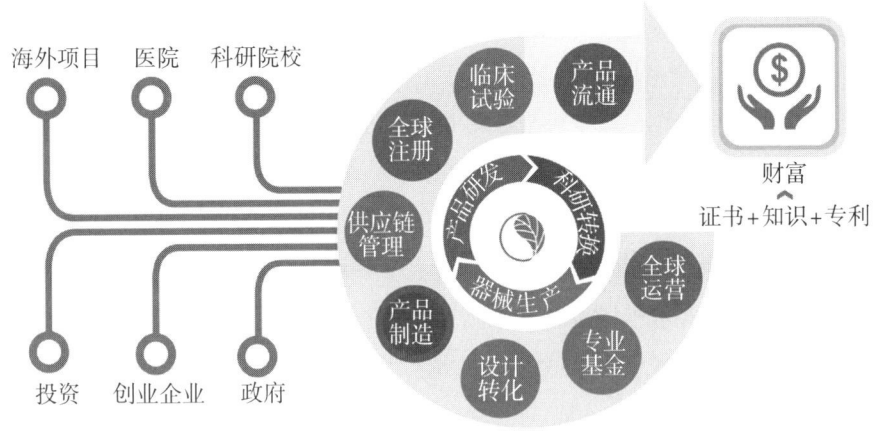

图1-3 奥咨达3C平台医工整合、科研转化示意图

（五）奥咨达3C平台，促进全国各地医疗器械产业均衡发展

奥咨达3C平台以医工整合、科研转化服务为核心，从工艺研发、战略思维、到团队、背景成本等方方面面，每一个环节法规量化，建立严格合规管理

体系，囊括质量管理体系、项目管理系统（PM）、质量流程管理系统（QMS）、日常管理软件系统（OA）等软件管理系统，支持客户管理产品全过程。采用物理隔离、信息流隔离等措施尊重和保护注册人知识产权，防止产品专利技术泄露。

奥咨达在全国各地规划建设的3C平台，将囊括医疗器械全品类，同时根据市场需求以及工艺特点，主要接受手术设备、医用耗材、体外诊断设备和试剂、妇科器械、康复器械和家用医疗产品等企业的委托服务。单个3C平台投资规模为1亿~3亿元，所需场地为2万~5万平方米，一般建设周期为9~28个月。奥咨达3C平台规划建造包括有源医疗器械产品制造中心、无源医疗器械产品制造中心、体外诊断试剂产品（IVD）制造中心、3D打印中心等制造中心；三个研发转化创新平台，包括有源医疗器械研发检测服务中心、无源医疗器械研发检测服务中心、体外诊断试剂研发检测服务中心，以及医疗器械供应链和流通服务平台、医疗器械ISO 13485国际标准系统、智能医疗器械标准信息管理系统。为注册申请人提供注册前的医疗器械样品生产、批量规模生产和定制化生产等服务。

对于地方政府，通过建立3C平台，不仅能创造就业机会、可观的营业收入；同时还可实现真正的共享经济，形成区域医疗器械产业聚集群；提高产业土地使用效率；减少政府对投资项目的试错机会，提高投资效率及产品的成功孵化效率；有利于政府部门对当地医疗器械产业监管；减少资源浪费，迅速形成高赋值、低能耗的产业格局，实现产值和利税双提升；有助于集聚高科技人才，引进国际先进技术。

对于医疗器械企业，通过与3C平台的合作，只专注于自身所擅长的核心功能和业务，以契约的形式将非核心业务交给更专业、更高效的外部服务商，如奥咨达3C平台，由具有丰富法规知识和技术服务经验的队伍来完成。这可以节省1/4~1/3的时间，减少资金占用，使产品上市周期及资金投入至少缩减30%~60%。

对于医疗器械行业而言，3C平台有利于加快上市，减少资金浪费，满足人民日益迫切的健康服务需求；有助于政府监管，促进行业健康发展；有助于激发科研热情，促进技术的创新和专业人才的创业；有利于科研人才、研发机构和创新企业集聚，企业间密切交流，优化创新资源的市场配置；有利于对接国际一流技术及研发机构，实现高端技术的快速引进和转化，促进行业的转型升级。

奥咨达3C平台逐步在全国各地推进，有效地加速了医疗器械成果的转化、新产品的产业化，加速了创新创业，加速了国外新技术的引进，从而实现产业加速，实现先发带动后发，促进全国各地医疗器械产业的均衡发展。

（六）奥咨达3C平台，构建创新医疗器械产业生态圈

国务院颁布的《中国制造2025》要求"以创新发展为主题，围绕产业链部署创新链，围绕创新链配置资源链，加强关键核心技术攻关，加速科技成果产业化，提高关键环节和重点领域的创新能力"，其中"生物医药及高性能医疗器械"是十大需重点突破发展的领域之一。提高医疗器械的创新能力和产业化水平是重中之重，而3C平台是促进医疗器械创新及转化能力，加快产业化进度的重要服务平台。

新制度催生新业态，也带来了行业新变革，CDMO+CRO+CSO这一全新的模式应运而生。3C平台将CDMO、CRO和高校、研究机构、生产企业、投资机构、医院和服务机构、CSO集聚为一体，从概念创意到产品成型以及上市推广，力争成为企业成长的帮手、服务对接的强手，让科研转化、医工转化形成真正的闭环，打造中国医疗器械领域最具价值的专业创新孵化平台。3C平台为产品-企业-产业三重赋能，为上下游提供差异化、精准化的产品和服务，提升整个产业链和企业产品的效能，不仅是打造一个服务平台、一个产业园区，更是打造一个产业集群。

奥咨达创新的医疗器械产业3C服务平台，构建创新孵化、产业集聚和资本助力的医疗器械产业生态圈，推进医疗器械研发落地、产品上市、企业和产业快速集聚发展。

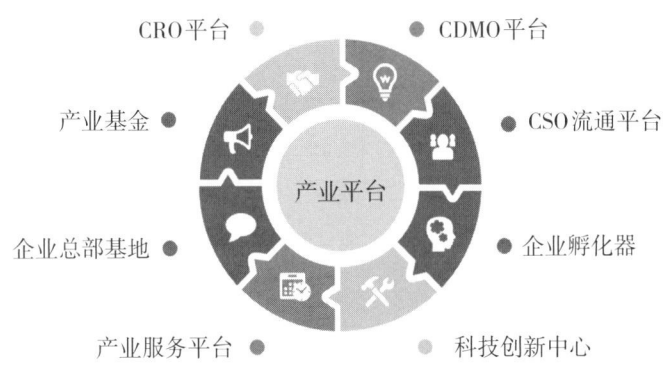

图1-4 奥咨达3C创新产业服务平台生态圈

目前，奥咨达主导建设的3C平台，计划2～3年内在全国建成落地8个。其中，深圳、上海的已于2018年底建成，广州的将于2019年上半年投入使用。

奥咨达集团的深圳3C平台，严格按照《医疗器械监督管理条例》《医疗器械生产监督管理办法》《医疗器械生产质量管理规范》及其相关附录的要求，以"严要求、高标准"来建立，建设成本高达1万元/m^2以上。规划配备有源医疗器械生产服务平台、无源医疗器械生产服务平台、体外诊断试剂生产服务平台。主要接受各类有源医疗设备、医用耗材、体外诊断设备和试剂、康复器械和家用医疗产品等产品的委托生产，为客户提供注册前的医疗器械样机生产、批量规模生产及定制化生产。在2018年9月投产后的一个多月时间内，已有20多家企业入驻。现已有多家企业完成样机生产及定型，成功通过广东省药监局的严格考核，取得广东省第二类医疗器械的优先审批。这是对奥咨达医疗器械产业3C服务平台的高度认可和最好的肯定！

第二章 中国医疗器械法规和监管概览

2018年，随着一系列的法规、标准、扶持政策出台，我国医疗器械法规监管体系进一步完善。通过系统梳理2018年的法规条文及监管事件，我们可以清晰地看出加强监管、保证行业合法合规，鼓励创新、激活产业发展潜力是年度法规监管的主旋律。合规体系的完善为医疗器械行业的健康发展提供了妥善保障，创新体系的构建又为行业的发展注入勃发的生机。相信这些都必将逐渐传导到整个行业，其政策效果必将逐渐显现。同时，通过奥咨达自有的医疗器械数据库，以大量详实的资料和图表，呈现2018年国内行业现状，展现行业发展脉络，为广大医疗器械企业及从业者提供参考。

对国内医药行业而言，2018年无疑是一个承前启后、稳中有进的过渡期。一方面，2017年10月中共中央办公厅、国务院办公厅发布《关于深化审评审批制度改革鼓励药品医疗器械创新的意见》（以下简称：两办、《创新意见》），提出了今后一段时间内药品医疗器械监管发展的重要思路，对我国医药产业的创新发展具有里程碑的意义。随后，一系列改革配套政策措施开始陆续落地，不断推动我国现代化审评审查体系完善提高，促进整个药品医疗器械行业，包括医疗器械临床试验行业，持续高质量发展。另一方面，按照《中共中央关于深化党和国家机构改革的决定》《国务院关于机构设置的通知》和《国务院关于部委管理的国家局设置的通知》要求，国务院在2018年3月组建了归属国家市场监督管理总局管理的国家药品监督管理局（National Medical Products Administration，简称国家药监局，NMPA），原国家食品药品监督管理总局（China Food and Drug Administration，简称国家食药监总局，CFDA）不再保留，药品医疗器械监管工作由此进入新时代。在这一新旧交替的过程中，平稳过渡和持续深化改革，无疑是当前药品医疗器械行业监管工作的重要任务。

为了系统回顾2018年中国医疗器械行业监管所经历的轨迹，以下将从法规总体发布概况、重点法规事件解析、年度注册状况、监管动态分别阐述2018年度监管动态。

一、2018年中国医疗器械法规发布概况

为深化落实"健康中国"战略,立足我国医疗器械产业和监管实际,聚焦创新与安全,2018年国务院发布的医疗器械相关法令总数为7项,远远超出2015—2017年三年的总和(表2-1)。2018年新设立的市场监督管理总局,也以3项发文量发挥着极其重要的作用。

表2-1　2015—2018历年医疗器械法规文件发布情况

发布年份	中央、国务院	市场总局	国家药监局					其他部委	汇总
			局令	规范性文件	法规解读	法规征求意见	技术指导原则		
2015年	1	—	4	39	8	11	7	1	71
2016年	0	—	1	34	3	14	54	2	108
2017年	3	—	6	90	21	41	79	21	261
2018年	7	3	0	94	4	42	62	24	236
总计	11	3	11	257	36	108	202	48	676

资料来源:国务院、各部委、国家药监局官网,奥咨达整理。

同时,医疗器械的科学监管、智慧监管也不可忽视,推出一系列促进产业创新、加强医疗器械监管的法规文件,使得2018年的监管文件发布数量是历年之最(图2-1)。

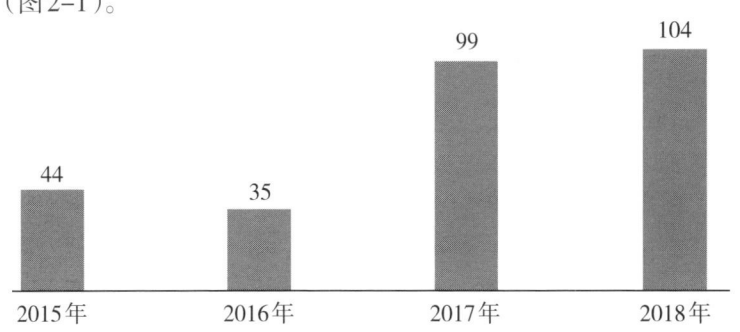

图2-1　2015—2018历年医疗器械法规文件发布情况

资料来源:国务院、市场总局、国家药监局官网,奥咨达整理。

为方便读者快速浏览行业监管法规情况,笔者从"创新"和"严管"两个主题,梳理了2018年各级主管部门发布的医疗器械法规文件,详见表2-2、表2-3。

表2-2　2018年国家扶持医疗器械行业创新相关政策法规

发布时间	文件名称	文号
2018/1/17	国家知识产权局关于印发《知识产权重点支持产业目录（2018年本）》的通知	国知发协函字〔2018〕9号
2018/1/30	食品药品监管总局、科技部关于加强和促进食品药品科技创新工作的指导意见	食药监科〔2018〕14号
2018/2/27	中共中央办公厅、国务院办公厅印发《关于加强知识产权审判领域改革创新若干问题的意见》	—
2018/4/8	国务院关于在海南博鳌乐城国际医疗旅游先行区暂停实施《医疗器械监督管理条例》有关规定的决定	国发〔2018〕10号
2018/4/14	中共中央、国务院关于支持海南全面深化改革开放的指导意见	—
2018/4/18	关于促进首台（套）重大技术装备示范应用的意见	发改产业〔2018〕558号
2018/5/21	科技部、国资委印发《关于进一步推进中央企业创新发展的意见》的通知	国科发资〔2018〕19号
2018/5/22	中共科学技术部党组关于坚持以习近平新时代中国特色社会主义思想为指导推进科技创新重大任务落实深化机构改革加快建设创新型国家的意见	党组发〔2018〕1号
2018/5/24	国务院关于印发进一步深化中国（广东）自由贸易试验区改革开放方案的通知	国发〔2018〕13号
2018/5/24	国务院关于印发进一步深化中国（天津）自由贸易试验区改革开放方案的通知	国发〔2018〕14号
2018/9/26	国务院关于推动创新创业高质量发展打造"双创"升级版的意见	国发〔2018〕32号
2018/10/16	国务院关于印发中国（海南）自由贸易试验区总体方案的通知	国发〔2018〕34号
2018/11/5	国家局关于发布创新医疗器械特别审查程序的公告	2018年第83号
2018/11/5	《创新医疗器械特别审查程序》解读	—
2018/11/15	国家药监局综合司关于贯彻落实"证照分离"改革措施进一步推进医疗器械审评审批制度改革的通知	药监综械注〔2018〕43号
2018/11/20	关于贯彻落实国务院"证照分离"改革要求做好药品监管相关审批工作的通知	国药监药管〔2018〕46号

续表2-2

发布时间	文件名称	文号
2018/12/5	科技部社会发展科技司关于《创新医疗器械产品目录（2018）》公示的公告	—
2018/12/18	国家局关于发布创新医疗器械特别审查申报资料编写指南的通告	2018年第127号

来源：国务院、各部委、国家药监局官网，奥咨达整理。

表2-3　2018年国家关于加强医疗器械行业监管相关政策法规

发布时间	文件名称	文号
2018/1/25	食品药品监管总局、公安部印发关于加大食品药品安全执法力度严格落实食品药品违法行为处罚到人的规定的通知	食药监法〔2018〕12号
2018/4/26	国家药品监督管理局关于印发2018年严厉打击违法违规经营使用医疗器械专项整治工作方案的通知	国药监〔2018〕11号
2018/7/23	国家药品监督管理局关于发布国家医疗器械监督抽检结果的通告（第5号）	2018年第65号
2018/8/2	国家药品监督管理局办公室关于加强医疗器械生产经营许可（备案）信息管理有关工作的通知	—
2018/8/31	医疗器械不良事件监测和再评价管理办法	国家市场监督管理总局令第1号
2018/10/16	药监部门依法从严对长春长生公司违法违规生产狂犬病疫苗作出行政处罚	—
2018/10/29	国家药监局综合司关于贯彻实施《医疗器械不良事件监测和再评价管理办法》有关事项的通知	药监综械管〔2018〕35号
2018/11/8	国家药品监督管理局关于发布国家医疗器械监督抽检结果的通告（第8号）	2018年第112号
2018/11/28	国家药监局综合司关于印发医疗器械临床试验检查要点及判定原则的通知	药监综械注〔2018〕45号
2018/12/28	国家药监局关于发布药品医疗器械境外检查管理规定的公告	2018年第101号

来源：国务院、市场总局、国家药监局官网，奥咨达整理。

2018年发布的医疗器械相关法规文件、技术指导原则、法规征求意见等汇总清单,详见附录1~附录5。

二、重点法规及监管情况概述

目前,我国医疗器械行业的监管现状是研发者、CRO公司、生产商、经销商、使用单位等主体由于分段监管的存在,各自的法律责任并不明确,不利于产品质量的全程管理。如上市前研发者和生产商的责任划分,上市后生产商、经销商与使用单位的责任划分等都没有明确。

随着两办《创新意见》的出台,在其引领下监管重心从事前审批向事中事后的风险监控转变,监管方式从管"证照"向管"能力"转变,监管格局也变为政府监管为主社会协同的模式——监管模式的转变,旨在加强医疗器械全生命周期的管理,加速医疗器械注册和管理规范与国际接轨,从产品全生命周期保障药械的品质。

全生命周期指的是一个产品从初期研发、批准上市前后,直到从市场撤市的所有阶段。医疗器械上市前管理制度主要包括注册前(研发、分类)、注册中(临床评价、注册)以及注册后(生产、标识)等方面的制度。医疗器械上市后管理制度主要包括经营、使用、不良事件监测与再评价、召回等方面的制度。全生命周期的管理在解决上述问题中起到重构责任体系的作用。

下面将按照医疗器械产品全生命周期管理线索对2018年发布的相关法规进行整理分析。

(一)监管"母法"的修订

《医疗器械监督管理条例》(以下简称:《条例》)是为了保证医疗器械的安全、有效,保障人体健康和生命安全制定。作为医疗器械的监督"母法"——《医疗器械监督管理条例》的修订史正是我国医疗器械监管的成长史。相关修订过程见表2-4。

表2-4 医疗器械监督管理条例修订历程

序号	标题	发文字号	发布日期	实施日期
1	医疗器械监督管理条例	国务院276号令	2000年1月4日	2000年4月1日

续表2-4

序号	标题	发文字号	发布日期	实施日期
2	医疗器械监督管理条例	国务院令第650号	2014年3月7日	2014年6月1日
3	国务院关于修改《医疗器械监督管理条例》的决定	国务院令第680号	2017年5月19日	2017年5月19日
4	总局办公厅公开征求《〈医疗器械监督管理条例〉修正案（草案征求意见稿）》意见	—	2017年10月31日	—
5	医疗器械监督管理条例修正案（草案送审稿）	—	2018年6月25日	—

资料来源：国家局官网，奥咨达整理。

1998年国务院组建了国家药品监督管理局，为了更好推动我国医疗器械行业的健康发展，2000年国务院颁布了《医疗器械监督管理条例》（国务院第276号令）（以下简称：276条例），这是我国医疗器械行业监督管理走上法治之路的标志。

在2014年3月，国务院对276条例进行了全面修订，颁布了新版的《医疗器械监督管理条例》（国务院第650号令）（以下简称：650条例）。时隔三年，国务院又对650条例进行了局部修订，形成了现行的《医疗器械监督管理条例》（国务院第680号令）（以下简称：680条例）。而仅在一年后的2018年，第三次修订的草案送审稿（以下简称：《修正案草案》）已在司法部的官网公布，征求意见时间截至2018年7月24日。条例的修订速度也见证了我国医疗器械行业发展的速度。此次修订是为了更好地落实、补充、完善国家几大重要政策，具体文件如下：

✓ 2017年10月，两办《创新意见》；
✓ 2017年12月，《医疗器械网络销售监督管理办法》；
✓ 2018年2月，原国家食药监总局办公厅公开征求《医疗器械唯一标识系统规则（征求意见稿）》意见；
✓ 2018年3月，中共中央印发《深化党和国家机构改革方案》。

本次修改以修正案的方式进行，紧紧围绕确保《创新意见》改革措施顺利实施，立足改革急需；同时，考虑《条例》不宜频繁修订，对制约医疗器械有效监管的突出问题一并予以解决，为改革和监管提供法律支撑。修改坚持三个原则，一是以《创新意见》为依据，对现行《条例》中不相一致的内容进行修改，补充完善相关规定；二是对制约监管的突出问题进行针对性的补充，解决监管急需；三是落实"四个最严"要求，严格法律责任，并处罚到人。

《修正案草案》对现行《条例》增加12条，删除2条，修改39条。主要修改内容如下：

《修正案草案》落实《创新意见》精神：进一步明确医疗器械上市许可持有人制度；将临床试验审批改为默示许可；增加附条件审批、拓展性临床等规定；明确要求建立职业化检查员制度；针对监管实践中的突出问题，增加境外医疗器械上市许可持有人的代理人管理；禁止进口和销售已使用过的医疗器械等；对临床评价、第二类医疗器械经营管理、复检等制度进行完善；增加处罚到人的条款。

《修正案草案》是从完善上市许可持有人制度、改革临床试验管理制度、优化审批程序、完善上市后监管要求，进一步明确了上市许可持有人全生命周期法律责任，强化了科学监管和智慧监管的理念。

（二）产品注册前的相关法规文件

医疗器械上市前监管制度主要包括研发、分类和命名方面的制度，其中2018年颁布了医疗器械标准规划，实施了新版《分类目录》。

表2-5　医疗器械注册前相关法规文件

环节	标题	发文字号	发布日期	实施日期
研发	医疗器械标准管理办法	原国家食药监总局令第33号	2017/4/17	2017/7/1
研发	国家局关于印发《医疗器械标准规划（2018—2020年）》的通知	食药监科〔2018〕9号	2018/1/29	2018/1/29
命名	医疗器械通用名称命名规则	原国家食药监总局令第19号	2015/12/21	2016/4/1

续表2-5

环节	标题	发文字号	发布日期	实施日期
分类	医疗器械分类规则	原国家食药监总局令第15号	2015/7/14	2016/1/1
	国家局关于发布医疗器械分类目录的公告	2017年第104号	2017/9/4	2018/8/1
	国家局关于实施《医疗器械分类目录》有关事项的通告	2017年第143号	2017/9/4	2017/9/4
	国家局办公厅关于规范医疗器械产品分类有关工作的通知	2017年第127号	2017/9/26	2018/8/1
	《医疗器械分类目录》实施有关问题解读	—	2018/8/1	2018/8/1
	关于发布第一类医疗器械产品目录的通告	国家局通告2014年第8号	2014/5/30	2014/6/1
	6840体外诊断试剂分类子目录（2013版）	食药监械管〔2013〕242号	2013/11/26	2013/11/26

来源：NPMA官网，奥咨达整理。

1. 医疗器械标准提升计划

根据《医疗器械标准管理办法》（原国家食药监总局令第33号）相关定义，医疗器械标准是指由国家食品药品监督管理总局依据职责组织制修订，依法定程序发布，在医疗器械研制、生产、经营、使用、监督管理等活动中遵循的统一的技术要求。医疗器械标准，也是医疗器械产业发展水平的重要标志。

当前国内外医疗器械产品技术日新月异，产品创新风起云涌。国家药品监管部门为贯彻落实深化医疗器械审评审批制度改革和国家标准化工作改革要求，大力支持和促进医疗器械产业创新发展，加快建立"最严谨的标准"，以更好地满足公众用械需求，2018年1月29日，原国家食药监总局公开印发《医疗器械标准规划（2018—2020年）》。

依据该文件，2018—2020年三年间我国将再次修订医疗器械标准300项，重点推进以下领域的医疗器械产品标准和方法标准的提高工作：

（1）医疗器械质量管理标准化重点领域：医疗器械质量管理领域、医疗器械风险管理领域、医疗器械临床试验管理领域。

（2）有源医疗器械标准化重点领域：推进医用电气设备通用及专用安全国际标准的转化，制定通用基础标准及配套实施方案和教材；医用机器人、有源植入物、医用软件、PET-MRI等多技术融合医疗器械、医疗器械消毒灭菌、放射治疗及核医学设备、医用实验室设备等十四个领域。

（3）无源医疗器械标准化重点领域：推进医疗器械生物学评价国际标准的转化，进一步完善生物学评价通用及专用方法的标准体系；辅助生殖器械、增材制造、组织工程、纳米医疗器械、同种异体材料、可吸收植入器械、新型生物材料及其产品、眼内填充物等十五个领域。

（4）体外诊断医疗器械标准化重点领域，共五方面：溯源和参考测量系统领域、高通量测序等新型分子诊断技术领域、质谱技术在临床检验体外诊断应用领域、传染病类体外诊断试剂领域和POCT领域。

实施医疗器械标准提高计划，优先开展医疗器械科学监管和产业发展急需标准的制修订和贯彻实施，完善医疗器械标准管理机制；以创新发展为驱动，鼓励创新、自主制定标准，着力推动我国医疗器械特色优势领域技术和标准的国际化进程，优化医疗器械标准体系；找准医疗器械标准工作的主攻方向和着力点，突出优先主题和重点领域，强化医疗器械标准实施与监督，增强医疗器械标准国际化水平，充分发挥标准的支撑和引领作用，服务医疗器械科学监管、服务人民用械安全、服务医疗器械产业发展。

2018年，国家药监部门共遴选确定99项医疗器械行业标准制修订项目，审核发布医疗器械行业标准的公告8份，共97项行业标准，具体的标准实施日期见表2-6，具体的医疗器械行业标准发布清单见附录6。

至此，自2016年1月1日以后实施的医疗器械国家和行业标准多达583项，详见表2-7。

表2-6 2018年发布的医疗器械行业标准实施情况

序号	医疗器械行业标准公告发布时间	强制性行业标准YY		推荐性行业标准YY/T		行业标准汇总
		数量	实施日期	数量	实施日期	
1	2018/1/24	1	2019/1/1	8	2019/1/1	9
2	2018/2/28	1	2019/3/1	15	2019/3/1	16
3	2018/4/17	0	——	8	2019/5/1	8
4	2018/6/19	2	2019/7/1	0	——	2

续表2-6

序号	医疗器械行业标准公告发布时间	强制性行业标准YY 数量	强制性行业标准YY 实施日期	推荐性行业标准YY/T 数量	推荐性行业标准YY/T 实施日期	行业标准汇总
5	2018/6/29	2	2019/7/1	4	2019/7/1	6
6	2018/9/30	4	2020/4/1	11	2019/4/1	15
7	2018/11/12	2	2020/5/1	12	2019/11/1	14
8	2018/12/25	4	2020/6/1	2	2019/6/1	27
				21	2020/1/1	
合计		16	—	81	—	97

来源：NMPA官网，奥咨达整理。

表2-7 2016年以来实施的医疗器械标准汇总

序号	标准实施年份	GB	GB/T	YY	YY/T	汇总
1	2016年	1	10	0	76	87
2	2017年	11	5	13	208	237
3	2018年	3	10	50	91	154
4	2019年	1	3	10	60	74
5	2020年	0	0	10	21	31
汇总		16	28	83	456	583

来源：NMPA、国标委官网，奥咨达整理。

截至2018年底，我国发布的医疗器械标准已达到1618项，基本覆盖医疗器械产品的各个技术领域。其中，国家标准219份，行业标准1399份；我国医疗器械标准与国际标准一致性程度达90%以上[1]。

随着《标准化法》的发布和满足医疗器械监管和产业发展的需要，国家药监局已组织专家论证，于2018年12月11日公示了94项的"2019年医疗器械行业标准制修订计划项目"，提前规划布局，逐步搭建新型标准体系建设，稳步推进医疗器械标准发展。

[1] 2018年各地医疗器械监管工作都有哪些亮点？[EB/OL].（2019-1-22）https://mp.weixin.qq.com/s?__biz=MjM5MzAxMzIzNA==&mid=2650069507&idx=5&sn=2c24dd5cc12509a494ffed951f81fd50&chksm=be9df69e89ea7f883f02bcee5a221572b7097ec4d1d2a04fa58a1f20cbc447b1148669c22693&mpshare=1&scene=1&srcid=0122MqNovrt2b11RuR6n8WeB&rd2werd=1#wechat_redirect

2. 新版《分类目录》

在我国，医疗器械按照风险程度实行分类管理，并将医疗器械按照风险从低到高分为一类、二类和三类，第一类医疗器械实行产品备案管理，第二类、第三类医疗器械实行产品注册管理。分类是医疗器械监管的基础，关系研制、生产、流通和使用各环节具体制度的建立。

2002年，我国发布实施《医疗器械分类目录》（以下简称：原《分类目录》），对医疗器械监管和产业发展起到了一定的推动作用，但随着医疗器械行业的快速发展，新技术新产品层出不穷，原《分类目录》已经不能适应产业和监管发展的新需要，主要表现在：一是原《分类目录》结构不够细化，各子目录间存在交叉；二是原《分类目录》缺乏产品描述和预期用途等关键信息，影响了注册审批的统一性和规范性；三是原《分类目录》难以覆盖新产品、新类别，目录内容不能及时更新，产品类别划分缺乏合理性。

面对产业发展新形势和监管的新要求，原国家食药监总局以问题为导向全面部署了医疗器械分类管理改革工作，根据2016年1月1日实施的《医疗器械分类规则》，以医疗器械风险管理为原则，对原《分类目录》进行了修订，于2017年9月4日发布《医疗器械分类目录》（以下简称：新版《分类目录》）。新版《分类目录》已于2018年8月1日正式实施。

新版《分类目录》有三个特点：一是优化整体框架，细化产品类别。新版《分类目录》借鉴了美国FDA以临床使用为导向的分类体系，参考了欧盟分类目录的结构，由原《分类目录》的43个子目录整合精简为22个子目录，解决了目录交叉的问题，形成了三级目录层级结构，目录结构的逻辑性更强，更贴近临床实际。二是扩展目录覆盖面。增加了产品预期用途和产品描述，有利于统一各方认识和理解并能够有效执行。同时，扩充了原《分类目录》的产品名称举例，产品名称举例从原有的1008个，扩充到了6609个。目录覆盖面更广，更具指导性和可操作性。三是合理调整产品管理类别。根据产品风险程度和我国监管实际，对上市时间长、产品成熟度高，以及风险可控的医疗器械产品降低了管理类别。部分技术不够成熟、风险高的产品类别被升级，将会受到更加严格的审批和监管。第三类高风险产品的占比有所下降，整体上各类产品占比更趋合理。

新版《分类目录》的框架和内容均有较大调整，对医疗器械注册、生产、经营、使用等各环节都将产生影响。新版《分类目录》的实施将是一次"牵一发而动全身"的改革。为确保各方统一认识、平稳过渡、有序实施，国家食品药品监管总局同步印发实施《关于实施新修订的〈医疗器械分类目录〉有关事项的通告》，给予了近一年的实施过渡时间，以指导监管部门及相关企业贯彻执行。针对注册管理，充分考虑医疗器械产业现状，采用自然过渡的方式实施新版《分类目录》；针对上市后监管，生产、经营监管均可采用新旧两套分类编码体系并行。

另外，新版《分类目录》未包括体外诊断试剂产品，原因如下：第一，按照我国现行管理法规，体外诊断试剂适用于《体外诊断试剂注册管理办法》，其他适用于《医疗器械注册管理办法》。这两个法规不同，体外诊断试剂的管理相对独立。第二，体外诊断试剂子目录发布的时间比较短，新版《分类目录》的第22个子目录"临床检验器械"，实际上已经为将来体外诊断试剂增加预留了接口。相信未来，我国管理相关部门会发挥技术委员会作用，利用专家资源，综合考虑体外诊断试剂生产、使用等实际情况，对分类目录进行动态的调整。

（三）产品注册中的适用法规文件

在医疗器械的注册过程中，对临床试验的真实性和合规性、创新器械注册、委托生产等上市前管理制度内容都得到了大幅覆盖，详见表2-8。2018年主要围绕优化临床试验管理、鼓励创新、加强进口注册管理方面进行完善。

表2-8 医疗器械产品注册中的适用法规文件

类别	法规	文号	发文日期	生效日期
注册	医疗器械注册管理办法	原国家食药监总局令第4号	2014/7/30	2014/10/1
	体外诊断试剂注册管理办法	原国家食药监总局令第5号	2014/7/30	2014/10/1
	医疗器械说明书和标签管理规定	原国家食药监总局令第6号	2014/7/30	2014/10/1
	关于发布药品、医疗器械产品注册收费标准的公告	原国家食药监总局2015年第53号	2015/5/27	2015/5/27
	体外诊断试剂注册管理办法修正案	原国家食药监总局令第30号	2017/2/8	2017/2/8
	关于调整部分医疗器械行政审批事项审批程序的决定	原国家食药监总局令第32号	2017/4/6	2017/5/1

续表2-8

类别	法规	文号	发文日期	生效日期
临床试验	医疗器械临床试验质量管理规范	原国家食药监总局 国家卫计委令第25号	2016/3/23	2016/6/1
	国家局关于发布医疗器械临床试验设计指导原则的通告	2018年第6号	2018/1/8	2018/1/8
	国家局关于发布接受医疗器械境外临床试验数据技术指导原则的通告	2018年第13号	2018/1/11	2018/1/11
	国家药品监督管理局关于公布新修订免于进行临床试验医疗器械目录的通告	2018年第94号	2018/9/30	2018/9/30
创新	食品药品监管总局 科技部关于加强和促进食品药品科技创新工作的指导意见	食药监科〔2018〕14号	2018/1/30	2018/1/30
	科技部 国资委印发《关于进一步推进中央企业创新发展的意见》的通知	国科发资〔2018〕19号	2018/5/21	2018/5/21
	关于印发《知识产权重点支持产业目录（2018年本）》的通知	国知发协函字〔2018〕9号	2018/1/17	2018/1/17
	国家局关于发布创新医疗器械特别审查程序的公告	2018年第83号	2018/11/5	2018/12/1
	国家局关于发布创新医疗器械特别审查申报资料编写指南的通告	2018年第127号	2018/12/18	2018/12/18
优先	国家局关于发布医疗器械优先审批程序的公告	2016年第168号	2016/10/26	2017/1/1
	国家局关于发布医疗器械优先审批申报资料编写指南（试行）的通告	2017年第28号	2017/2/16	2017/2/16
进口代理人	国家局关于征求《进口医疗器械代理人监督管理办法》意见的函	—	2018/8/3	—
	国家市场监督管理总局关于《进口医疗器械代理人监督管理办法（征求意见稿）》公开征求意见的通知	—	2018/12/25	—

来源：NMPA官网，奥咨达整理。

1. 创新审查新程序

为贯彻落实两办《创新意见》，深化供给侧结构性改革和"放管服"改革要求，鼓励医疗器械研发创新，促进医疗器械新技术的推广和应用，推动医疗器械产业高质量发展，国家药监局多次开展调研，组织专题研究，多方征求意见，对程序进行研究修改，于2018年11月5日发布了新修订的《创新医疗器械特别审查程序》，自2018年12月1日起施行。原国家食药监总局发布的《创新医疗器械特别审批程序（试行）》（食药监械管〔2014〕13号）同时废止。

新修订的《创新医疗器械特别审查程序》完善了适用情形，细化了申请流程，提升了创新审查的实效性，完善了审查方式和通知形式，并明确对创新医疗器械的许可事项变更优先办理。主要体现在以下五方面：

（1）关于创新医疗器械特别审查程序中有关专利方面的要求，增加对产品核心技术方案的预评价，明确产品核心技术方案具备新颖性和创造性，申请人可向专利检索咨询中心提出检索申请，并规定创新医疗器械特别审查申请时间距专利授权公告日不超过5年。

（2）关于创新医疗器械审查结果告知方式和内容，将不再印送纸质通知。

（3）关于创新医疗器械企业沟通交流的方式，国家药监局器审中心按照早期介入、专人负责、科学审查的原则，对创新医疗器械予以优先办理，加强与申请人的沟通交流。并已试点通过远程视频方式，对提交的创新医疗器械特别审查申请召开专家审查会，企业可参加并与专家交流。

（4）关于第一类医疗器械，属于备案管理，明确不适用本程序。

（5）关于实施新修订程序的时间，自2018年12月1日起施行。此前已受理申请但未审批的，无须按照新修订程序补充申报资料及审查。同时，增加了"审查结果告知后5年内，未申报注册的创新医疗器械，不再按照本程序实施审查"的要求。

修订的《创新医疗器械特别审查程序》，程序设置更为科学有效，有利于提升创新医疗器械审查效率，为鼓励医疗器械产业创新发展发挥积极作用。

为了进一步做好上述创新审查新程序规定的创新医疗器械申报资料编写和技术审查工作，国家药监局组织制定了《创新医疗器械特别审查申报资料编写指南》，于2018年12月18日发布。并明确原国家食药监总局印发的《创新医疗器械特别审批申报资料编写指南》（原国家食药监总局通告2016年第166号）同时废止。

2. 注册收费

自国家局2015年5月27日实施注册收费至今，全国共24个省市计收二类医疗器械产品的注册审评费。

各类医疗器械注册收费标准和实施时间详见表2-9。

表2-9 医疗器械产品注册收费汇总　　　　　　　　　　　　　　万元

类别、省份		首次注册	变更注册	延续注册（五年一次）	相关文件	实施日期
国家局						
境外	Ⅲ类	30.88	5.04	4.08	国家局2015年第53号	2015/5/27
	Ⅱ类	21.09	4.2	4.08		
境内-Ⅲ类		15.36	5.04	4.08		
临床试验申请费		4.32				
		Ⅲ类高风险产品、不分境内/外				
各省市、Ⅱ类						
1	福建	8.24	3.45	3.42	闽价费〔2015〕372号	2015/11/20
		5.77	2.42	2.39	闽价费〔2018〕187号	2018/9/20
2	江西	7.81	3.27	3.24	赣发改收费〔2015〕1440号、赣财综〔2015〕51号	2015/12/30
3	上海	9.39	3.93	3.9	上海市局2016年第2号	2016/2/1
		6.573	2.751	2.73	上海市局2018年第79号	2018/10/1
4	海南	8.3	3.44	3.41	琼价费管〔2016〕38号	2016/3/2
5	山东	8.22	3.44	3.41	鲁价费函〔2016〕13号 山东省局2016年第20号公告	2016/4/1

续表2-9

类别、省份		首次注册	变更注册	延续注册（五年一次）	相关文件	实施日期
6	内蒙古	7.21	3.02	2.99	内发改费函〔2016〕97号	2016/5/11
				0	内财非税〔2017〕472号	2017/4/17
7	北京	9.39	3.93	3.9	京财综〔2016〕682号、京发改〔2016〕1007号	2016/7/1
				0	京财综〔2017〕569号	2017/4/1
8	安徽	7.15	2.99	2.97	皖价费函〔2016〕120号、皖食药监财函〔2015〕339号	2016/9/5
9	浙江	9.39	3.93	3.9	浙食药监规〔2016〕17号	2016/9/15
		6.573	2.751	2.73	浙政办发〔2018〕99号	2018/8/1
10	陕西	7.43	3.11	3.09	陕价费函〔2016〕87号	2016/10/1
		6.6521	2.7846	2.7625	陕价费函〔2018〕102号	2018/7/21
11	吉林	7.23	3.03	3	吉省价收〔2016〕121号	2016/11/1
		6.8685	2.8785	2.85	吉省价收〔2017〕133号	2017/8/1
12	河北	7.23	3.03	3	冀价行费〔2016〕210号	2016/11/11

续表2-9

类别、省份		首次注册	变更注册	延续注册（五年一次）	相关文件	实施日期
13	江苏	8.45	3.53	3.51	苏价医〔2016〕227号、苏财综〔2016〕108号	2016/12/19
		5.915	2.471	2.457	苏发改收管发〔2019〕91号	2018/12/19
14	宁夏	3.13	1.31	1.3	宁价费发〔2016〕45号	2017/1/1
15	黑龙江	7.2	3.02	3	黑价联〔2016〕63号、黑食药监财〔2017〕32号	2017/1/24
		5.76	2.416	2.4	黑政办规〔2017〕33号	2017/8/1
16	广东	8.18	3.42	3.4	粤发改价格函〔2017〕460号	2017/3/1
		5.726	2.394	2.38	粤发改价格函〔2019〕666号	2019/1/13
17	湖南	7.2	3.02	3	湘发改价费〔2017〕208号	2017/4/25
18	天津	7.23	3.03	3	津市场监管规〔2017〕5号、津财综〔2016〕155号、津发改价综〔2016〕1106号（废止）	2017/5/1
		0	0	0	市发展改革委市财政局关于免征药品注册费和医疗器械产品注册费的通知	2019/1/1
19	贵州	4.29	1.76	1.75	黔发改收费〔2017〕1589号	2017/10/17

续表2-9

类别、省份		首次注册	变更注册	延续注册（五年一次）	相关文件	实施日期
20	四川	7.9	3.3	3.3	川发改价格〔2017〕584号	2017/12/1
		3.95	1.65	1.65		50%计收，试行2年后再议
21	重庆	7.43	3.11	3.09	渝价函〔2016〕157号	2017/12/29
22	广西	7.57	3.16	3.14	桂价医函〔2017〕536号	2017/12/29
23	云南	4.28	1.75	1.75	云价收费函〔2018〕17号	2018/3/16
24	辽宁	7.22	3.02	3	辽价函〔2018〕18号	2018/5/2

来源：NMPA，各省市药监局，奥咨达整理。

为了响应中央经济工作会议"2019年将推动更大规模减税、更明显降费"的要求，有效激发企业经济活力，2019年开春先后有江苏、天津、广东等省市发放"新年大礼"，出台减免或降低二类注册审评收费的政策。以首次注册为例，除了天津免征注册收费外，收费最低的前五位是宁夏（3.13万元）、四川（3.95万元）、云南（4.28万元）、贵州（4.29万元）、广东（5.726万元），收费标准最高的则是北京（9.39万元）。估计今后会有更多的省市陆续出台减费降负措施，切实减轻企业负担，助推医疗器械产业高质量发展！

3. 新《豁免目录》

医疗器械更新换代快的特点，促使临床豁免目录紧紧地跟随着时代的步伐在调整。为了更安全、更有效、更能满足患者需求，国家的监管及注册审批政策也作出了相应的调整，逐步缩小二类医疗器械进行临床试验的范围，同时更多的三类器械进入豁免临床试验的目录。

截至2017年，我国已有三批临床豁免目录。2018年9月30日，《国家药品监督管理局关于公布新修订免于进行临床试验医疗器械目录的通告》（2018年第94号）（以下简称：新《豁免目录》），对所有的医疗器械临床豁免目录进行了梳理。

在这次修订中，包括"医疗器械产品"和"体外诊断试剂产品"两个部分，分别涵盖855项医疗器械产品和393项体外诊断试剂产品。

新《豁免目录》在前三批豁免目录的基础上增加了84项医疗器械，其中二类医疗器械产品63项，三类医疗器械产品21项，产品名称、分类编码、管理类别及产品描述均依据新版《分类目录》编写。新版《分类目录》中的02无源手术器械、03神经和心血管手术器械、16眼科器械、18妇产科、辅助生殖和避孕器械子目录中的二类产品均列入了新《豁免目录》中。

新《豁免目录》在前三批豁免目录的基础上增加了277项体外诊断试剂，其中二类体外诊断试剂246项，三类体外诊断试剂31项，产品类别、产品名称、产品描述均依据《体外诊断试剂分类子目录》（食药监械管〔2013〕242号）编写，分类编码沿用6840。

另外，对照新版《分类目录》中的产品分类编码、管理类别及产品描述，国家药监局组织对已发布的前三批豁免目录进行整理和修订，使其与新版《分类目录》尽可能地保持一致，便于产品识别。本次修订对前三批豁免目录1090项产品中的536项产品名称及产品描述进行了规范，对204项产品进行了整合或拆分，对83项产品的管理类别按照新版《分类目录》进行了调整，删除了目录中已合并、降为一类或不再作为医疗器械管理的产品。

对于新《豁免目录》产品描述中列明的产品组件，如其单独按照医疗器械进行管理，且其预期用途与新《豁免目录》产品描述中的预期用途相同，可以免于进行临床试验。

对于申报产品由第一类医疗器械以及免于进行临床试验的第二类、第三类医疗器械产品组合而成时，在不扩大产品适用范围的前提下，也可以免于进行临床试验。

4.《进口医疗器械代理人监督管理办法（征求意见稿）》

继《条例》重新修订之后，国家药监局和市场监管总局针对《进口医疗器械代理人监督管理办法（征求意见稿）》（以下简称：《进口代理人意见稿》）分别于2018年8月3日和12月25日，向社会各界征求意见，明确要加强进口医疗器械监督管理，规范进口医疗器械代理人行为，保证进口医疗器械的安全、有效。《进口代理人意见稿》属于原国家食药监总局的2018年立法计划与医疗器械相关的6项法规之一，将于2019年内正式发布。

《进口代理人意见稿》中明确规定，进口医疗器械代理人是指向我国境内出口医疗器械的境外医疗器械上市许可持有人在我国境内设立的代表机构或者授权唯一我国境内的企业法人，而且《进口代理人意见稿》也对进口医械代理人的条件和义务做了明确规定。

其中值得注意的是："对产品质量和相关服务违法行为，与境外医疗器械上市许可持有人承担连带责任"。这一点就是要确保进口医疗器械代理人必须对进口医疗器械质量和境外上市许可持有人监管到位。

《进口代理人意见稿》明确对进口代理人重点监管，并对进口代理人所代理产品下游的经营企业、医院等重点检查。对于出现质量安全、虚假注册等问题还要面临负责人和法定代表人被约谈。《进口代理人意见稿》还明确要将代理进口医疗器械违规违法行为处罚到人。构成犯罪的，依法移送相关部门处理。结合新修订的《医疗器械监督管理条例》，进口医械代理人严重违规，将要面临5年行业禁入；代理人未履行本监管办法，最高面临3万元罚款，情节严重的，省级药品监督管理部门可以采取暂停进口和销售等紧急控制措施；负责监管代理人的省级药品监督管理部门工作人员不履行职责或者滥用职权、玩忽职守、徇私舞弊的，依法追究行政责任；构成犯罪的，移送司法机关追究刑事责任。

《进口代理人意见稿》真正将进口医疗器械监管落实到个人，不仅仅是代理企业，负责人和法定代表人监管不力，违法违规将全部查处，失信公开，而且下游经营企业、医院也被纳入监管范围。未来，代理进口医疗器械真正进入最严监管时代！

（四）产品注册后的相关法规

医疗器械产品取得注册证后，需向当地的药监主管部门申请、取得医疗器械生产许可证后才能上市销售。产品的质量是生产出来的，建立和维持高水平的质量保证体系，保持医疗器械生产过程的合规合法，是全体医械人的职责和义务，同时也是监管的重点和难点。

表2-10 医疗器械注册后涉及的法规文件

类别	法规	文号	发文日期	实施日期
生产	医疗器械生产监督管理办法（注：已部分修订，见原国家食药监总局令第37号）	原国家食药监总局令第7号	2014年7月30日	2014年10月1日
	关于修改部分规章的决定	原国家食药监总局令第37号	2017年11月21日	2017年11月21日
	关于医疗器械生产质量管理规范执行有关事宜的通告	原国家食药监总局通告2014年第15号	2014年9月5日	2014年9月5日
	关于印发医疗器械生产企业分类分级监督管理规定的通知	食药监械监〔2014〕234号	2014年9月30日	2014年9月30日
	关于发布医疗器械生产质量管理规范的公告	原国家食药监总局公告2014年第64号	2014年12月29日	2014年12月29日
	关于发布医疗器械生产质量管理规范附录无菌医疗器械的公告	原国家食药监总局公告2015年第101号	2015年7月10日	2015年7月10日
	关于发布医疗器械生产质量管理规范附录植入性医疗器械的公告	原国家食药监总局公告2015年第102号	2015年7月10日	2015年7月10日
	关于发布医疗器械生产质量管理规范附录体外诊断试剂的公告	原国家食药监总局公告2015年第103号	2015年7月10日	2015年7月10日
	国家局关于发布医疗器械生产质量管理规范附录定制式义齿的公告	原国家食药监总局公告2016年第195号	2016年12月21日	2016年12月21日
	关于第一类、第二类医疗器械生产企业实施医疗器械生产质量管理规范有关工作的通知	食药监办械监〔2017〕120号	2017年9月4日	2018年1月1日

续表2-10

类别	法规	文号	发文日期	实施日期
标识	国家局办公厅公开征求医疗器械唯一标识系统规则（征求意见稿）意见	—	2018年2月27日	—
	国家市场监督管理总局关于公开征求《医疗器械唯一标识系统规则（征求意见稿）》意见的通知	—	2018年2月22日	—
飞行检查	药品医疗器械飞行检查办法	原国家食药监总局令第14号	2015年6月29日	2015年9月1日
	关于印发医疗器械生产质量管理规范现场检查指导原则等4个指导原则的通知	食药监械监〔2015〕218号	2015年9月25日	2015年9月25日
境外飞检	境外医疗器械生产企业质量体系审查实施规定	国药监械〔2001〕131号	2001年3月14日	2001年3月14日
	医疗器械境外检查工作规范	食药监办械〔2016〕169号	2016年12月9日	2016年12月9日
	关于发布药品医疗器械境外检查管理规定的公告	2018年第101号	2018年12月28日	2018年12月28日

来源：NMPA官网，奥咨达整理。

1.《UDI征求意见稿》

为贯彻实施《创新意见》和《条例》，加强医疗器械研制、生产、经营和使用全过程监督管理，创新监管模式，按照《"十三五"药品安全规划》及医疗器械唯一标识工作总体部署，国家药品监督管理局组织起草了《医疗器械唯一标识系统规则》。医疗器械唯一标识（Unique Device Identification，UDI），是医疗器械产品的身份证，唯一标识数据载体是储存或传输医疗器械唯一标识的媒介，唯一标识数据库是储存医疗器械唯一标识的产品标识与关联信息的数据库，三者共同组成医疗器械唯一标识系统。医疗器械唯一标识，是医疗器械监管和产业发展至关重要的基础工作，是为产品全生命周期管理，产业资源配置全球化和全球化市场应用提供识别和追溯的技术手段。

2018年8月22日，国家市场总局发布《医疗器械唯一标识系统规则（征求意见稿）》（以下简称：《UDI征求意见稿》），本次征求意见时间为8月22日至9月21日，为期一个月时间。

《UDI征求意见稿》明确，本规则适用对象为在中华人民共和国境内销售、使用的医疗器械。这意味着全国范围内所有医疗器械企业都要执行。并且，国家药监局将制定医疗器械唯一标识数据相关标准及规范，组织建立医疗器械唯一标识数据库，供公众查询。医疗器械唯一标识数据库向全国公示，所有环节、信息都有据可循、可查。

通过建立UDI系统，有利于运用信息化手段实现对医疗器械在生产、经营和使用各环节的快速、准确识别，有利于实现产品监管数据的共享和整合，有利于创新监管模式，提升监管效能，有利于加强医疗器械全生命周期管理，实现政府监管与社会治理相结合，形成社会共治的局面，进一步提升公众用械安全保障水平。

实际上，这并非国家首次公布《UDI征求意见稿》。2018年2月28日，原国家食药监总局曾发布《UDI征求意见稿》及其编制说明，并同步开展了WTO/TBT通报，针对条款意见96条，主要集中在特定类别医疗器械产品的合规、豁免原则、数据上传时限要求、创建新的唯一标识相关要求和发码机构确定等有关问题。

此次《UDI征求意见稿》与前一版相比，内容进行了一定的调整更新，详细了"唯一标识系统定义"，增加"建设原则"和"发码机构要求"两部分内容。

从源头统一医疗器械身份标识，有利于加强医疗器械在研制、生产、经营及使用各环节的监督管理，提升医疗器械监管整体效能，创新医疗器械监管模式。通过建立UDI系统，有利于运用信息化手段实现对医疗器械在研制、生产、经营和使用各环节的快速准确识别，有利于实现产品监管数据的共享和整合，有利于创新监管模式、提升监管效能，加强医疗器械全生命周期管理。

2.境外飞行检查

随着监管形势的不断加严，原国家食品药品监督管理总局重新修订并完善飞行检查规定，于2015年9月1日实施了《药品医疗器械飞行检查办法》（原国家食药监总局令第14号）（以下简称：《飞检办法》）。

《飞检办法》突出飞行检查的依法、独立、客观、公正，以问题为导向，以风险管控为核心，按照"启得快、办得实、查得严、处得准"的要求，详细规定了启动、检查、处理等相关工作程序，严格各方责任和义务，提升飞行检查的科学性、有效性和权威性。它将药品和医疗器械研制、生产、经营和使用全过程纳入飞行检查的范围，即对医疗器械的全过程开展飞行检查。

飞行检查属于药监主管部门对行业监管的常规动作，且具有突击性的特点，这对企业平时实际的质量体系管理运行质量提出了很高要求。国家局自2015年9月起全面铺开飞行检查，各省市局也在2017年度启动或加强本省市的医疗器械生产企业飞行检查。医疗器械生产企业按照《医疗器械生产质量管理规范》（以下简称：GMP）建立健全质量管理体系，监管部门检查的依据和指出问题都来源于GMP及其附录，以及《医疗器械现场检查指导原则》，相关文件已经覆盖无菌、植入、体外诊断试剂、定制式义齿以及其他产品。

在我国，进口医疗器械比重较大，因此，除了保障国产产品的质量安全以外，管控进口产品的质量安全也是尤为重要的。境外飞检，是国际通行的监管方式，也是我国医疗器械监管工作迈向国际化的重要一步，对督促进入我国市场的境外企业遵守中国法规起到重要作用。

早在2001年3月，国家局就发布了《境外医疗器械生产企业质量体系审查实施规定》，并于2015年12月首次组织对部分出口中国的医疗器械的境外生产企业开展了生产质量管理体系境外检查。随后，在2016年12月9日发布了《医疗器械境外检查工作规范》，理顺和规范了开展国际检查的工作程序，为今后加大检查力度奠定了法规基础和工作程序。到了2017年底，国家局全力推进对进口医疗器械的生产企业质量管理体系的境外检查：11月第一次公布了对境外企业的现场检查结果，12月第一次对进口医疗器械作出暂停进口的决定。这是中国准则、中国法规强制输出的标志性事件。

为进一步规范医疗器械境外检查工作，保证进口医疗器械质量，国家药监局在2018年12月28日发布《关于发布药品医疗器械境外检查管理规定的公告》（2018年第101号）。该规定明确了"医疗器械境外检查是指国家药品监督管理局为确认医疗器械境外研制、生产相关过程的真实性、可靠性和合规性实施的检查"，对检查计划、检查启动、检查流程、检查过程、审核及处理流程、判定原则，及相关附则、附件都做了明确规定。规定的出台，既强化了我国对境外药械的监管，也实现了与国际通行监管方式的接轨。

除了规范境外检查外，对代理人也进行严管。2018年8月和12月，国家局和市场总局先后两次发布了《进口医疗器械代理人监督管理办法（征求意见稿）》，该征求意见稿提到，除了明确代理人应当履行的义务外，每年年底需向省级药品监督管理部门提交自身自查报告以及境外医疗器械上市许可持有人的自查报告，并对代理人开展监督检查；对涉嫌违法的，依法立案调查处理。

目前我国在此方面的查处力度不小!

总而言之,启动进口医疗器械境外生产现场的检查,极大推动了国外企业对出口中国的医疗器械必须遵守中国医疗器械生产质量管理规范等相关法规的重视程度,越来越受到国际社会的关注与肯定。同时也锻炼了我国医疗器械检查员的国际检查能力,增进了我国监管人员对国际医疗器械法规和监管情况的了解,提高了我国医疗器械监管工作的国际化水平。我们期待,在不久的将来,具有中国特色的医疗器械境外GMP规范法规体系逐步形成,监管的力度和广度不断延伸和加强。

(五)产品上市后的相关法规

医疗器械上市后管理制度主要包括经营、使用、不良事件监测与再评价、召回等方面的制度。近年来陆续发布的医疗机构使用医疗器械过程的质量管理,不良事件监测和再评价、召回和飞行检查等上市后的相关制度,很好地补全了上市后监管的要求。2018年主要从加强经营管理、不良事件监测、扩大证照分离改革方面完善相关规章制度,相关监管文件见表2-11。

表2-11 医疗器械产品上市后的相关监管文件

类别	法规	文号	发文日期	执行日期
经营	《国家食品药品监督管理总局关于修改部分规章的决定》	原国家食药监总局令第37号	2017年11月21日	2017年11月21日
	医疗器械经营监督管理办法(注:已部分修订,见原国家食药监总局令第37号)	原国家食药监总局令第8号	2014年7月30日	2014年10月1日
	国家食品药品监督管理总局关于施行医疗器械经营质量管理规范的公告	2014年第58号	2014年12月12日	2014年12月12日
	国家药品监督管理局办公室关于加强医疗器械生产经营许可(备案)信息管理有关工作的通知	—	2018年8月2日	2018年8月2日
	国家药监局关于医疗器械经营企业跨行政区域设置库房办理事项的通告	2018年第108号	2018年10月31日	2019年1月1日
	医疗器械网络销售监督管理办法	原国家食药监总局令第38号	2017年12月22日	2018年3月1日

续表2-11

类别	法规	文号	发文日期	执行日期
广告	中华人民共和国广告法	主席令第22号	2015年4月24日	2015年9月1日
	医疗器械广告审查办法	原卫生部、原国家工商总局、原国家食药总监局令第65号	2009年4月7日	2009年5月20日
	医疗器械广告审查发布标准	原卫生部、原国家工商总局、原国家食药监总局令第40号	2009年4月28日	2009年5月20日
使用	医疗器械使用质量监督管理办法	原国家食药监总局令第18号	2015年10月21日	2016年2月1日
监测	医疗器械不良事件监测和再评价管理办法	国家市场监督管理总局第1号令	2018年8月31日	2019年1月1日
	国家药监局综合司关于贯彻实施《医疗器械不良事件监测和再评价管理办法》有关事项的通知	药监综械管〔2018〕35号	2018年10月29日	2018年10月29日
	国家医疗器械质量监督抽查检验管理规定	食药监械监〔2013〕212号	2013年10月11日	2013年10月11日
召回	医疗器械召回管理办法	原国家食药监总局令第29号	2017年1月25日	2017年5月1日
其他	国家药监局综合司关于贯彻落实国务院"证照分离"改革要求做好医疗器械上市后监管审批相关工作的通知	药监综械管〔2018〕39号	2018年11月9日	2018年11月9日
	国家药监局综合司关于贯彻落实"证照分离"改革措施进一步推进医疗器械审评审批制度改革的通知	药监综械注〔2018〕43号	2018年11月15日	2018年11月15日
	国家药监局关于贯彻落实国务院"证照分离"改革要求做好药品监管相关审批工作的通知	国药监药管〔2018〕46号	2018年11月20日	2018年11月20日

来源：NMPA官网，奥咨达整理。

1. 不良事件管理办法

医疗器械不良事件监测是实施医疗器械上市后监管的重要工作内容，是强化医疗器械全生命周期科学监管，提高监管成效的重要举措。《创新意见》提出要进一步建立上市许可持有人直接报告不良事件制度，完善医疗器械再评价制度。随着工作要求的进一步提高，医疗器械不良事件监测和再评价工作逐渐显露出企业重视程度不足、主体责任落实不够、监管强制力不足等诸多问题。国家市场总局高度重视，充分认识不良事件监测对严防严控医疗器械产品风险、保护公众用械安全，具有重要意义。

2018年8月31日，由国家市场监督管理总局和国家卫生健康委员会共同审议通过的《医疗器械不良事件监测和再评价管理办法》（以下简称：《不良事件管理办法》），以国家市场监督管理总局第1号令正式发布，自2019年1月1日起实施。

《不良事件管理办法》共九章、八十条，从医疗器械不良事件的监测职责与义务、报告与评价、重点监测、风险控制、再评价、监督管理及法律责任等方面，对医疗器械不良事件的监测工作做出详细的规定。

遵循"可疑即报"的原则，《不良事件管理办法》要求医疗器械上市许可持有人对医疗器械不良事件的监测工作负责，定期报告，总结风险，二次评价后采取相应措施处理产生不良事件的医疗器械；省级、国家监测机构定期对管辖的不良事件分析总结，对医疗器械上市许可持有人的不良事件监测工作和医疗器械的再评价工作进行监督检查。持有人授权的经营企业、医疗器械使用单位有向持有人及监测机构报告不良事件的义务，个人也可上报不良事件。针对境外生产的医疗器械以及销往国外的医疗器械，对境外发生的不良事件，也应及时收集，完成产品的再评价工作。

《不良事件管理办法》还明确不及时报告等违规行为的法律后果，对不同经营机构、使用单位和上市许可持有人，不按要求开展不良事件监测工作的，区分不同情形设立了严厉罚则。

《不良事件管理办法》的发布，进一步加强了医疗器械上市后的监管工作，提醒广大械企在生产的同时，建立不良事件监测和上报制度，加强产品上市后监测，遵循"可疑即报"的原则，将可能产生的风险及时有效地控制，保障人体健康和生命安全。

2. 召回办法

医疗器械的安全有效直接关系人民群众的身体健康和社会的和谐稳定，是重大的民生和公共安全问题。上市后的产品如果存在缺陷且不能及时地被召回并加以控制，就有可能危害消费者的健康和安全。因此，国家建立并实施医疗器械产品召回制度。

医疗器械召回，是指医疗器械生产企业按照规定的程序对其已上市销售的某一类别、型号或者批次的存在缺陷的医疗器械产品，采取警示、检查、修理、重新标签、修改并完善说明书、软件更新、替换、收回、销毁等方式进行处理的行为。

为加强医疗器械监督管理，控制存在缺陷的医疗器械产品，消除医疗器械安全隐患，保证医疗器械的安全、有效，原国家食药监总局于2017年1月25日公布了《医疗器械召回管理办法》（原国家食药监总局令第29号）（以下简称：《召回办法》），于2017年5月1日实施。

《召回办法》明确"医疗器械生产企业是控制与消除产品缺陷的责任主体"，应当主动对缺陷产品（如正常使用情况下存在可能危及人体健康和生命安全的不合理风险的产品，不符合强制性标准、经注册或者备案的产品技术要求的产品，不符合医疗器械生产、经营质量管理有关规定导致可能存在不合理风险的产品，或其他需要召回的产品）实施召回。

根据医疗器械缺陷的严重程度，医疗器械召回分为三级。适用于一级召回的是危害程度最高的情形，即使用该医疗器械可能或者已经引起严重健康危害；二级召回，则是使用该医疗器械可能或者已经引起暂时的或者可逆的健康危害；三级召回，则危害程度最低，使用该医疗器械引起危害的可能性较小但仍需要召回的情形。医疗器械生产企业应当根据具体情况确定召回级别并根据召回级别与医疗器械的销售和使用情况，科学设计召回计划并组织实施。

在实践中，以企业主动召回为主，政府部门责令召回为辅。在责令召回中，有企业拒召回缺陷医疗器械时，处罚最重可勒令停产。

医疗器械召回制度的施行，不仅体现了医疗器械注册人的主体责任，也是控制医疗器械风险、促进生产技术进步、完善产品设计的有效方法，同时还强化了生产企业提高产品质量意识，是规范市场竞争秩序的重要措施。

3. 证照分离改革

2018年9月27日，国务院正式印发《国务院关于在全国推开"证照分离"

改革的通知》（国发〔2018〕35号）。早在2015年12月16日，国务院常务会议审议通过了《关于上海市开展证照分离改革试点总体方案》，决定在上海浦东新区率先开展"证照分离"试点改革。上海浦东新区试点并在更大范围复制推广以来，有效降低了企业制度性交易成本，取得显著成效。

按照国发〔2018〕35号文，自2018年11月10日起，在全国范围内对第一批106项涉企行政审批事项分别按照直接取消审批、审批改为备案、实行告知承诺、优化准入服务等四种方式实施"证照分离"改革。主要是为了进一步破解"准入不准营"问题，激发市场主体活力，加快推进政府职能深刻转变，营造法制化、国际化、便利化的营商环境。进一步厘清政府与市场的关系，全面改革审批方式，精简涉企证照，加强事中事后综合监管，创新政府管理方式，进一步营造稳定、公平、透明、可预期的市场准入环境，充分释放市场活力，推动经济高质量发展。

"证照分离"改革对涉企行政审批有着强大的推进作用，既厘清政府与市场关系，加速涉企审批时间，又加强了事中事后综合监管，营造稳定、公平、透明、可预期的市场准入环境，推动经济高质量发展，为企业进入市场提供便利。

为进一步深化"放管服"改革优化准入服务，全面深化医疗器械审评审批制度改革，促进医疗器械技术创新，推动医疗器械高质量发展，满足公众临床需求，国家药监局及其综合司在2018年11月连发三文：《关于贯彻落实国务院"证照分离"改革要求做好医疗器械上市后监管审批相关工作的通知》（药监综械管〔2018〕39号）、《关于贯彻落实"证照分离"改革措施进一步推进医疗器械审评审批制度改革的通知》（药监综械注〔2018〕43号）和《关于贯彻落实国务院"证照分离"改革要求做好药品监管相关审批工作的通知》（国药监药管〔2018〕46号），充分围绕"证照分离"这项重要改革工作，明确了各项改革的具体事项，推进放管结合、放管并重、宽进严管，进一步优化行业准入环境，强化事中事后监管，推动部分医疗器械生产经营企业行政审批事项改革的新举措，促进医疗器械技术创新，推动医疗器械高质量发展，对医疗器械行业是极大利好！

根据上述三个文件要求，各级药监主管部门采用"优化准入服务"的方式，对医疗器械上市后监管实施"证照分离"改革。具体改革措施如下：

（一）压缩国产第二类医疗器械产品注册审批时限至"自收到审评意见之日起14个工作日内作出决定"，比现行《境内第二类医疗器械注册审批操作规范》(食药监械管〔2014〕209号)中规定的20个工作日减少了30%的时间。

(二)结合本地区产业发展和审评审批改革情况,出台鼓励境内第二类创新医疗和临床急需医疗器械产品上市的优化措施。

(三)于2019年3月31日前,结合本地区产业发展和审评审批改革情况,出台境内第二类医疗器械注册质量管理体系核查的加快和优化程序。

(四)简化临床评价的要求,精简审批材料。

(五)公示审批程序、受理条件、办理标准和办理进度。

国家药监局进一步要求:各级负责药品监管的部门需主动作为,按照通知要求及时将涉及改革的事项调整到位,于2019年6月30日前,将落实工作进展情况书面报送国家局。

据奥咨达的法规数据库显示,目前国内已有北京、上海、广东、海南、江苏、浙江、山东、四川、河南、河北、福建、湖南、安徽等省市出台了上述相应的鼓励政策,而且很多是复合叠加政策。自"十三五"以来,医疗器械产业作为我国的战略性新兴产业之一发展势头强劲,增速持续快于总体经济增速水平,持续发挥了支柱作用。在各地鼓励国产器械发展,以及设立特别审批通道等诸多政策带动下,我国医疗器械产业规模快速增长,领头羊地位进一步巩固,一批优秀国产医疗器械企业不断壮大,在国内市场的份额逐年提升。

(六)任重道远——上市许可持有人制度

医疗器械和药品同为治病救人的特殊商品,但是现行的医疗器械审批模式和药品却不同,现行的医疗器械上市审批方式将产品注册和生产许可"捆绑"起来,不利于社会化大生产,不能有效促进社会资源优势互补、鼓励创新以及行业健康有序发展。

在《医疗器械监督管理条例修正案(草案送审稿)》中明确了"申请医疗器械上市的,应当向负责药品监管的部门办理备案或者经国务院药品监督管理部门批准。取得备案凭证或者医疗器械注册证的,为医疗器械上市许可持有人",上市许可持有人也称医疗器械注册人,需对医疗器械设计开发、临床试验、生产制造、销售配送、售后服务、产品召回、不良事件报告、产品再评价等全生命周期产品质量承担全部责任。注册人可以单独申请医疗器械注册证,然后委托给有资质和生产能力的生产企业生产,从而实现医疗器械产品注册证和生产许可证的"解绑"。这是上市许可人制度的精髓。

医疗器械上市许可持有人制度的目标，一是要构建一个贯穿医疗器械产品全生命周期的责任主体，使其承担对产品质量自始至终的管理义务；二是让医疗器械上市许可持有人成为疏通产品注册与生产管理壁垒的主体，破除产品上市许可和生产许可的捆绑关系；三是通过医疗器械上市许可持有人制度的实施，实现行业资源的合理配置，刺激行业研发投入增加，达到推动行业创新发展的目的。

表2-12　医疗器械上市许可人制度主要相关文件

序号	标题	发文字号	发布日期	实施日期
1	国务院关于改革药品医疗器械审评审批制度的意见	国发〔2015〕44号	2015/8/18	2015/8/18
2	国务院关于印发全面深化中国（上海）自由贸易试验区改革开放方案的通知	国发〔2017〕23号	2017/3/30	2017/3/30
3	中共中央、国务院办公厅关于深化审评审批制度改革鼓励药品医疗器械创新的意见	厅字〔2017〕42号	2017/10/8	2017/10/8
4	上海市食品药品监督管理局关于实施《中国（上海）自由贸易试验区内医疗器械注册人制度试点工作实施方案》的通知	沪食药监械管〔2017〕257号	2017/12/1	2017/12/1
5	总局关于上海市食品药品监督管理局开展医疗器械注册人制度试点工作的公告	2018年第1号	2018/1/9	2018/1/9
6	上海市人民政府办公厅关于本市推进研发与转化功能型平台建设的实施意见	沪府办规〔2018〕6号	2018/1/18	2018/2/1
7	医疗器械注册人制度试点商业保险投保指南	—	2018/5/15	2018/5/15
8	国务院关于印发进一步深化中国（广东）自由贸易试验区改革开放方案的通知	国发〔2018〕13号	2018/5/24	2018/5/24

续表2-12

序号	标题	发文字号	发布日期	实施日期
9	国务院关于印发进一步深化中国（天津）自由贸易试验区改革开放方案的通知	国发〔2018〕14号	2018/5/24	2018/5/24
10	医疗器械监督管理条例修正案（草案送审稿）	—	2018/6/25	2018/6/25
11	天津市市场监管委等11部门关于印发天津市关于深化审评审批制度改革鼓励药品医疗器械创新的实施方案的通知	津市场监管药注〔2018〕23号	2018/6/29	2018/6/29
12	上海市食品药品监督管理局关于将本市医疗器械注册人制度改革试点扩大至全市范围实施的公告	2018年第49号	2018/7/5	2018/7/5
13	上海市食品药品监督管理局关于发布《上海市医疗器械注册人委托生产质量管理体系实施指南（试行）》的通告	2018年第36号	2018/8/14	2018/8/14
14	国家药品监督管理局关于同意开展医疗器械注册人制度试点工作的批复	国药监函〔2018〕42号	2018/8/16	2018/8/16
15	国家药品监督管理局关于同意开展医疗器械注册人制度试点工作的批复	国药监函〔2018〕43号	2018/8/16	2018/8/16
16	广东省食品药品监督管理局关于印发《广东省医疗器械注册人制度试点工作实施方案》的通知	—	2018/8/22	2018/8/22
17	天津市市场和质量监督管理委员会关于印发《中国（天津）自由贸易试验区内医疗器械注册人制度试点工作实施方案》的通知	津市场监管械注〔2018〕7号	2018/8/25	2018/8/25

续表2-12

序号	标题	发文字号	发布日期	实施日期
18	上海市人民政府关于深化审评审批制度改革鼓励药品医疗器械创新的实施意见	—	2018/11/7	2018/11/7
19	广东省药品监督管理局关于发布《广东省医疗器械注册人生产质量管理体系实施指南（试行）》的通告	2018年第7号	2018/11/8	2018/11/8
20	天津市食品药品质量监督管理协会关于发布中国（天津）自由贸易试验区医疗器械注册人委托生产质量协议编写指南的通知	津食药监协字〔2018第1号〕	2018/11/8	2018/11/8
21	天津市市场监督管理委员会关于发布天津市医疗器械注册人委托生产质量管理体系实施指南（试行）的通知	津市场监管械监〔2018〕28号	2018/11/21	2018/11/21

来源：相关药监局官网，奥咨达整理。

我国药品医疗器械科技创新支撑不够，上市产品质量与国际先进水平存在差距。为促进药品医疗器械产业结构调整和技术创新，提高产业竞争力，两办印发了《创新意见》，该文件阐明了医疗器械注册人须对医疗器械设计开发、临床试验、生产制造、销售配送、不良事件报告等承担全部法律责任，确保提交的研究资料和临床试验数据真实、完整、可追溯，确保对上市医疗器械进行持续研究，及时报告发生的不良事件，评估风险情况，并提出改进措施。

目前，全国已有上海、广东、天津等多地开展医疗器械上市许可人制度试点，主要实施了四项改革内容：一是允许医疗器械注册人直接委托符合条件的医疗器械生产企业生产产品和样品；二是允许注册人多点委托生产；三是允许符合条件的受托生产企业提交委托方持有的医疗器械注册证申请生产许可；四是允许已有医疗器械产品注册证的医疗器械生产企业参照《试点工作实施方案》的要求，申请参加委托生产的试点工作。

该项制度从根本上解决了委托生产的过程问题，具备了推动行业创新发展的基本能力，将对医疗器械行业产生积极深远的影响：激发科技人员活力、鼓励创新企业集聚，促进产业转型升级；有利于加快医疗器械产品上市，形成产品全生命周期的行业规则，加快投资回报；节省大量的社会闲置资源，整合社会资源推动医疗器械产业链上下游分工与合作，形成先进制造优势；更加细分的第三方专业服务。在医疗器械注册人制度实施试点中，上海远心医疗科技有限公司和深圳迈瑞科技有限公司先后在上海、广东获得注册证，缩短产品上市周期一半以上。相信该制度在全国铺开之后，将会涌现更多的制度成果，真正实现全国化地打破医疗器械注册与生产管理的捆绑关系。

同时，推动医疗器械上市许可持有人制度全面实施，落实注册人的法律责任：注册人必须对医疗器械设计开发、临床试验、生产制造、销售配送、不良事件报告等承担全部法律责任。医疗器械上市许可持有人须根据科学进步情况和不良事件评估结果，主动对已上市的医疗器械开展再评价。当再评价时发现产品不能保证安全有效，则应及时申请注销上市许可，从而实现对产品全生命周期的主体责任——在医疗器械上市许可持有人制度基础上重构医疗器械产品全生命周期管理的责任体系，从药政管理上率先深化改革，建立新的标准和评价方式，加速与国际接轨，从产品全生命周期保障医疗器械的品质，进一步完善我国基于产品全生命周期的法规体系。

三、近年国家局注册审批及创新优先审批情况

医疗器械注册是食品药品监督管理部门根据医疗器械注册申请人的申请，依照法定程序，对其拟上市医疗器械的安全性、有效性及其结果进行系统评价，以决定是否同意其申请的过程，是监管部门对医疗器械产品市场准入的审批过程。

为贯彻落实国家创新驱动战略、实施两办《创新意见》、激发医疗器械生产企业的研发活力，国家药监局组织修订了《创新医疗器械特别审查程序》（2018年第83号）。进一步鼓励医疗器械研发创新，促进医疗器械新技术的推广和应用，推动医疗器械产业高质量发展。此外，通过《医疗器械优先审批程序》为符合条件的医疗器械加速审评，以满足临床使用需求。

本节将通过总结2018年全年的国家局审评审批的医疗器械注册、创新和

优先情况,并结合近几年的数据统计分析,从中反映中国医疗器械监管、研发、上市动态,供业界同行参考。

(一)2018年国家药监局注册审评审批情况

根据国家药监局医疗器械技术审评中心(Center for Medical Device Evaluation,CMDE)官网上的公告统计,截至2018年12月28日,国家局共核发国产Ⅲ类注册证1679个、进口Ⅱ/Ⅲ类注册证3658个,合计5337个。以下是奥咨达独家统计的2018年NMPA医疗器械注册审批产品情况。

1. 2018年NMPA医疗器械注册审批-月度情况

表2-13 2018年NMPA医疗器械注册审批-月度情况　　　　　　　　　个

类型 月份	国产Ⅲ类			进口Ⅱ/Ⅲ类			汇总
	首次	延续	许可变更	首次	延续	许可变更	
1月	47	50	25	48	109	66	345
2月	35	62	38	14	177	131	457
3月	49	75	46	64	143	142	519
4月	58	64	35	54	132	128	471
5月	40	29	44	35	124	126	398
6月	53	12	34	38	116	135	388
7月	32	39	44	38	105	212	470
8月	46	32	69	34	129	210	520
9月	73	34	32	63	126	143	471
10月	40	44	41	48	99	126	398
11月	83	34	72	52	105	102	448
12月	52	59	57	25	168	91	452
汇总	608	534	537	513	1533	1612	5337
	1679			3658			

数据来源:CMDE官网,奥咨达整理。

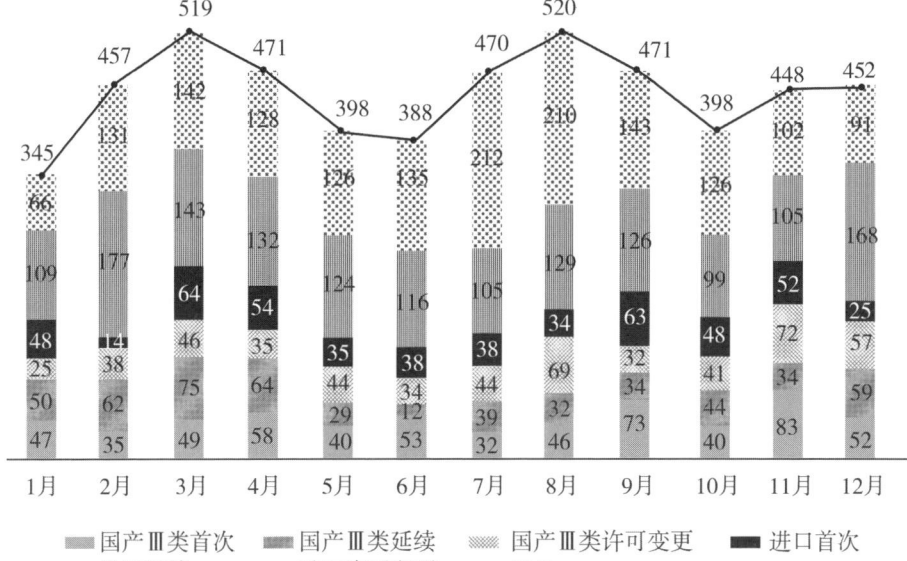

图2-2 2018年NMPA医疗器械注册审批-月度情况

数据来源：CMDE官网，奥咨达整理。

2. 2018年NMPA医疗器械注册审批-国产/进口分布情况

表2-14 2018年NMPA医疗器械注册审批-国产/进口分布情况　　　　个

国产/进口	首次注册	延续注册	许可变更	汇总
国产Ⅲ类	608	534	537	1679
进口Ⅱ/Ⅲ类	513	1533	1612	3658
汇总	1121	2067	2149	5337

数据来源：CMDE官网，奥咨达整理。

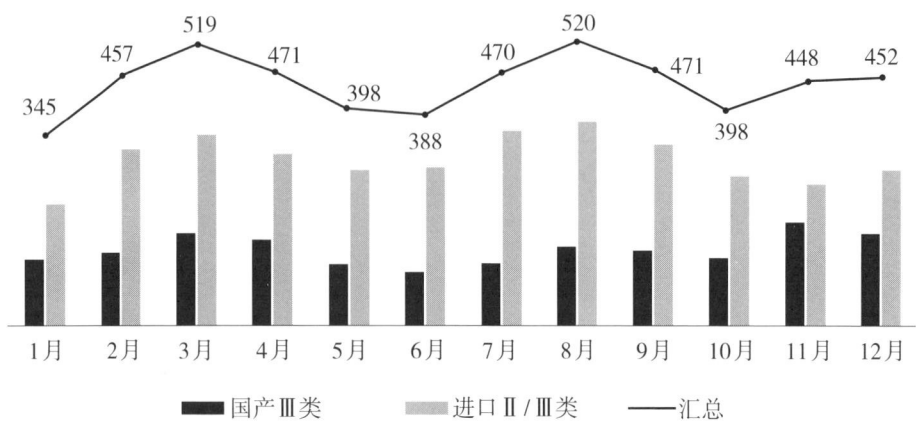

图2-3 2018年国家局注册审批-国产/进口数量统计

数据来源：CMDE官网，奥咨达整理。

3. 2018年NMPA医疗器械注册审批-产品种类分布情况

表2-15 2018年NMPA医疗器械注册审批-产品种类分布情况　　　　　个

月份	有源	无源	体外诊断试剂	汇总
1月	153	91	101	345
2月	174	143	140	457
3月	141	256	122	519
4月	107	236	128	471
5月	92	177	129	398
6月	101	177	110	388
7月	117	200	153	470
8月	124	201	195	520
9月	119	189	163	471
10月	97	129	172	398
11月	110	226	112	448
12月	78	198	176	452
汇总	1413	2223	1701	5337

数据来源：CMDE官网，奥咨达整理。

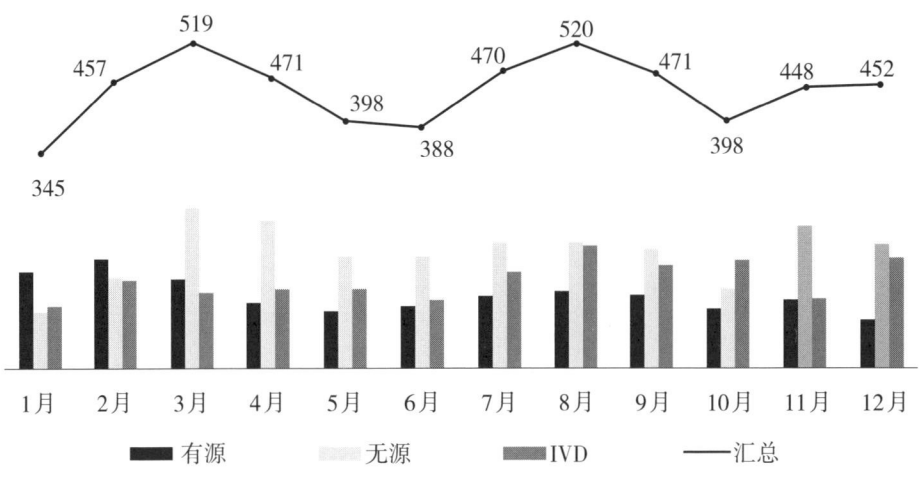

图2-4 2018年NMPA医疗器械注册审批–产品种类分布

数据来源：CMDE官网，奥咨达整理。

4. 2018年NMPA医疗器械注册审批–首次注册情况分析

自提出"持续推进简政放权、放管结合、优化服务，不断提高政府效能"以来，国家药监局积极转变政府职能，主动作为、主动服务，每月将上月批准注册的医疗器械产品基本信息公告出来，以供行业人员了解。

截至2018年12月28日，国家局在其官网上共发布11期产品公告，公布了2018年1~11月国家局批准的1092个首次注册的医疗器械产品。其中，国产Ⅲ类570个、进口Ⅲ类213个、进口Ⅱ类309个；有源产品340个、无源产品510个、体外诊断产品242个。

具体每月批准情况见表2-16、表2-17。

表2-16 2018年1~11月NMPA批准–首次注册–国产进口分布　　　　个

月份	国产Ⅲ类	进口Ⅲ类	进口Ⅱ类	汇总
1月	37	20	31	88
2月	58	20	18	96
3月	52	8	34	94
4月	52	23	32	107
5月	46	23	21	90
6月	52	23	21	96
7月	45	17	22	84

续表2-16

月份	国产Ⅲ类	进口Ⅲ类	进口Ⅱ类	汇总
8月	47	20	13	80
9月	70	20	48	138
10月	38	25	23	86
11月	73	14	36	133
汇总	570	213	309	1092

数据来源：NMPA官网，奥咨达整理。

表2-17　2018年1～11月NMPA批准－首次注册－产品种类分布　　　　个

月份	有源	无源	IVD	汇总
1月	36	26	26	88
2月	44	33	19	96
3月	15	50	29	94
4月	41	46	20	107
5月	28	50	12	90
6月	16	70	10	96
7月	18	48	18	84
8月	32	32	16	80
9月	50	49	39	138
10月	25	37	24	86
11月	35	69	29	133
汇总	340	510	242	1092

数据来源：NMPA官网，奥咨达整理。

为了方便同行对2018年首次注册的医疗器械产品的细分品种有所了解，奥咨达从分类编码入手进行了进一步的统计分析。自2018年8月1日新版《分类目录》正式实施后，批准注册的产品分类编码较原《分类目录》发生改变。

为统一口径，本书中所述的医疗器械产品分类代码，仍以原《分类目录》产品编码为准，笔者将新编码全部转换成旧编码，以便对比分析。

以下图表，反映了2018年1～11月NMPA批准的产品细分种类的情况，供广大医疗器械同行参考。

表 2-18　2018年1~11月NMPA批准-首次注册-产品品种分布　　　个

序号	分类编码		国产	进口	汇总
1	临床检验分析仪器-试剂	6840	150	89	239
2	植入材料和人工器官	6846	122	30	152
3	医用高分子材料及制品	6866	58	26	84
4	医用光学器具、仪器及内窥镜设备	6822	31	52	83
5	介入器材	6877	45	25	70
6	注射穿刺器械	6815	47	7	54
7	临床检验分析仪器-设备	6840	11	41	52
8	医用电子仪器设备	6821	13	29	42
9	医用X射线设备	6830	13	24	37
10	医用卫生材料及敷料	6864	16	17	33
11	口腔科材料	6863	2	27	29
12	医用超声仪器及有关设备	6823	4	23	27
13	手术室、急救室、诊疗室设备及器具	6854	10	14	24
14	体外循环及血液处理设备	6845	13	9	22
15	医用磁共振设备	6828	15	4	19
16	医用高频仪器设备	6825	11	7	18
17	矫形外科（骨科）手术器械	6810	0	15	15
18	医用X射线附属设备及部件	6831	0	15	15
19	口腔科设备及器具	6855	0	13	13
20	物理治疗及康复设备	6826	0	10	10
21	医用激光仪器设备	6824	2	6	8
22	软件	6870	0	6	6
23	医用化验和基础设备器具	6841	0	6	6
24	泌尿肛肠外科手术器械	6809	0	5	5
25	病房护理设备及器具	6856	0	5	5
26	医用高能射线设备	6832	2	2	4
27	腹部外科手术器械	6808	3	1	4
28	医用核素设备	6833	0	3	3
29	普通诊察器械	6820	0	3	3
30	消毒和灭菌设备及器具	6857	0	2	2

续表2-18

序号	分类编码		国产	进口	汇总
31	医用冷疗、低温、冷藏设备及器具	6858	0	2	2
32	医用缝合材料及黏合剂	6865	2	0	2
33	妇产科用手术器械	6812	0	1	1
34	基础外科手术器械	6801	0	1	1
35	眼科手术器械	6804	0	1	1
36	口腔科手术器械	6806	0	1	1
37	胸腔心血管外科手术器械	6807	0	0	0
38	显微外科手术器械	6802	0	0	0
39	烧伤（整形）科手术器械	6816	0	0	0
40	神经外科手术器械	6803	0	0	0
41	眼科手术器械	6805	0	0	0
42	计划生育手术器械	6813	0	0	0
43	中医器械	6827	0	0	0
44	医用射线防护用品、装置	6834	0	0	0
	汇总		570	522	1092

数据来源：NMPA官网，奥咨达整理。

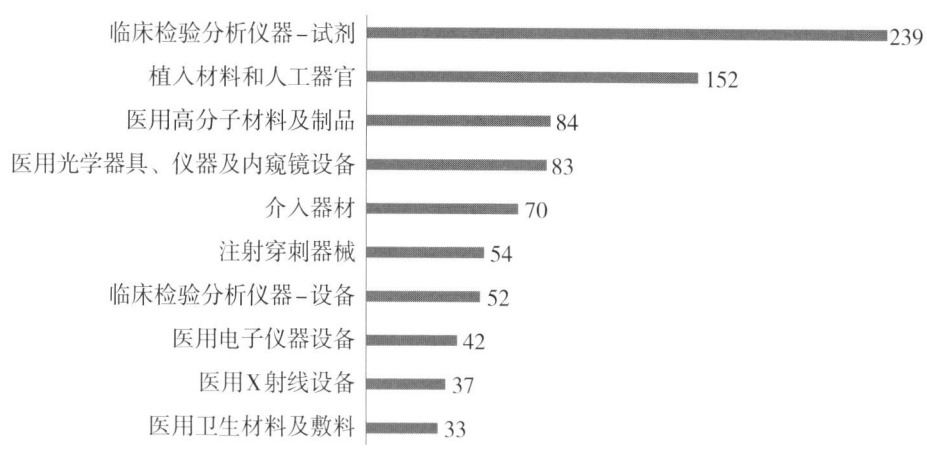

图2-5　2018年1～11月NMPA批准－首次注册－前十位品种（个）

数据来源：NMPA官网，奥咨达整理。

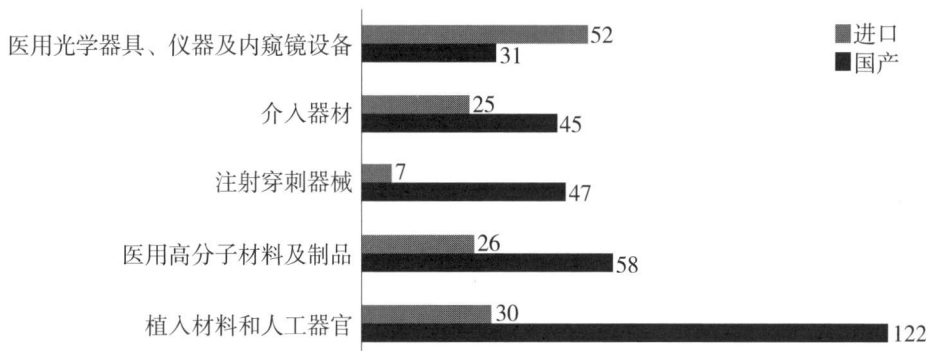

图2-6 2018年1~11月NMPA批准–首次注册–国产Ⅲ类前五位品种（个）

数据来源：NMPA官网，奥咨达整理，不含体外诊断试剂。

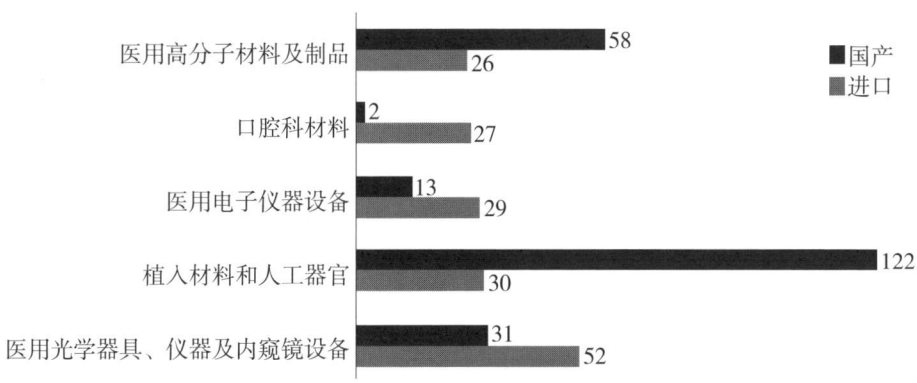

图2-7 2018年1~11月NMPA批准–首次注册–进口Ⅱ/Ⅲ类前五位品种（个）

数据来源：NMPA官网，奥咨达整理，不含体外诊断试剂。

从上面的图表可知，在国产Ⅲ类的首次注册中，除体外诊断试剂外，共涉及原《分类目录》中19个子目录中的产品。其中注册数量前五位的医疗器械是：植入材料和人工器官，医用高分子材料及制品，注射穿刺器械，介入器材，医用光学器具、仪器及内窥镜设备。总体而言，无源产品占优。

在进口医疗器械中，除体外诊断试剂外，共涉及原《分类目录》中33个子目录中的产品。其中注册数量前五位的医疗器械是：医用光学器具、仪器及内窥镜设备，植入材料和人工器官，医用电子仪器设备、口腔科材料、医用高分子材料及制品。进口首次注册数量，比国产略少一成。

5. 2018年NMPA医疗器械注册审批与2017年的对比分析

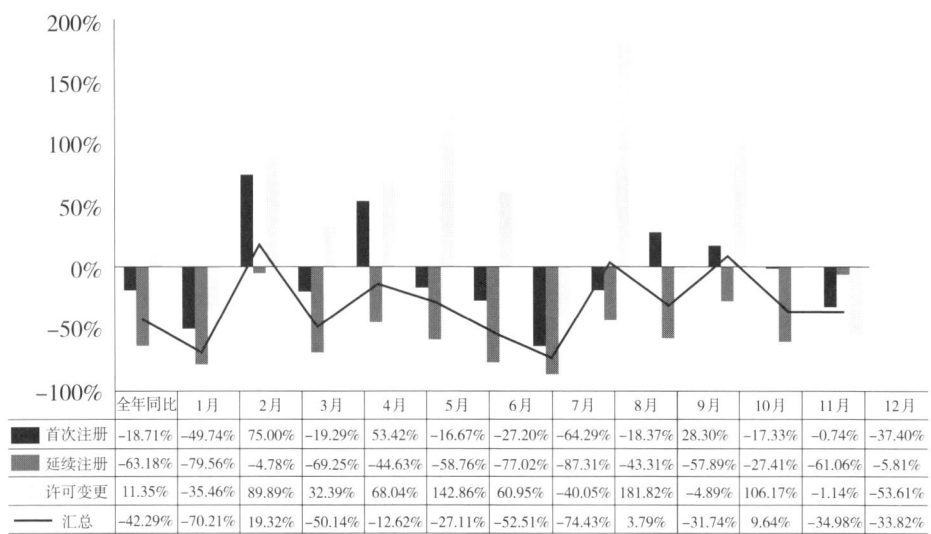

	全年同比	1月	2月	3月	4月	5月	6月	7月	8月	9月	10月	11月	12月
首次注册	-18.71%	-49.74%	75.00%	-19.29%	53.42%	-16.67%	-27.20%	-64.29%	-18.37%	28.30%	-17.33%	-0.74%	-37.40%
延续注册	-63.18%	-79.56%	-4.78%	-69.25%	-44.63%	-58.76%	-77.02%	-87.31%	-43.31%	-57.89%	-27.41%	-61.06%	-5.81%
许可变更	11.35%	-35.46%	89.89%	32.39%	68.04%	142.86%	60.95%	-40.05%	181.82%	-4.89%	106.17%	-1.14%	-53.61%
汇总	-42.29%	-70.21%	19.32%	-50.14%	-12.62%	-27.11%	-52.51%	-74.43%	3.79%	-31.74%	9.64%	-34.98%	-33.82%

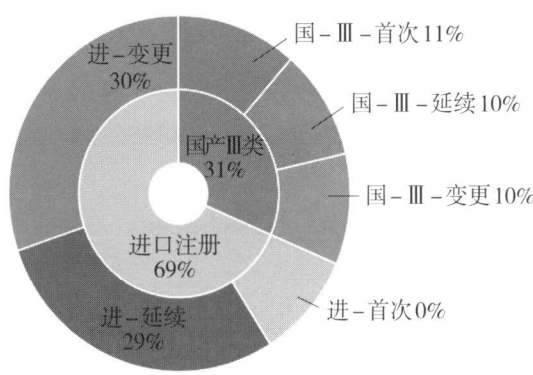

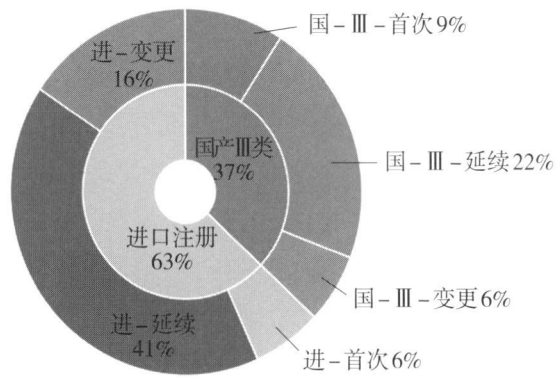

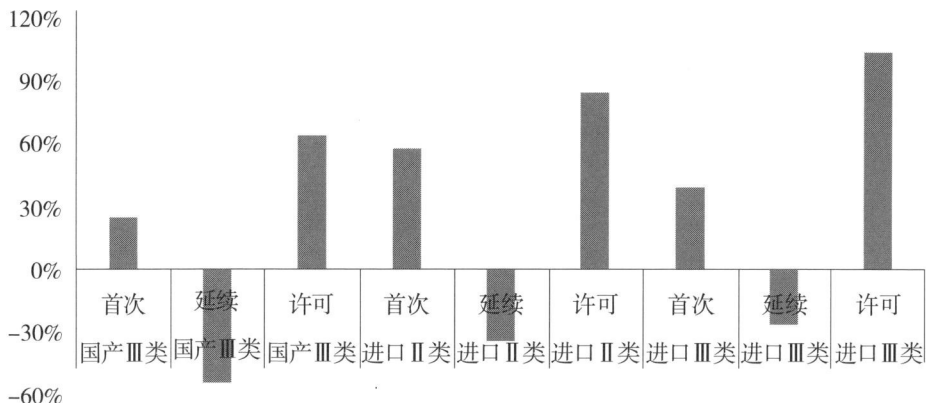

图2-8　2018年NMPA医疗器械注册审批与2017年同比情况

数据来源：CMDE官网，奥咨达整理。

从图2-8不难发现，2018年的国家局注册审批数量同比下降42.29%，除2月、8月、10月略有增长外，其余各月均比去年同期有较大幅度下降。

进一步分析可知，2018年注册证数量减少的原因，主要表现在延续注册的大量萎缩。2018年延续注册数量同比下降63.18%、首次注册跌幅18.71%，只有变更注册增长了11.35%。另一方面，无论是国产还是进口，2018年的首次注册和变更注册的占比却有不同程度的提升。

究其原因，主要是我国创新驱动、国家从高速增长逐步转向高质量发展的结果。各医疗器械生产企业，根据临床需要，不断研发新产品，或者对产品进行各方面的改进以满足高质量的用械需求。因此，必须进行医疗器械的首次注册或已上市产品的许可变更注册。

延续注册，首先要满足在医疗器械注册证的有效期内、产品相适用的国行标没有更新，同时还需满足注册人从未对上市后的产品进行任何变动或改进的情形，包括材料、工艺、外观、结构、性能、功能、临床用途等各方面均无改变。这是根据《关于公布医疗器械注册申报资料要求和批准证明文件格式的公告》（原国家食药监总局公告2014年第43号）中附件4"医疗器械延续注册申报资料要求及说明"有关申报延续注册材料的相关规定："仅申请延续注册的，提供产品没有变化的声明"。新技术不断进步、新材料推陈出新、新工艺不断优化的今天，医疗器械产品上市多年未作技术更新很难在市场上立足！同时，监管部门积极主动地与国际接轨、为缩短与国外先进技术和产品的差距，尽量同步转化国际先进标准。因此，延续注册大量减少是技术创新发展的浪潮所致。

除了上述原因外，奥咨达曾在《2017奥咨达医疗器械行业蓝皮书》中对注册数量下降早已预测，并提供了点评：

一、自从2014年实施新法规以来，审评部门对拟注册产品的申报要求更全面、更科学，特别是安全性评价方面需要提供更充分、更完整的支持性材料，使得很多企业需要花费更长的时间进行注册文件资料的补充和完善，延长了注册周期，降低了产品注册频率。

二、随着2016年6月1日《医疗器械临床试验质量管理规范》的正式发布实施，以及配合监管的临床核查，特别是2018年出台了注册文件"造假入刑"，临床试验数据造假将面临刑法处罚，各项监管措施均体现了加强对临床试验的监管。这些监管措施虽然使得部分临床试验耗时增加，短期内导致一些申办方主动撤审，但却能有力地促进临床试验运行的规范以及质量的提升。

三、由于已经实施注册收费，使得"注册更趋理性，生产企业较以往更慎重地选择有明确临床应用价值及明确市场前景的产品才申报注册，以降低企业的注册成本"。

同时，我们也预测到随着国家局出台了一系列促进医疗器械行业发展的政策，大力鼓励产品创新、国产替代的政策，以及国产产品技术的成熟和提高，国产Ⅲ类的注册数量还将大增。虽然2018年的数据暂未显现，国产Ⅲ类的首次注册和变更注册占比只是从2017年的15%，提升至2018年的21%，但随着各种政策助力不断凸显，专业的医疗器械3C平台的出现，国产替代产品的良好态势发展，相信我国医疗器械产业将不断提升，并逐渐反映在高技术、高质量的产品注册上，期待2019年会有更清晰的趋势反映。

（二）2015—2018年国家局注册审评审批情况

由于现行的相关医疗器械注册法规文件是在2014年10月1日后才实施的，不仅在产品上市流程上改为先注册后生产、延长了注册周期，最重要的是对注册产品的安全有效性提出了更细致更全面的要求，规范了行业要求，提高了准入门槛，打造可持续发展的创新能力，整体提升我国医疗器械产业的水平。下面，以2015年以来的国家局注册审批的情况进行统计分析，反映目前我国医疗器械的国产Ⅲ类和进口Ⅱ/Ⅲ类注册审批情况。

1.国产/进口注册情况

表2-19 近年NMPA医疗器械注册审批-国产/进口注册情况

管理类别	2015年	2016年	2017年	2018年	汇总
国产Ⅲ类	2730	2902	3300	1679	10611
进口Ⅱ/Ⅲ类	4800	5751	5623	3658	19832
汇总	7530	8653	8923	5337	30443

数据来源：CMDE官网，奥咨达整理。

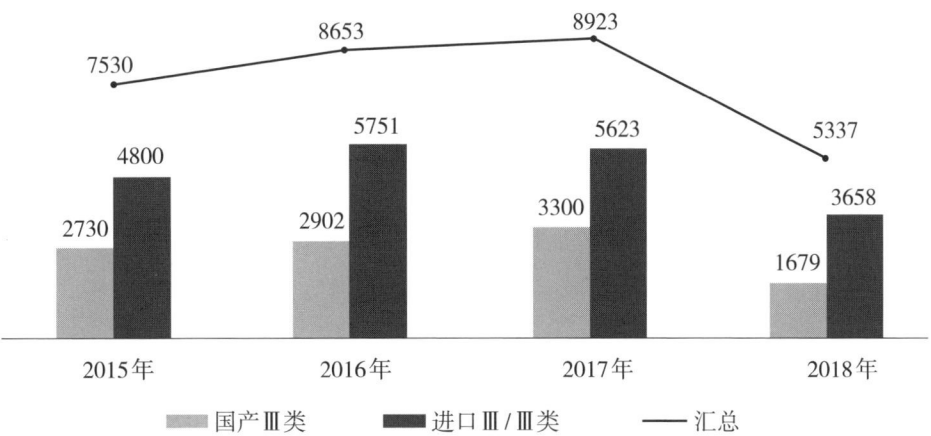

图2-9 近年NMPA医疗器械注册审批-国产/进口注册情况

数据来源：CMDE官网，奥咨达整理。

2.注册类型分布情况

表2-20 近年NMPA医疗器械注册审批-注册类型分布情况

注册类型	2015年	2016年	2017年	2018年	汇总
首次	2707	1966	1379	1121	7173
延续	4072	5221	5614	2067	16974
许可变更	751	1466	1930	2149	6296
汇总	7530	8653	8923	5337	30443

数据来源：CMDE官网，奥咨达整理。

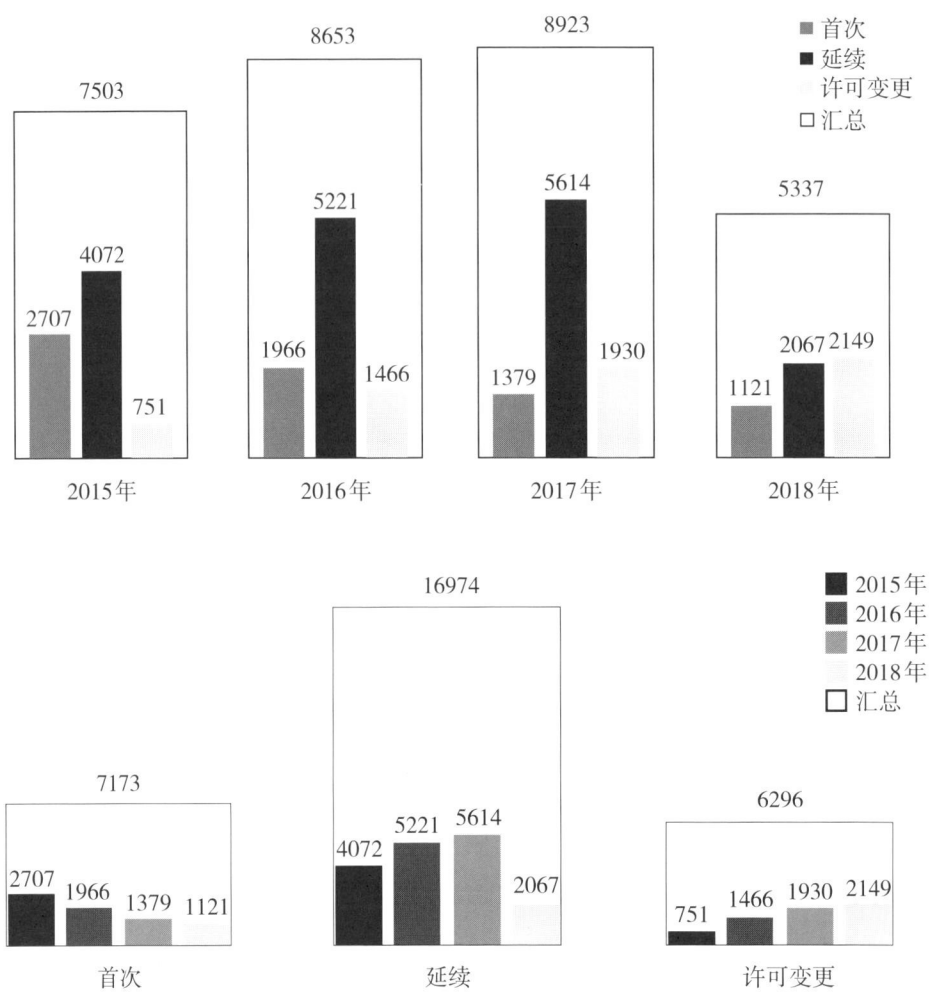

图 2-10 近年 NMPA 医疗器械注册审批 – 整体情况

数据来源：CMDE 官网，奥咨达整理。

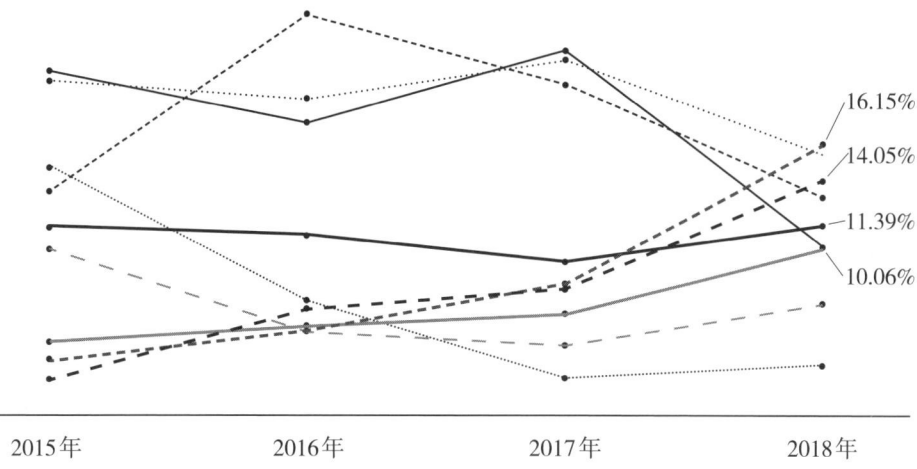

图2-11 近年NMPA医疗器械注册审批-各注册类型占比情况（一）

数据来源：CMDE官网，奥咨达整理。

3. 产品注册类型占比情况

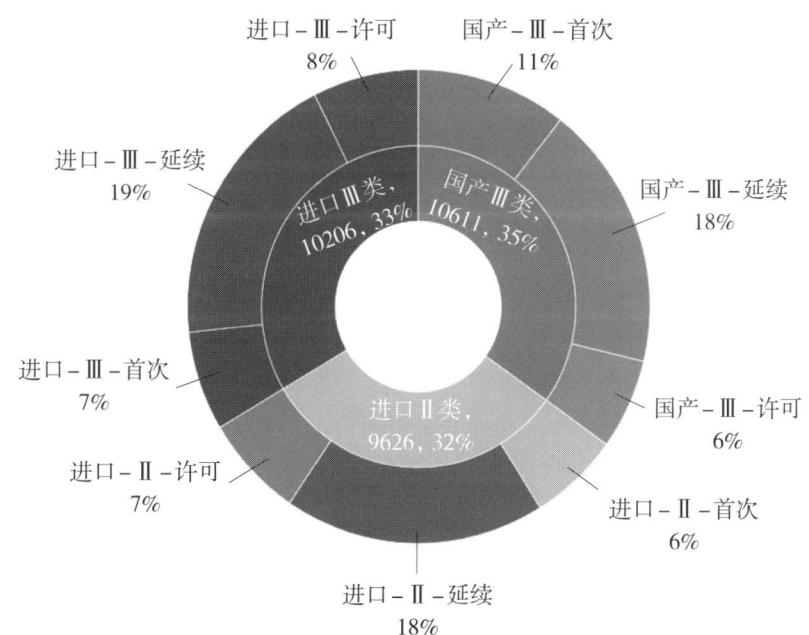

图2-12 近年NMPA医疗器械注册审批-各注册类型占比情况（二）

数据来源：CMDE官网，奥咨达整理。

纵观近年的国家局注册审批情况，国产Ⅲ类与进口Ⅱ/Ⅲ类注册数各占约三分之一。但从图2-11明显看出，国产Ⅲ类的首次注册一直保持10%左右的占比，2018年略有提高，相信在国家大力推动国产替代的政策鼓励下，2019年将会进一步提升；进口Ⅱ/Ⅲ类变更的许可注册多年保持双位数增长，体现了国外厂商不断更新换代、把先进的高端产品引入我国；而一成不变的延续注册则继续下降明显。

我国医疗器械行业起步晚，技术和人才不足，企业规模普遍较小，市场同质化竞争严重，导致国产医疗器械水平落后。随着我国经济不断发展以及人们健康意识的提高，从医院的高端医疗器械的配备到便捷的家用医疗器械都将迎来高度的需求增长，为国内医疗器械行业带来广阔的发展前景。尤其是近几年，国家不断出台相关政策加大对医疗器械领域的扶持，为鼓励医疗器械的研究与创新，其中《中国制造2025》《健康中国2030规划纲要》《"十三五"医疗器械科技创新专项规划》等相关政策均提出支持高性能医疗器械研发与创新、构建生物医药及高性能医疗器械产业新体系，预计大型影像设备、高值医疗耗材等高性能医疗器械将成为未来政策扶持重点，为我国医疗器械行业未来的发展带来新的增长点。

医学影像设备、手术机器人、高值医用耗材、可穿戴设备、远程诊疗设备、3D打印器械等六大类医疗器械属于"生物医药及高性能医疗器械"，位列《中国制造2025》重点突破发展的十大领域之一。这是国家吹响了高端医疗器械国产化号角的明确信号！就在《中国制造2025》正式公布两周年之际，国务院再出重拳：在国务院发布的2018年下半年深化医改文件中，再次明确推进医疗器械国产化，截至目前已有29个省市明确提出支持国产的相关政策，多个省市政府的中国采购公开招标限额直接从200万元上调至400万元。预计更多鼓励创新、支持国产化的政策文件将会不断出台。

随着国内创新大潮来临，医疗器械上市许可持有人制度等政策的落地，随之出现的医疗器械3C平台，可为医疗器械企业提供创新性的工艺研发及规模化生产服务，实现医工整合、科研转化，有利于提升创新产品商业化的机会，降低研发及生产成本，缩短医疗器械产品上市时间，提高经营效益，助推产业快速健康发展。

（三）国家创新医疗器械审批概况

自2014年3月1日，国家局实施了《创新医疗器械特别审批程序（试行）》，对于拥有我国发明专利，技术上具有国内首创、国际领先水平，并且具有显著临床应用价值的医疗器械产品设置了特别审批通道。2018年以来，为进一步深化"放管服"改革，促进医疗器械技术创新，推动医疗器械高质量发展，国家药监局多次开展调研、组织专题研究，多方征求意见，对创新试行程序进行了研究修改，于2018年11月5日发布了新修订的《创新医疗器械特别审查程序》，自2018年12月1日起施行。

该程序的实施，极大地推动了医疗器械的研发创新和医疗器械新技术的推广应用，对产业的高质量发展起到了积极的作用。

1. 近年公示的国家创新医疗器械

表 2-21 2014年至今NMPA创新医疗器械公示统计

产品类型	2014年	2015年	2016年	2017年	2018年	汇总
有源	4	12	19	29	18	82
无源	10	13	18	24	21	86
IVD	3	4	8	11	11	37
汇总	17	29	45	64	50	205

来源：CMDE官网，奥咨达整理。

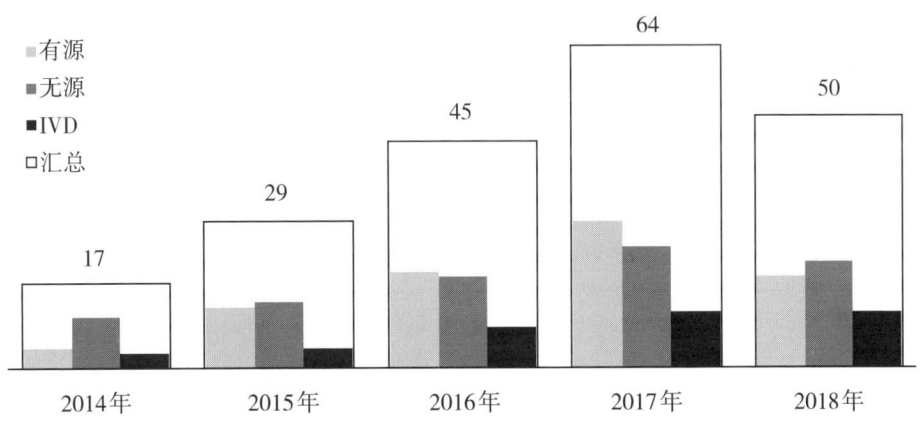

图 2-13 近年NMPA公示的创新医疗器械产品

数据来源：CMDE官网，奥咨达整理。

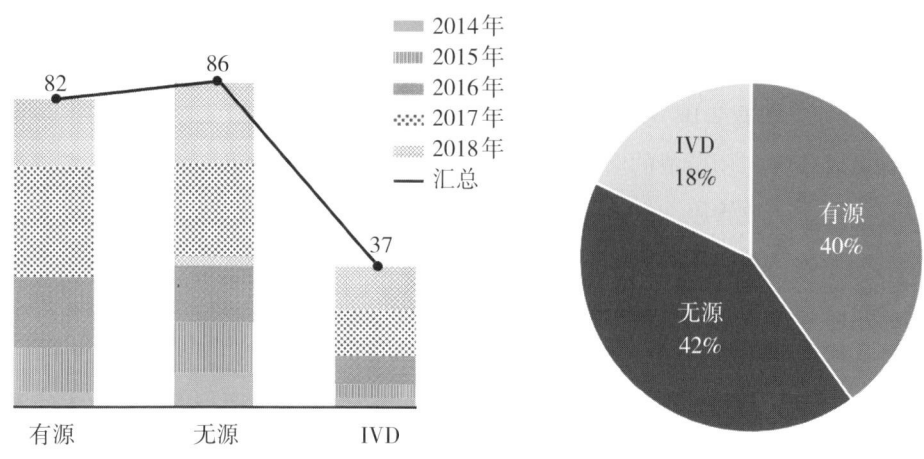

图2-14 近年NMPA公示的创新医疗器械产品

数据来源：CMDE官网，奥咨达整理。

从以上图表可知，自2014年试行创新审批程序以来，一共205个产品获得NMPA的创新批件，绿色通道为国内企业创新助跑。创新审批的申请和通过的企业数量，呈逐年上升态势。

2014年至今取得国家创新批件的产品清单详见附录7。

2. 已取得上市许可的创新医疗器械

经统计，在CMDE官网所公示的国家级创新批件产品中，2018年共批准神经外科手术导航定位系统、正电子发射断层扫描及磁共振成像系统等21个国内首创、国际领先的创新医疗器械产品上市，同比增长75%。自2014年以来，一共有59个产品获得上市通行证。其中，2个产品属于Ⅱ类，其余均为Ⅲ类医疗器械。

截至2018年底，具体的创新产品注册证清单见表2-22。

表2-22 取得注册证的创新医疗器械清单

序号	产品名称	申请人	创新公示日期	注册证批准日期	注册证号
1	定量血流分数测量系统	博动医学影像科技（上海）有限公司	2017/5/17	2018/7/12	国械注准20183210282

续表2-22

序号	产品名称	申请人	创新公示日期	注册证批准日期	注册证号
2	正电子发射断层扫描及磁共振成像系统	上海联影医疗科技有限公司	2017/5/17	2017/11/2	国械注准20173331479
3	肺癌靶向药物基因突变检测试剂盒（高通量测序法）	南京世和医疗器械有限公司	2017/4/21	2018/9/28	国械注准20183400408
4	人EGFR、KRAS、BRAF、PIK3CA、ALK、ROS1基因突变检测试剂盒（半导体测序法）	天津诺禾致源生物信息科技有限公司	2017/4/21	2018/8/11	国械注准20183400294
5	人类SDC2基因甲基化检测试剂盒（荧光PCR法）	广州市康立明生物科技有限责任公司	2017/3/7	2018/11/16	国械注准20183400506
6	GNAS基因突变检测试剂盒	天津精耐特基因生物技术有限公司	2017/3/7	2018/2/27	国械注准20183401020
7	人类EGFR基因突变检测试剂盒（多重荧光PCR法）	厦门艾德生物医药科技股份有限公司	2017/3/7	2018/1/18	国械注准20183400014
8	人类癌症多基因突变联合检测试剂盒（可逆末端终止测序法）	厦门艾德生物医药科技股份有限公司	2017/3/7	2018/11/16	国械注准20183400507
9	紫杉醇洗脱PTCA球囊扩张导管	浙江巴泰医疗科技有限公司	2017/3/7	2018/11/28	国械注准20183030527
10	低温冷冻手术系统（包含一次性使用无菌冷冻消融针）	海杰亚（北京）医疗器械有限公司	2017/1/16	2017/2/14	国械注准20173583088
11					国械注准20173583089

续表2-22

序号	产品名称	申请人	创新公示日期	注册证批准日期	注册证号
12	脑血栓取出装置	江苏尼科医疗器械有限公司	2016/11/22	2018/5/8	国械注准20183770186
13	全自动化学发光免疫分析仪	北京联众泰克科技有限公司	2016/11/15	2018/1/23	国械注准20183400021
14	人EGFR/ALK/BRAF/KRAS基因突变联合检测试剂盒（杂交捕获测序法）	广州燃石医学检验所有限公司	2016/9/26	2018/7/18	国械注准20183400286
15	具有心肺复苏质量监测功能的病人监护系统	深圳迈瑞生物医疗电子股份有限公司	2016/7/29	2018/11/20	国械注准20183070510
16	植入式心脏起搏器	先健科技（深圳）有限公司	2016/7/29	2017/12/11	国械注准20173211570
17	经导管主动脉瓣膜及输送系统	上海微创医疗器械（集团）有限公司	2016/7/29	2017/6/26	国械注准20173463241
18	丙型肝炎病毒核酸定量检测试剂盒（PCR-荧光探针"磁珠-管法"）	北京纳捷诊断试剂有限公司	2016/7/29	2018/4/20	国械注准20183400157
19	骶神经刺激系统	北京品驰医疗设备有限公司	2016/6/17	2018/9/28	国械注准20183120409
20					国械注准20183120410
21	全降解鼻窦药物支架系统	浦易（上海）生物技术有限公司	2016/6/6	2017/4/25	国械注准20173460679
22	miR-92a基因表达水平检测试剂盒（荧光RT-PCR法）	深圳市晋百慧生物有限公司	2016/6/6	2018/3/27	国械注准20183400108

续表2-22

序号	产品名称	申请人	创新公示日期	注册证批准日期	注册证号
23	正电子发射及X射线计算机断层成像装置	明峰医疗系统股份有限公司	2016/5/3	2016/10/17	国械注准20163332156
24	瓣膜成形环	金仕生物科技（常熟）有限公司	2016/3/21	2018/12/7	国械注准20183130534
25	药物洗脱PTA球囊扩张导管	浙江归创医疗器械有限公司	2016/2/4	2018/2/11	国械注准20183770047
26	血管重建装置	微创神通医疗科技（上海）有限公司	2016/2/4	2018/3/15	国械注准20183770102
27	一次性可吸收钉皮下吻合器	北京颐合恒瑞医疗科技有限公司	2016/2/4	2017/5/31	国械注准20173650874
28	可变角双探头单光子发射计算机断层成像设备	北京永新医疗设备有限公司	2016/2/4	2017/4/26	国械注准20173330681
29	二十项耳聋相关基因检测试剂盒（微阵列芯片-飞行时间质谱法）注册证：飞行时间质谱系统	北京毅新博创生物科技有限公司	2015/12/1	2016/11/1	京械注准20162401065
30	迷走神经刺激系统	北京品驰医疗设备有限公司	2015/12/1	2016/5/16	国械注准20163210989
31					国械注准20163210990
32	药物球囊扩张导管（商品名：ReewarmPTX）	微创心脉医疗科技（上海）有限公司	2015/12/1	2017/7/5	国械注准20173771290
33	折叠式人工玻璃体	广州卫视博生物科技有限公司	2015/12/1	2017/7/25	国械注准20173223296

续表2-22

序号	产品名称	申请人	创新公示日期	注册证批准日期	注册证号
34	呼吸道病原菌核酸检测试剂盒（恒温扩增芯片法）	博奥生物集团有限公司	2015/8/10	2016/2/17	国械注准20163400327
35	腹主动脉覆膜支架系统	北京华脉泰科医疗器械有限公司	2015/8/10	2017/10/17	国械注准20173461434
36	分支型主动脉覆膜支架及输送系统（商品名：Castor）	上海微创医疗器械（集团）有限公司	2015/8/10	2017/7/3	国械注准20173463241
37	外科生物补片（膀胱、腹壁修补专用）	上海松力生物技术有限公司	2015/6/26	2018/8/12	国械注准20183130292
38	红细胞寿命测定仪	深圳市先亚生物科技有限公司	2015/6/2	2016/3/30	粤械注准20162210292
39	外科手术机器人定位系统	北京天智航医疗科技股份有限公司	2015/6/2	2016/11/14	国械注准20163542280
40	三维心脏电生理标测系统	上海微创电生理医疗科技有限公司	2015/4/13	2016/2/26	国械注准20163770387
41	三维心脏电生理标测系统	上海微创电生理医疗科技有限公司	2015/4/13	2016/5/31	国械注准20163771040
42	人工晶状体	爱博诺德（北京）医疗科技有限公司	2015/4/13	2016/11/21	国械注准20163221747
43	药物洗脱外周球囊扩张导管	北京先瑞达医疗科技有限公司	2015/3/16	2016/5/25	国械注准20163771020
44	SMN1基因外显子缺失检测试剂盒（荧光定量PCR法）	上海五色石医学研究有限公司	2015/3/16	2015/12/22	国械注准20153402293
45	恒温扩增微流控芯片核酸分析仪	博奥生物集团有限公司	2015/2/2	2015/4/20	国械注准20153400580

续表2-22

序号	产品名称	申请人	创新公示日期	注册证批准日期	注册证号
46	MTHFR C677T 基因检测试剂盒（PCR-金磁微粒层析法）	西安金磁纳米生物技术有限公司	2014/12/17	2015/7/3	国械注准20153401148
47	脱细胞角膜基质	深圳艾尼尔角膜工程有限公司	2014/12/17	2015/4/22	国械注准20153460581
48	胸骨板	常州华森医疗器械有限公司	2014/11/3	2016/10/8	国械注准20163461582
49	锥光束乳腺CT（科宁锥光束乳腺三维成像系统）	科宁（天津）医疗设备有限公司	2014/9/26	2015/11/20	国械注准20153302052
50	大肠癌甲基化基因检测试剂盒（PCR荧光探针法）	博尔诚（北京）科技有限公司	2014/9/26	2015/8/24	国械注准20153401481
51	生物型人工角膜注册证：脱细胞角膜植片	广州优得清生物科技有限公司	2014/8/14	2016/3/28	国械注准20163460573
52	21三体、18三体和13三体检测试剂盒	中山大学达安基因股份有限公司	2014/6/20	2014/11/4	国械注准20143401960
53	基因测序仪	深圳华因康基因科技有限公司	2014/6/20	2014/12/10	国械注准20143402171
54	具有无线程控功能的双通道植入式神经刺激系统	苏州景昱医疗器械有限公司	2014/6/20	2015/6/9	国械注准2015321970
55					国械注准2015321972
56					国械注准2015321971
57	左心耳封堵器系统	先健科技（深圳）有限公司	2014/6/20	2017/6/2	国械注准20173770881

续表2-22

序号	产品名称	申请人	创新公示日期	注册证批准日期	注册证号
58	经皮介入人工心脏瓣膜系统	杭州启明医疗器械有限公司	2014/6/20	2017/4/28	国械注准20173460680
59	可吸收硬脑膜封合医用胶	山东赛克赛斯药业科技有限公司	2014/5/14	2018/1/25	国械注准20183650031

来源：CMDE官网，奥咨达整理。

在已取得医疗器械注册证的创新产品中，有源产品24个，占41%；无源产品18个，占31%；IVD产品17个，占29%。这些创新医疗器械获准上市，填补了国内空白，推动医疗器械从"中国制造"向"中国创造"转型升级。同时有一个创新产品被退审，可见创新批文不是"免死金牌"！若注册材料不能充分证明医疗器械安全有效，同样不能获批上市！

奥咨达收集整理了2014—2018年五年间国家创新产品的汇总情况，详见表2-23。

表2-23 2014—2018年国家局创新产品汇总

年份	申请数量	公示数量	取证数量	创新通过率（%）	取证比率（%）
2014	138	17	14	12.32	82.35
2015	157	29	17	18.47	58.62
2016	197	45	17	22.84	37.78
2017	273	64	11	23.44	17.19
2018	289	50	0	17.30	0
汇总	1054	205	59	19.45	28.78

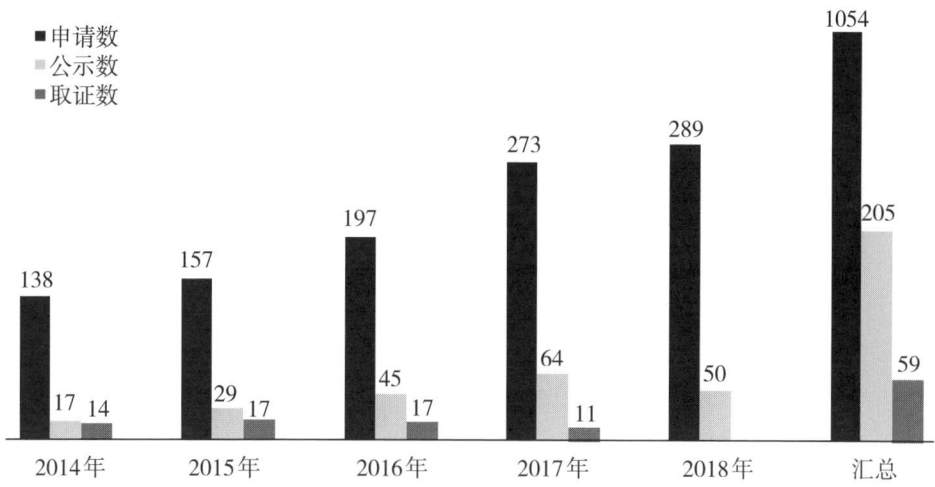

图2-15 近年NMPA创新医疗器械产品汇总

数据来源：CMDE官网，奥咨达整理。

（四）国家优先审评审批医疗器械情况

为了加快"诊断或者治疗罕见病、恶性肿瘤、老年人特有和多发疾病、专用于儿童、临床急需等医疗器械，以及列入国家科技重大专项或国家重点研发计划的"医疗器械审评审批，国家局制定了《医疗器械优先审批程序》，并于2017年1月1日开始实施。

截至2018年底，优先审批程序实施两年来，CMDE一共公示了20个注册项目优先审批，共批准了7个医疗器械产品上市，全部是国产医疗器械。

通过CMDE官网查询，已取得注册证的优先审评产品中，从受理到批证平均耗时11个月，其中最快的只耗时5个月，有两个耗时7个月，比一般的Ⅲ类医疗器械注册审评时间压缩了超过一半的时间。

表2-24 优先审评的医疗器械清单

序号	产品	申请人	入选理由	发布日期	注册证
1	抗PD-L1（SP142）兔单克隆抗体试剂（免疫组织化学法）	Roche Diagnostics GmbH	诊断或者治疗恶性肿瘤，且具有明显临床优势；临床急需，且在我国尚无同品种产品获准注册的医疗器械	2018/11/21	—

续表2-24

序号	产品	申请人	入选理由	发布日期	注册证
2	镍钛合金紫杉醇洗脱血管支架	Boston Scientific Corporation	临床急需,且在我国尚无同品种产品获准注册的医疗器械	2018/11/21	—
3	活性生物骨	烟台正海生物科技股份有限公司	列入国家重点研发计划	2018/11/13	—
4	甲型/乙型流感及呼吸道合胞病毒核酸联合检测试剂盒(实时荧光PCR法)	Cepheid	临床急需,且在我国尚无同品种产品获准注册的医疗器械	2018/10/30	—
5	PD-L1检测试剂盒(免疫组织化学法)	Dako North America, Inc	临床急需,且在我国尚无同品种产品获准注册的医疗器械	2018/10/30	—
6	丝素蛋白无菌护创膜	浙江星月生物科技股份有限公司	列入国家重点研发计划	2018/5/22	—
7	肺动脉支架	北京迈迪顶峰医疗科技有限公司	临床急需,且在我国尚无同品种产品获准注册的医疗器械	2018/4/27	—
8	水通道蛋白4抗体测定试剂盒(酶联免疫法)	RSR Limited	诊断或者治疗罕见病,且具有明显临床优势	2018/4/27	—
9	药物洗脱外周血管支架	COOk Ireland Limited	临床急需,且在我国尚无同品种产品获准注册的医疗器械	2018/3/27	—
10	结核分枝杆菌复合群核酸检测试剂盒(恒温扩增荧光法)	广州迪澳生物科技有限公司	列入国家科技重大专项	2018/2/8	—

续表2-24

序号	产品	申请人	入选理由	发布日期	注册证
11	结核分枝杆菌特异性细胞因子检测试剂盒（酶联免疫法）	广州迪澳医疗科技有限公司	列入国家科技重大专项	2018/2/8	—
12	风疹病毒IgG抗体检测试剂（荧光免疫层析法）	广州万孚生物技术股份有限公司	列入国家重点研发计划	2017/8/25	国械注准20183400062
13	麻疹病毒IgG抗体检测试剂（荧光免疫层析法）	广州万孚生物技术股份有限公司	列入国家重点研发计划	2017/8/25	国械注准20183400063
14	硬性电凝切割内窥镜	武汉唐济科技有限公司	列入国家重点研发计划	2017/8/25	国械注准20183060483
15	疝修补片	北京博辉瑞进生物科技有限公司	列入国家重点研发计划	2017/8/15	国械注准20183130498
16	胸主动脉覆膜支架系统	北京华脉泰科医疗器械有限公司	列入国家重点研发计划	2017/8/15	—
17	基因测序仪	武汉华大智造科技有限公司	列入国家重点研发计划	2017/8/15	国械注准20173401605
18	药物洗脱球囊导管	辽宁垠艺生物科技股份有限公司	临床急需，且在我国尚无同品种产品获准注册的医疗器械（可用于冠脉分叉病变）	2017/4/21	国械注准20173771535
19	中空纤维膜血液透析滤过器	成都欧赛医疗器械有限公司	列入国家重点研发计划	2017/3/7	国械注准20183450207
20	血液透析/滤过装置	广州市暨华医疗器械有限公司	列入国家重点研发计划	2017/2/13	—

来源：CMDE官网，奥咨达整理。

在通过优先审批的医疗器械中，有60%的产品被列入国家科技重点专项或重点研发计划，这是我国鼓励创新的体现。从产品种类来看，无源产品占45%，这也是我国无源产品长期处于低端产品供应的一个突破。相信在持续的鼓励技术发展和创新的未来，我国医疗器械会往高质量、高水平发展。

另外还发现，因"诊断或者治疗罕见病，且具有明显临床优势"而入选优先通道的仅有一个进口试剂，而且至今尚无针对罕见病防治的医疗器械获得上市许可。所幸的是相关部门已关注到并于2018年先后出台了《罕见病目录制订工作程序》（国家卫健委，国卫办医发〔2018〕11号）、《用于罕见病防治医疗器械注册审查指导原则》（国家药监局，2018年第101号），确定发现罕见病、申请纳入罕见病目录的流程，制订合理减免临床试验，以附带条件批准方式促进和鼓励用于罕见病防治医疗器械研发。

科学技术在不断进步，制度和标准也应随之而变。专家表示，优先审评制度要相应调整，不断更新，不断完善，制度建设"永远在路上"。

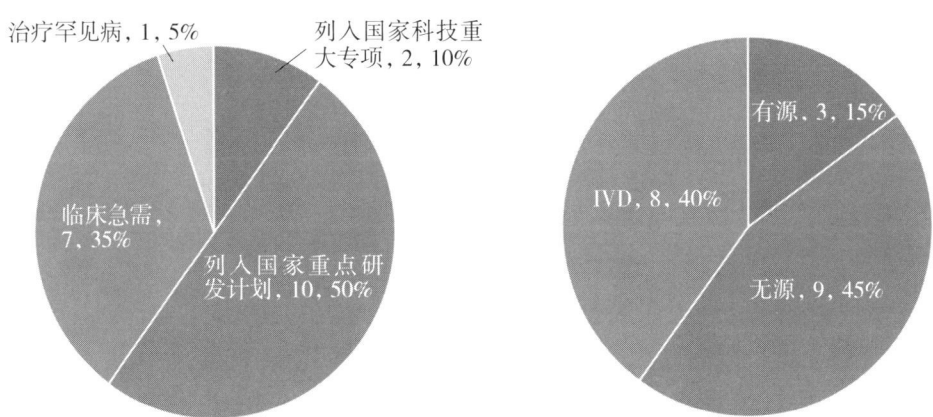

图2-16 2017—2018年NMPA优先医疗器械产品汇总

数据来源：CMDE官网、奥咨达整理。

四、近年医疗器械注册退审和撤审汇总

（一）2018年国家局不予注册发布情况

截至2018年12月底，国家局共发布不予注册通告48次，退审产品122个，见表2-25。具体的退审注册类型、所占比例，见表2-26、图2-17。

表2-25 2018年产品不予注册情况（一）

月份	数量（个）	发布频次
1月	25	5
2月	16	4
3月	14	6
4月	10	7
5月	6	3
6月	13	5
7月	3	3
8月	4	2
9月	13	4
10月	7	5
11月	5	2
12月	6	2
总计	122	48

来源：CMDE官网，奥咨达整理。

表2-26 2018年不予注册情况（二）

月份	进口Ⅱ/Ⅲ类			国产Ⅲ类			汇总
	首次	变更	延续	首次	变更	延续	
1月	12	4	2	6	0	1	25
2月	6	1	3	4	2	0	16
3月	4	2	4	2	2	0	14
4月	5	0	3	1	1	0	10
5月	1	0	2	2	1	0	6
6月	2	0	2	8	0	1	13
7月	0	0	0	1	1	1	3
8月	4	0	0	0	0	0	4
9月	3	4	3	1	1	1	13
10月	2	0	3	0	2	0	7
11月	2	0	0	3	0	0	5

续表2-26

月份	进口Ⅱ/Ⅲ类			国产Ⅲ类			汇总
	首次	变更	延续	首次	变更	延续	
12月	1	4	0	0	0	1	6
汇总	42	15	22	28	10	5	122
	79			43			

数据来源：CMDE官网，奥咨达整理。

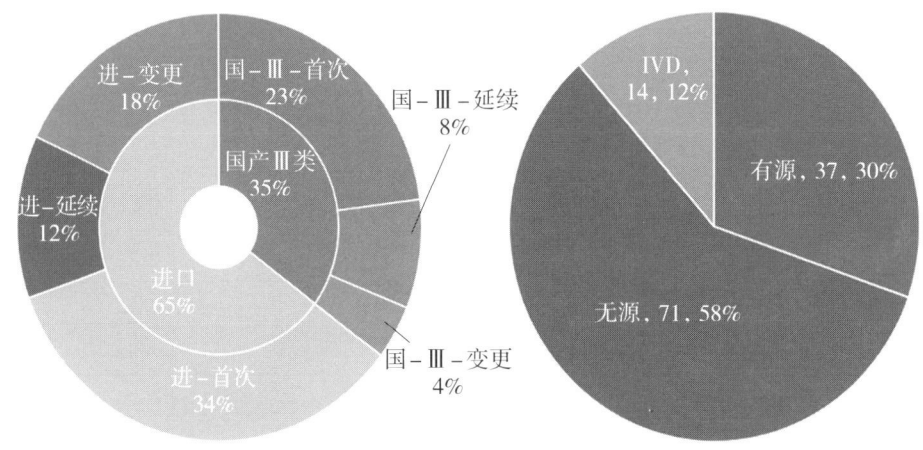

图2-17 2018年国家局不予注册统计

数据来源：CMDE官网，奥咨达整理。

从上面的图表发现，2018年不予注册占比最大的是进口首次注册，超过了总数的三分之一；而国产Ⅲ类首次注册占比也不低，为23%。这也为计划进入我国医疗器械市场的境内外企业提了醒，医疗器械的安全和有效是根本要求和依据，提供充分、必要又有效的注册材料是基本条件，合法合规才能有效突破医疗器械上市的门槛。

（二）2014—2018年国家局不予注册情况

自现行的医疗器械法规从2014年开始发布实施后，中国医疗器械开启了最严监管时代。奥咨达也从2014年起关注并着手收集国家局对医疗器械注册审评项目的不予注册情况，并多次独家发布相关数据的统计分析，以供同行借鉴参考。

以下是2014—2018年，国家局发布不予注册的汇总情况。

表2-27 2014—2018年不予注册数量和频次

年份	不予注册数量（个）	发布频次
2014年	1139	35
2015年	270	32
2016年	1718	42
2017年	219	54
2018年	122	48
总计	3468	211

来源：CMDE官网，奥咨达整理。

表2-28 2014—2018年不予注册产品的国产/进口分类　　　　　　　　个

国内/进口	2014年	2015年	2016年	2017年	2018年	总计
国内	271	118	390	96	43	918
进口	868	152	1328	123	79	2550
总计	1139	270	1718	219	122	3468

来源：CMDE官网，奥咨达整理。

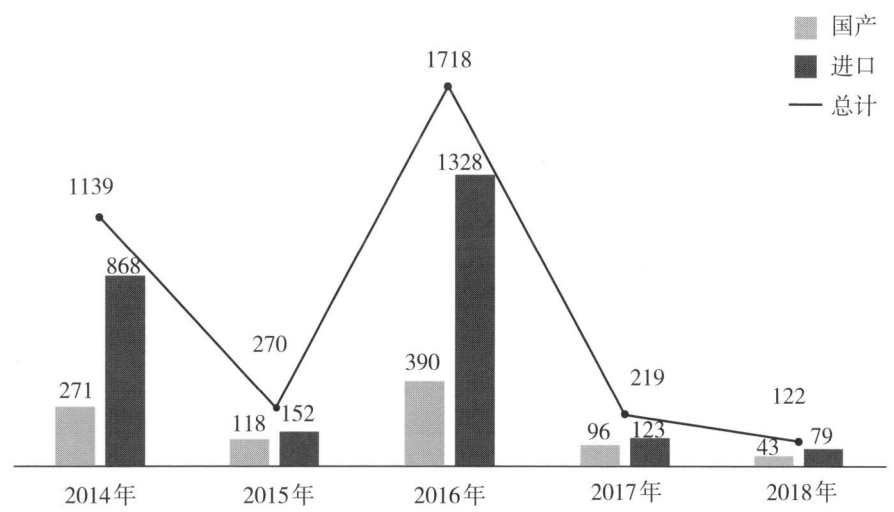

图2-18 2014—2018年国家局不予注册产品的国产/进口分类

数据来源：CMDE官网，奥咨达整理。

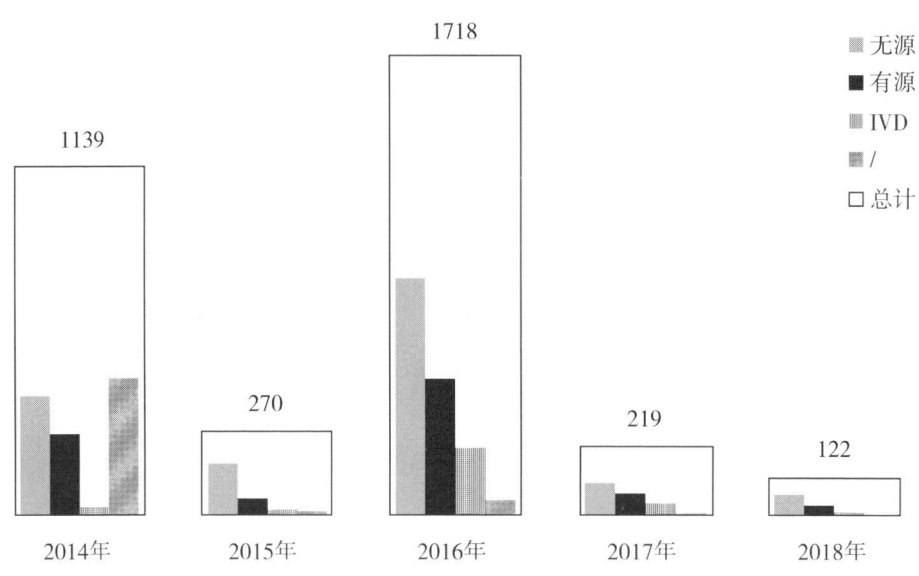

图2-19 2014—2018年国家局不予注册产品的类别

数据来源：CMDE官网，奥咨达整理。

(三) 2014—2018年企业主动撤回情况统计

对于正在注册审评阶段的注册项目，除了因在注册过程中发现真实性问题，或注册材料未能满足法规要求等原因导致国家局发布不予注册的行政指令外，还有企业因各种原因主动申请撤销注册审评的情形。另外，对于已有注册证的产品，因上市产品经评价已经不能保证产品的安全和有效，或者市场销售不理想，或者出于企业体系运营成本的考虑，企业也会向国家局主动申请撤销注册证。

表2-29，综合反映了2014—2018年期间监管部门退审以及企业自主撤回的情况统计。其中，不予注册是指国家局发布公告的退审注册审评项目数；临床抽查是指在国家局临床抽查中发现问题而退审的注册审评项目数；临床撤审则是指企业在国家局公布临床抽查项目后主动申请撤回的注册审评项目数；自行撤审是指在注册审评过程中，企业主动提出的撤回的注册审评项目数；自行撤销则是指企业对已有证的产品提出撤销注册证的数量。

表2-29 2014—2018年NMPA退审情况汇总　　　　　　　　　　　　个

年度	国家局退审		企业自主撤回			汇总
	不予注册	临床抽查	临床撤审	自行撤审	自行撤销	
2014年	1139	0	0	0	6	1145
2015年	270	0	0	0	1	271
2016年	1718	18	263	0	4	2003
2017年	219	4	0	330	25	578
2018年	122	0	261	224	22	629
汇总	3468	22	524	554	58	4626
	3490		1136			

来源：CMDE官网，奥咨达整理。

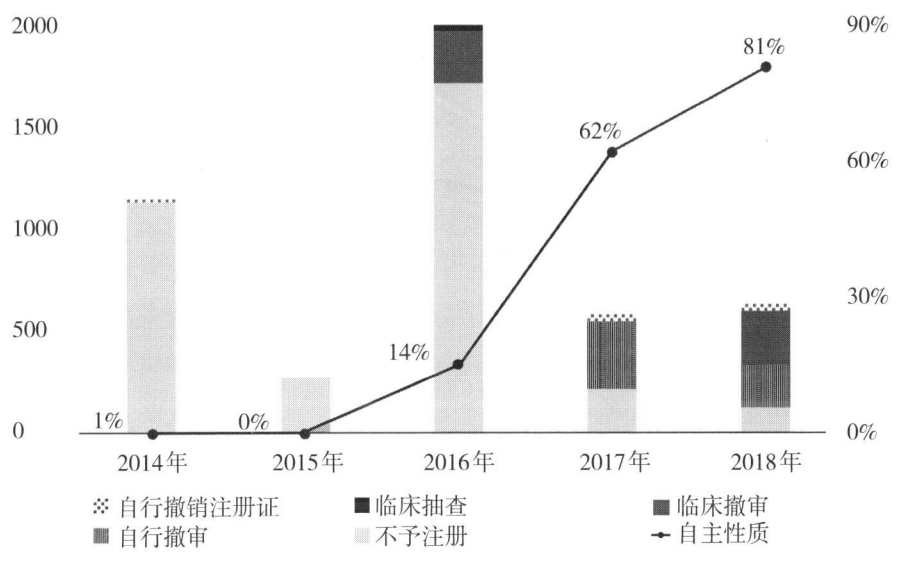

图2-20　2014—2018年退审/撤回情况汇总

来源：NMPA官网，奥咨达整理。

从上面的图表可见，2014—2016年间国家局的大幅退审、注册临床材料造假入刑无疑向业界表明了"最严监管"的强烈信号。加上不断强化的企业主体责任意识和政府监管职能向事中事后转变，使得企业自主撤回的比重在2017年后显著增加。这是医疗器械全生命周期监管的体现，极大提高了监管效率和社会效益，也保障了人民群众的用械安全。相信在日后上市许可持有人制度全面实施后,企业的主体意识会进一步加强,监管效率也会更高。

五、2018年国内医疗器械监管动态

随着监管形势的不断加严,原国家食品药品监督管理总局重新修订并完善飞行检查规定,于2015年6月29日颁布了《药品医疗器械飞行检查办法》(原国家食药监总局令第14号,以下简称:《飞检办法》)。《飞检办法》将药品和医疗器械研制、生产、经营和使用全过程纳入飞行检查的范围,即对医疗器械全生命周期开展飞行检查。飞行检查属于国家局对行业监管的常规动作,且具有突击性的特点,这对企业日常化的质量体系管理运行提出了更高要求。

新设立的国家药品监督管理局,相较原国家食品药品监督管理总局,其职能也发生重大的转变,将更加聚焦于药品、器械和化妆品领域的法规和制度的制定,建立和实施最严格的、覆盖全过程的监管制度。以下是2018年度医疗器械监管情况。

(一)境内医疗器械生产企业飞行检查情况

早在2014年9月5日,国家局就已经发布了《关于医疗器械生产质量管理规范执行有关事宜的通告》(2014年第15号),该通告已经明确了"自2018年1月1日起,所有医疗器械生产企业应当符合医疗器械生产质量管理规范的要求"。2017年时又发布了《总局办公厅关于第一类、第二类医疗器械生产企业实施医疗器械生产质量管理规范有关工作的通知》(食药监办械监〔2017〕120号),通知中要求"第一类、第二类医疗器械生产企业应当依据《条例》第二十四条的规定,按照《规范》及相关附录的要求对质量管理体系进行全面自查,自2018年1月1日起仍不能达到《规范》要求的,应当停止生产并向所在地市级食品药品监管部门报告"。可见国家局对《规范》实施的高度重视及其落实情况的执行。

1. 飞检企业

自2015年《飞检办法》开始实施,截至2018年12月21日,国家局对212家医疗器械生产企业开展了飞行检查,各年被检查企业数量见图2-21。生产企业归属地涵盖29个省市,飞检范围基本覆盖至全国各个省市。

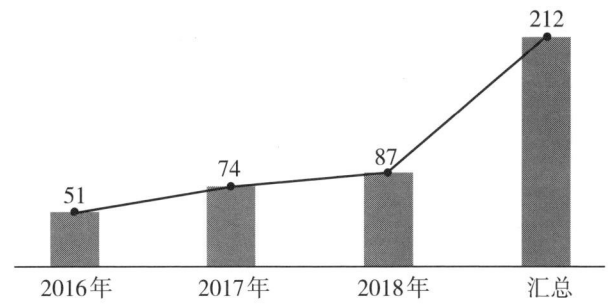

图2-21　2016—2018年被检查企业数量

数据来源：NMPA官网，奥咨达整理。

2017年被飞检企业数较2016年同比增加45.10%，2018年较2017年同比增加17.57%，可以看出国家局对于飞检的力度每年在递增，这是药监部门全面贯彻落实习近平总书记对食品药品监管工作提出"四个最严"重要指示讲话精神的重要体现。

飞检范围覆盖全品类的各种产品，包括有源、无源、无菌、体外诊断试剂、义齿等，如金属骨针、人博卡病毒核酸检测试剂盒（PCR-荧光探针法）、活动修复体、冲击波治疗仪，而无菌、植入以及IVD的产品及企业是重点检查对象，尤其是高风险医疗器械。在飞检的212家企业中，有5家企业连续两年被飞检，有2家企业连续三年被飞检，连续飞检的产品为生物降解药物涂层冠脉支架系统、药物洗脱球囊导管、一次性使用血液灌流器等高风险类产品。国家对高风险医疗器械的监管重视程度，由此可见一斑。

2. 飞检结果

（1）检查类型

《飞检办法》规定了通过投诉、举报、检验、不良反应监测发现产品可能存在质量安全风险等可以启动飞行检查的七种情形，表2-30根据飞行检查通报中的检查目的类别进行梳理，可见飞行检查对于生产规范也日趋严格。

表2-30　飞行检查目的类别

检查目的类别	2016年	2017年	2018年	汇总	比例
飞行/合规检查	44	68	60	172	81.13%
有因检查	7	6	23	36	16.98%
专项检查	0	0	4	4	1.89%
汇总	51	74	87	212	100%

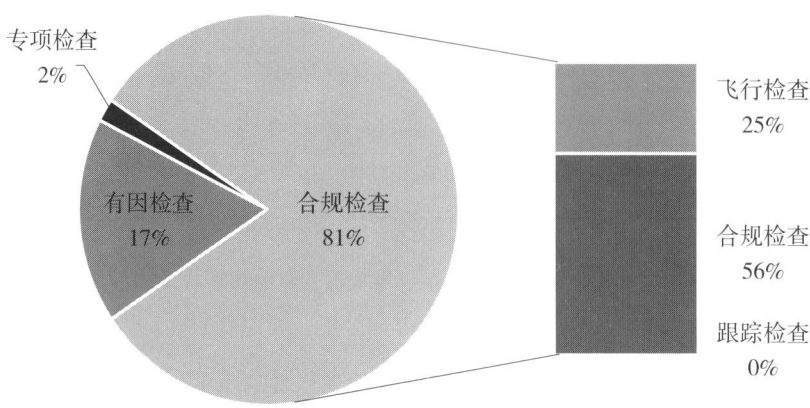

图2-22 飞行检查目的类别

数据来源：NMPA官网，奥咨达整理。

（2）检查结论

被飞检的212家企业中，除申请停产/已停产状态或者注销等情形的38家企业外，其余174家生产企业无一企业零缺陷通过检查。其中，57家企业质量管理体系存在严重问题，被要求停产整改；117家企业存在不符合《规范》及附录的问题，勒令限期整改。这也说明国家局在增强贯彻执行GMP规范的监管力度，并用监管事实促使生产企业高度重视对生产质量的管理。

表2-31 飞行检查结论

检查结论	2016年	2017年	2018年	汇总	比例
跟踪检查	0	6	0	6	2.83%
停产整改	12	26	19	57	26.89%
限期整改	29	40	44	117	55.19%
停产或申请停产、注销等	10	2	18	32	15.09%
汇总	51	74	81	212	100.00%

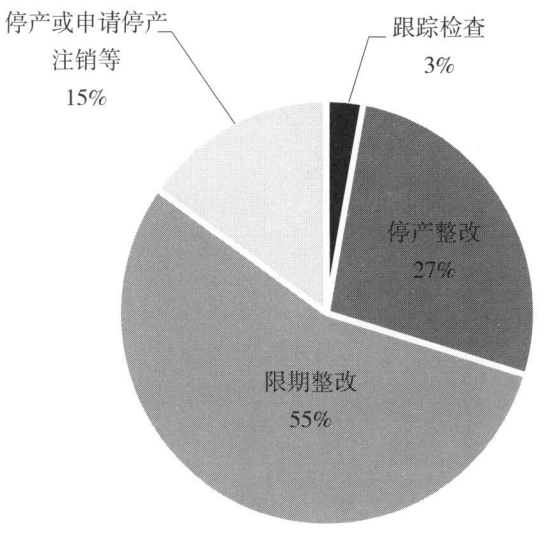

图2-23 飞行检查结论

数据来源：NMPA官网，奥咨达整理。

（3）缺陷项目

①缺陷数量

被飞检的212家生产企业共发现缺陷2112项，其中，不符合关键项目要求、存在严重缺陷的有199项；不符合一般项目要求、存在一般缺陷的有1859项；其他有54项。对于存在严重缺陷的，一般被勒令停产整改；存在一般缺陷的，一般是限期整改，并且整改合格后省市局还会对其进行跟踪检查。

表2-32 缺陷等级

缺陷等级	一般缺陷	严重缺陷	其他	汇总
数量	1859	199	54	2112
比例	88.02%	9.42%	2.56%	100%

发现缺陷的目的主要是指出体系存在问题，督促企业遵循生产质量管理体系进行持续改进。这些缺陷项所对应的检查依据，主要集中分布在《规范》，其次是相关的附录/检查表。这要求企业必须熟悉并严格按照产品所适用的质量管理规范及其附录、相关指导原则（检查表）的要求；同时，应清楚了解核查内容和核查重点所涉及的条款。

需要说明的是，如所发现的缺陷，其依据同时属于《规范》或相关的附录/检查表。在整理分析数据时，为不重复计算缺陷数，笔者将该缺陷的检查依据，统一计入所对应的附录/检查表中，详见图2-24。

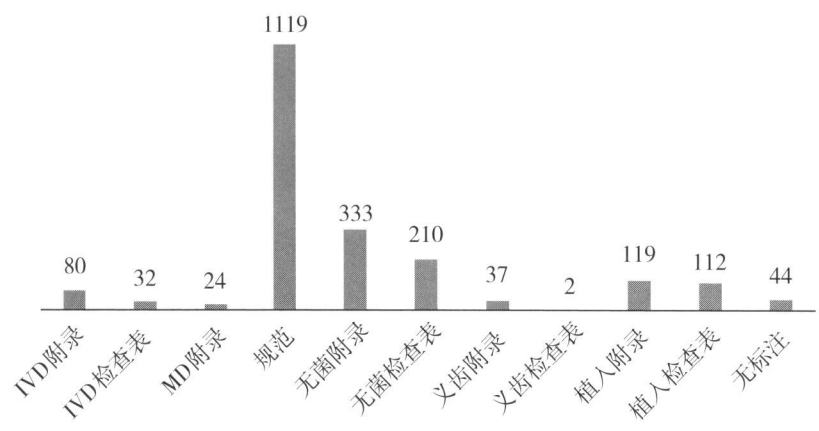

图2-24　缺陷所涉及检查依据

数据来源：NMPA官网，奥咨达整理。

②缺陷条款

缺陷所涉及的《规范》内容1119项，占总缺陷2112项的52.98%。这部分缺陷在《规范》所处的章节条款分布见表2-33，缺陷项相对集中在生产管理（15.64%）、文件管理（15.37%）、质量控制（14.57%）、设备（12.87%）、厂房与设施（11.44%）这五方面。

上述五方面的缺陷主要表现在：生产管理方面，生产记录、工艺规程与工艺参数等涉及相关内容完整性及规范性；文件管理方面，记录控制追溯性、记录修改的规范以及体系文件的控制等；质量控制方面，主要是仪器设备的管理使用记录以及状态标识；厂房及设备方面，则是仓储区是否按照待验、合格、不合格、退货或召回等进行有序、分区存放各类材料和产品。

除上述涉及《规范》的缺陷外，其余的993项缺陷主要分布在相关产品对应附录及检查表：无菌类产品生产企业，突出问题是厂房与设施（主要是压差及其监测装置、工艺用气）和设备（主要是空气净化系统、工艺用水）两方面。这对于同样有洁净要求的植入性产品生产企业和IVD生产企业，都会存在同样的问题。另外，对于植入性产品的生产企业，还有一个生产管理与质量控制的问题较为明显。而义齿类产品生产企业缺陷问题普遍集中在生产管理方面。相对于IVD类产品生产企业，由于企业对不合格品控制比较严格，以致此方面缺陷也相对较少。

表2-33 缺陷项所在《规范》章节条款

所在章节		缺陷项	缺陷比例
第二章	机构与人员	38	3.40%
第三章	厂房与设施	128	11.44%
第四章	设备	144	12.87%
第五章	文件管理	172	15.37%
第六章	设计开发	86	7.69%
第七章	采购	110	9.83%
第八章	生产管理	175	15.64%
第九章	质量控制	163	14.57%
第十章	销售与售后服务	17	1.52%
第十一章	不合格品控制	34	3.04%
第十二章	不良事件、检测和改进	52	4.65%
	汇总	1119	100%

数据来源：NMPA官网，奥咨达整理。

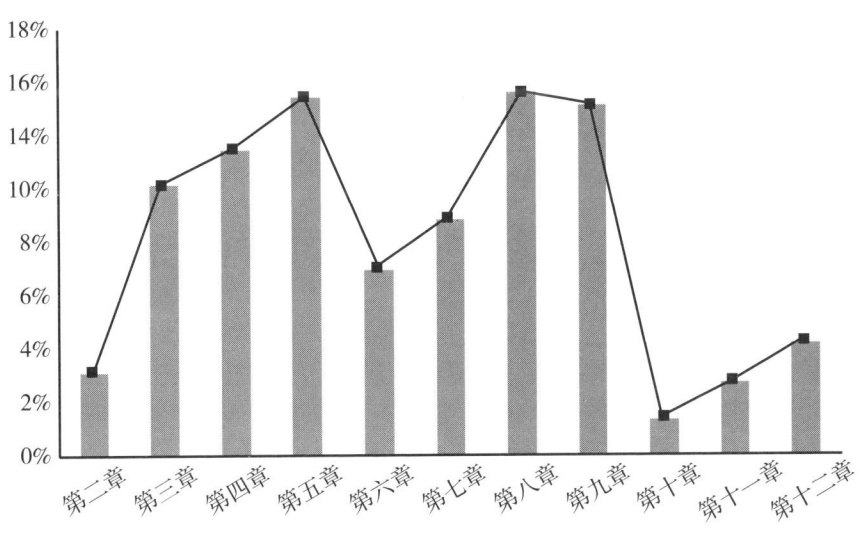

图2-25 缺陷项所在《规范》章节条款分布

数据来源：NMPA官网，奥咨达整理。

对各个章节条款中出现频率较高的缺陷和问题描述进行归类整理和示范举例，见表2-34。

表2-34 主要缺陷问题描述整理表

章节	条款及出现频次	缺陷和问题描述
机构与人员	第8条（8次）	学历不符合岗位任职资格要求；管理人员不熟悉相关法律法规；对设备管理不熟悉
厂房与设施	第17条（69次）	仓储区无温湿度调控措施或未记录温湿度；产品储存要求与现场发现温度记录数据两者不一致；缺待验区、退货区或召回区以及区域划分不清晰；未按规定存放在仓储区；无标识
设备	第20条（81次）	没有使用记录；生产设备状态标识不统一；未建立等离子射频治疗仪的生产设备使用、清洁、维护和维修的操作规程，且无生产设备清洁、维护和维修的记录；无设备状态标识
设备	第23条（30次）	压力表无校准标识，未见校准记录；计量检定证书的有效期已过期；无对计量设备校准后结果进行确认的规定，也无确认记录；产品标准规定针尖端突出针体端面距离为（15±0.5）mm，测量该距离的钢板尺检定证书误差范围为±1mm，钢板尺的精度不能满足使用要求
文件管理	第25条（77条）	外来文件的收集和整理不及时；部分文件修订未按规定评审和批准，不能识别文件的更改和修订状态。 文件编号与程序文件规定不一致；未能提供受控文件的分发、替换或撤销、复制和销毁记录；《初始污染菌操作规程》无文件编号、版本号、编制日期、实施日期等
文件管理	第27条（88条）	抽查出口批号为1704001的生产记录和过程检验记录有字迹涂改，没有签注涂改人员姓名和涂改日期。 某批记录显示生产200个试剂盒，共配制稀释液总量1385mL，每瓶分装3mL，分装208瓶，其余761mL稀释液未说明去向。 企业生产过程中对激光器性能进行了检验，但未对相关原始数据进行记录，无法实现记录应当保证产品生产、质量控制等活动的可追溯性要求

续表2-34

章节	条款及出现频次	缺陷和问题描述
设计开发	第37条（40条）	输液针组装工艺由手工改为自动组装和产品组成增加输液贴（不含药）及相关性能要求（2016年产品延续注册）时，未对设计和开发更改进行评审、验证和确认。 对11240 BBC型生物安全柜控制软件的完整版本进行过2次轻微增强类软件更新升级，现行版本号为AQG-LCDACB-YY-V2.3.2，但无相应文件规定，也无软件升级后验证、评审、确认记录。 原材料改变未进行产品安全性、有效性及风险评价，一次性使用无菌阴道扩张器的设计开发资料中仅涉及原材料"聚丙"，实际生产中涉及原材料有聚丙烯、聚苯乙烯、聚苯乙烯树脂
采购	第41条（30条）	未能提供MG粒料外协供方的供方评定资料。 未按照《采购控制程序》（XWQM/B-10-00/0）要求，对A类物料"钛镍记忆合金板"的初选供方"某金属材料有限公司"进行现场调查并保存记录。 供应商审核评价未严格按照采购控制程序文件（BK-Ⅱ-12-201713）及采购部支持性文件汇编（BK-Ⅲ-CGB-201613）执行，如质检中心未提交《供应商品质评分表》，不能提供关键物料过滤器供方评价过程记录
	第43条（49条）	对原材料光纤的采购要求未明确验收准则、规程、图样。 探头线、遥控器线等供应商档案中缺少资质证明文件。 企业分别与供应商1和供应商2签订了抗体及硝酸纤维素膜的采购合同，但无法提供原材料清单、质量标准及验收标准的记录

续表2-34

章节	条款及出现频次	缺陷和问题描述
生产管理	第50条（65条）	未能提供批号为160227、160518的产品批生产记录。 药盒管道粘接生产记录（批号180731）中未记录主要设备光固化机及工艺参数。 批生产记录不可追溯：批号为71707011的"中号透明轴转扩张器"生产记录中，生产指令单、领料单中物料名称只记录为"粒料"，无法确认是聚丙烯、聚苯乙烯还是其他，且领料单中未记录粒料批号。 批号为20170725的医用聚乙二醇小檗碱液生产记录中废品推注器数量，记载数量与实际损耗数量无法对应，不能追溯
生产管理	第51条（33条）	产品标识控制程序未细化生产过程中产品标识相关要求。 电气生产车间中的生产装配产品与返回维修产品混合摆放在一起，未进行标识，不能有效识别
质量控制	第57条（44条）	检验设备电脑伺服材料机的软件未确认。 未能提供投影仪的校准检定记录，未见检验设备（投影仪、焦度计等）的检定/校准标识。 检验设备表面粗糙度比较样块取得校准证书后，未对证书上给出的偏差进行分析和标识
质量控制	第59条（39条）	检验原始记录不齐全，未能全面体现原始检验过程。 原材料、半成品检验的报告与检验记录未区分，写在一起，检验记录不能反映检验的具体时间、环境、条件、具体实验步骤等内容
销售与售后服务	第66条（8条）	未按照顾客信息反馈和处理控制程序（CQPIS08.2.1）规定对顾客反馈信息提出纠正或预防措施
不合格品控制	第70条（21条）	《不合格品控制程序》中未对返工的不合格品情形进行规定；企业未制定产品返工控制文件；企业未制定《产品报废管理制度》及相关记录表格
不良事件、检测和改进	第74条（17条）	公司01150018批次三氧化二砷药物涂层支架输送系统2015年抽检不合格，公司进行了临时管理评审，但未按公司"纠正和预防控制程序MZ/CX 08-06"的规定执行纠正、预防相关流程

数据来源：NMPA官网，奥咨达整理。

飞检的主要目的为：查看企业是否建立相应的生产质量管理体系；是否切实在日常的运行管理中按照制定的体系执行；是否能提供体现完成产品所有的生产活动和达到结果的客观证据的文件——批记录，包括设计研发、批生产记录、批检验记录、采购、仓储、销售、人员培训、内审管审记录、文件管控等。

企业在建立体系及批记录时，必须确认追溯流程是否完整，这也是飞检的重中之重。从以上飞检呈现的缺陷问题及对应的缺陷条款，建议各生产企业可以定期组织人员对照相应的GMP条款逐一进行自查自纠，借此实现企业质量管理体系在自查中得到不断完善和提升。

（4）各省市GMP飞检情况

各省市药监局在2017年启动或加强本省市的医疗器械生产企业飞检，飞检主要的对象是抽检时不合格产品多、不良事件发生率高、投诉举报多以及国家和省级重点监管目录中涉及的生产企业。

截至2018年12月21日，共有16个省市发布了当年的飞检情况，见图2-26。被飞检的企业共553家，其中河南、江西、江苏、湖南、河北位列前五。

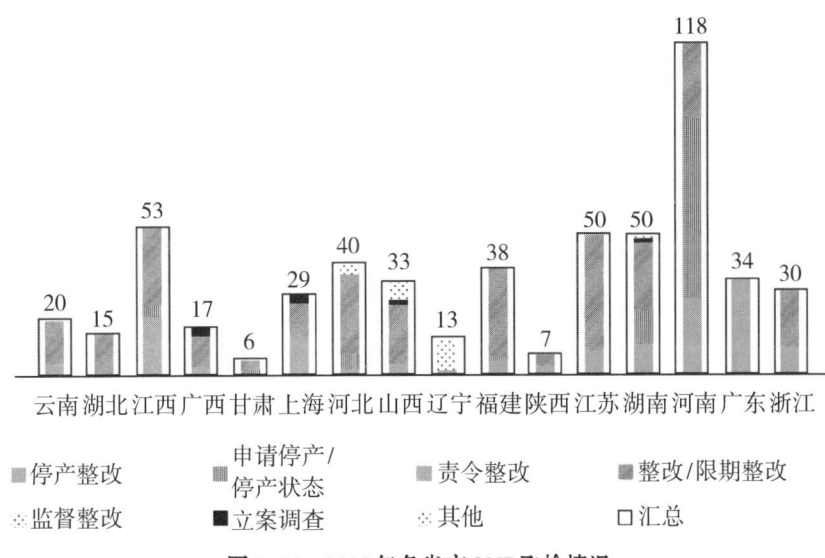

图2-26　2018年各省市GMP飞检情况

数据来源：NMPA、各省市药监局官网，奥咨达整理。

（二）境外医疗器械生产企业飞行检查情况

国家局境外飞检的对象是涉及进口医疗器械的境外生产企业。目的是推动进口医疗器械境外生产企业符合中国法律法规，保障进口医疗器械产品安全、有效。

2017年，国家局先后对美国、德国、英国等10个国家24家医疗器械生产企业的进口产品开展境外生产现场检查，涉及产品有体外诊断试剂、血管支架、心脏除颤仪、3M Tegaderm透明敷料等46个产品，检查企业数和品种数较2016年分别增加26%和39%。此部分详细分析可参阅《2017奥咨达医疗器械蓝皮书》的相关章节。

2018年，国家局对美国、德国、意大利等9个国家的26家进口医疗器械生产企业进行了境外生产现场检查，并发布了吉卢比有限责任公司等5家企业的检查结果。要求上述5家企业按照中国医疗器械生产质量管理规范的要求，逐一落实整改措施并提交整改报告。

国家药监局通过对进口产品实施境外飞检，树立了我国医械监管的国际权威，既维护了人民群众的用械安全，又实现了国与国之间监管的国际对等。

（三）医疗器械经营质量管理规范飞行检查情况

国家局飞检主要的对象也涉及贮存、运输有特殊要求的经营企业，对医疗器械流通领域违法违规行为进行大整治。从事医疗器械经营活动的经营者应该按照《医疗器械经营监督管理办法》（原国家食药监总局令第8号）及其《国家食品药品监督管理总局关于修改部分规章的决定》（原国家食药监总局令第37号）、《医疗器械经营质量管理规范》（2014年第58号）建立GSP体系，并按照GSP体系执行。

为促进医疗器械产业高质量健康发展，保障医疗器械经营使用环节质量安全，2018年4月24日，国家药品监督管理局发布了《关于印发2018年严厉打击违法违规经营使用医疗器械专项整治工作方案的通知》（国药监〔2018〕11号），2018年5月至11月底在全国范围内开展严厉打击违法违规经营使用医疗器械专项整治工作，根据该通知精神各省市启动专项整治行动。该举措进一步落实医疗器械经营企业和使用单位质量安全主体责任，使医疗器械经营企业和使用单位的自律意识显著增强。

截至2018年12月21日，国家局对30家分布在15个省市的经营企业开展了飞检工作。飞检范围包括第三方物流企业、冷链提供企业、试剂经营企业、许可/备案器械经营企业。其中，4家企业质量管理体系存在严重问题，勒令停产整改；24家企业存在不符合《规范》或者《飞检办法》的问题，要求限期整改；其余2家属于已经注销或停产的情形。

经营飞检重点检查企业的质量管理制度是否建立并有效执行，记录是否完整可追溯，冷链运输以及储存条件是否完备、购销渠道是否规范。在被检查的30家企业中，共发现缺陷269项。其中，不符合关键项目要求存在严重缺陷的有86项，不符合一般项目要求存在一般缺陷的有183项。所发现的缺陷所处的章节条款分布见表2-35，缺陷项相对集中在设施与设备（21.19%），人员与培训（17.84%），职责与制度（16.73%），采购、收货与验收（16.36%）这四方面。这些情况应当引起企业的警觉，做好软硬件的实力满足相关法规的要求。

表2-35 缺陷所处的章节条款分布

章节		汇总	比例
第一章	总则	1	0.37%
第二章	职责与制度	45	16.73%
第三章	人员与培训	48	17.84%
第四章	设施与设备	57	21.19%
第五章	采购、收货与验收	44	16.36%
第六章	入库、贮存与检查	31	11.52%
第七章	销售、出库与运输	27	10.01%
第八章	售后服务	16	5.95%
汇总		269	100%

来源：NMPA官网，奥咨达整理。

对章节条款中出现频率较高的前五项缺陷和问题描述进行归类整理和示范举例，见表2-36。作为经营企业，应及时关注飞行检查情况，以及普遍存在的缺陷情况，与企业实际情况进行比较，并不断改进。

表2-36 主要缺陷问题描述整理表

章节	条款及出现频次	缺陷和问题描述
人员与培训	第14条（19次）	企业建立了岗前培训和继续培训等相关制度，但现场缺少2016年、2017年度培训计划、培训记录、考核及评估记录

续表2-36

章节	条款及出现频次	缺陷和问题描述
职责与制度	第8条（14次）	企业未制定质量管理培训及考核的规定；未制定医疗器械质量投诉、事故调查和处理报告的规定；未制定购货者资格审核、医疗器械追踪溯源、质量管理制度执行情况考核的规定，未建立质量管理自查制度
设施与设备	第30条（12次）	企业未建立计算机信息管理系统；或者企业已配置计算机信息管理系统，但在实际经营、管理工作中未使用
采购、收货与验收	第38条（12次）	企业未建立验收记录；或者验收记录内容不完整、缺项，如缺少产品批号或序列号，未填写验收结果等
销售、出库与运输	第47条（12次）	企业未建立购货者档案；企业未按首营企业审核制度对购货者的证明文件进行审核；企业未能提供销售人员授权书底根

来源：NMPA官网，奥咨达整理。

（四）医疗器械质量抽检情况

医疗器械产品的质量抽检及处置工作是实施医疗器械上市后监管的重要手段。国家局以及各省市局依据《国家医疗器械质量监督抽查检验管理规定》并结合医疗器械抽检计划的要求对抽样单位（生产企业、经营企业和使用单位）进行质量监督抽检。2018年5月31日，国家局发布了《关于印发2018年国家医疗器械抽检产品检验方案的通知》（药监办〔2018〕14号），而后各个省市也陆续发布了关于落实抽样工作的信息，并开展抽样工作。

在2018年发布的监督抽检结果通告中，抽检的产品主要有软性接触镜、无创自动测量血压计（电子血压计）、医用外科口罩、电动病床、神经和肌肉刺激器、医用超声雾化器、一次性使用输液器（带针）、输液泵（注射泵、镇痛泵、胰岛素泵）、一次性使用无菌阴道扩张器、手术衣等，这些产品也频繁出现在近4年的抽检公告中。仅2018年，国家局已经对约1915家企业3592批（台）产品进行抽检，不管是企业数量还是抽检的批（台）次都是自2015年以来最多的（见图2-27），可见医疗器械产品上市后监管的力度正逐步加大。

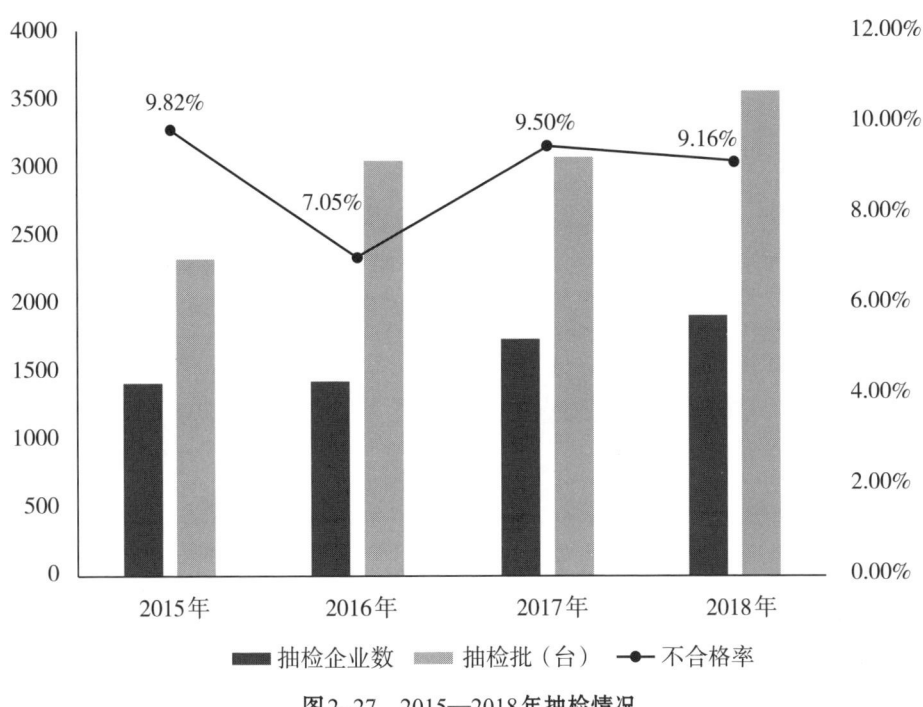

图 2-27　2015—2018 年抽检情况

数据来源：NMPA 官网，奥咨达整理。

对于不符合检验方案中相应产品检验项目任意一项，抽检综合结论为不合格。不合格的情况主要有两种情形，分别是不符合标准规定以及标识标签、说明书等项目不符合要求。

2018 年共抽查 3592 批（台），其中不合格 329 批（台），占抽查总批次的 9.16%。而不合格批（台）中不符合标准规定的共 218 批（台），占总不符合的 66.26%，标识标签、说明书不符合要求的占 33.74%。对于抽检不符合标准规定，省级药监局将对相关企业进行调查处理，监督企业进行产品召回、不合格原因调查、整改措施及公开披露信息的落实情况；如对人体造成伤害则采取暂停生产、经营、使用等紧急控制措施。

抽检的产品中有源和无源产品占多数，因此不符合标准规定的也主要是这两类产品。对于无源类产品，主要是物理性能（如尺寸、抗变形能力）和化学性能（如环氧乙烷残留量）；对于有源类产品，则其性能指标或者功能指标不满足要求。而标识标签、说明书不满足要求基本均为有源产品。

图 2-28 是 2018 年每期公告的不合格率情况，从不合格率中最高的 3 期公

告中发现不合格率最多的产品为半导体激光治疗机、神经和肌肉刺激器、电动病床、光治疗设备。

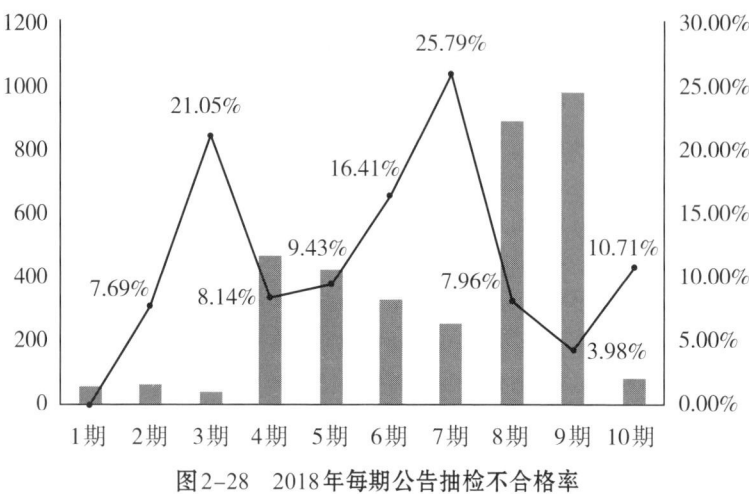

图2-28　2018年每期公告抽检不合格率

数据来源：NMPA官网，奥咨达整理。

上述有源产品不合格的原因主要是抽检产品的性能指标不符合强制国家或行业医疗器械标准，或未满足经注册或者备案的产品技术要求（注册产品标准）的要求。

产品质量影响着产品的安全有效，因此，建议生产企业应严格按照相应的国行标或者经批准或备案的技术要求生产，同时做好上市后评价工作，确保上市产品质量满足法规和标准的要求。

（五）医疗器械召回情况

任何医疗器械产品都具有一定的使用风险，已批准上市的器械只是在可接受风险下，但在生产、运输环节的质量控制方面都可能会造成安全隐患。医疗器械召回是医疗器械生产企业按照规定的程序对其已上市销售的存在缺陷的医疗器械产品，采取警示、检查、修理、重新标签、修改并完善说明书、软件更新、替换、收回、销毁等方式进行处理的行为。在2017年初发布了《医疗器械召回管理办法》，同年5月1日开始实施，召回制度的实施进一步提高了医疗器械上市后监管的规范化和制度化。召回办法在2011年已经制定，但在新办法实施后，召回公告明显增多，究其原因，与企业对于召回的认识以及监管体系的不断完善都有密切关系。

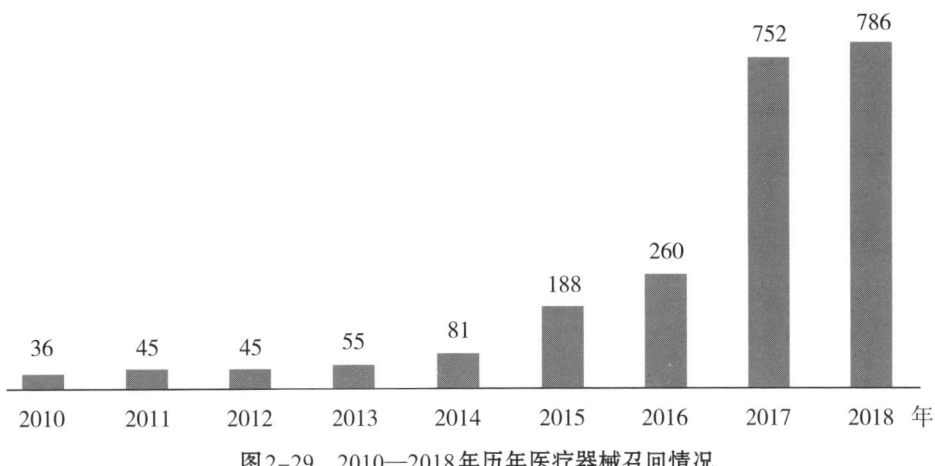

图2-29 2010—2018年历年医疗器械召回情况

数据来源：NMPA官网，奥咨达整理。

在以往的召回公告中，看到更多的是外资械企或境内代理商主动实施召回，但在2018年共786则召回公告中，国内企业召回信息不断出现，并且有增加的趋势。其中，国内企业召回235起，占29.90%；国外生产商召回551起，占70.10%。国外生产商主要以飞利浦、强生、西门子、通用等跨国知名企业为主，国内企业有深圳迈瑞、稳健等。召回的企业更多的是"明星"企业，召回不代表企业发展的劣势，更多的是消除器械安全隐患，保护公众安全，防患于未然。

召回办法规定了按医疗器械缺陷的严重程度确定召回级别，分为三级：一级召回为可能或引起严重危害的，二级召回为可能或引起暂时的或者可逆的健康危害的，三级召回为引起危害的可能性较小但仍需要召回的。在2018年的召回中，召回等级的分布情况见表2-37，其中，三级召回的比例最高，召回程度较轻的产品较多。

表2-37 召回等级的分布情况

召回等级	一级召回	二级召回	三级召回	—	汇总
召回公告数量	26	178	577	5	786
所占比例	3.31%	22.64%	73.41%	0.64%	100%

注："—"表示在中国没有销售的医疗器械或没显示其等级的。

医疗器械产品召回的原因有多种，造成召回的原因主要有器械产品缺陷、生产过程控制缺陷问题、说明书标签标示错误等。在召回新办法中也增加了缺陷产品的范围（即增加了召回的情况），如不符合强制性标准、经注册或者备案的产品技术要求的产品；不符合医疗器械生产、流通质量管理有关规定导致可能存在不合理风险的产品，图2-30为召回的原因分析。

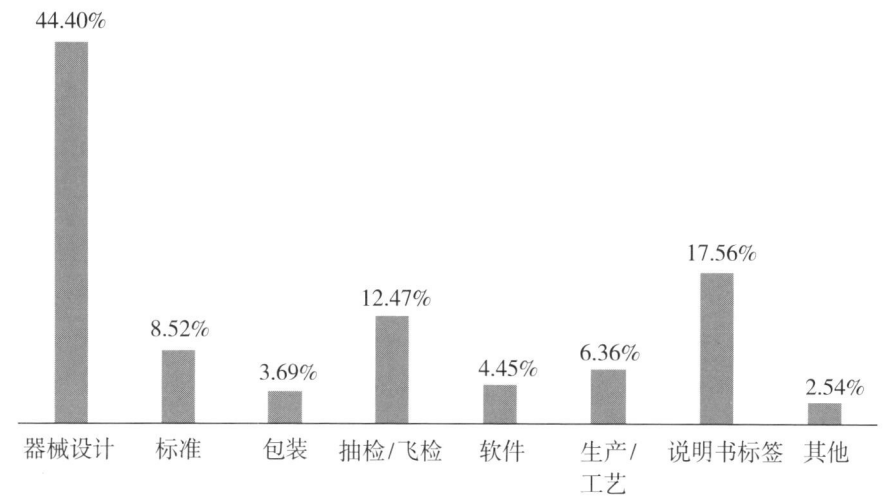

图2-30　2018年医疗器械召回原因

数据来源：NMPA官网，奥咨达整理。

召回原因中，器械设计原因是最多的，子分类相关包括其产品设计缺陷以及使用过程中的失误等。对于有源产品召回的情况会相对更多，例如组件/部件的松动、脱落；使用错误的适配器；电池性能检测的固件升级或者加热排线发生疲劳、不正确安装等都有可能被召回；而随着技术及自动化的不断发展更新，与软件相关的召回也不断增加。

说明书、标签及标记原因引起的召回是第二大主要原因，如标签标示内容的错误、遗漏或者与已注册的信息不一致等，企业要关注说明书、标签、标识错误可能引发的合规风险。

生产控制方面，子分类相关包括包装设计、生产过程控制、工艺控制方面，主要是产品失效，考虑减小与这些具体的失效模式相关的风险。

标准不符合、监督抽检和飞行检查中发现的产品缺陷等引起的企业启动召回在召回公告中的比重也越来越明显。医疗器械监督抽检、飞行检查和主动召回工作形成了有效联动，初步形成监管合力。

医疗器械的安全有效，直接关系人民群众的身体健康。医疗器械召回制度的施行，不仅是控制医疗器械风险、促进生产技术进步、完善产品设计的有效方法，也是推动生产企业提高产品质量意识，规范市场竞争秩序的重要措施。

随着飞行检查标准的不断升级，检查范围也不断扩充，现已扩充至使用单位。原国家食药监总局在2015年10月21日发布了《医疗器械使用质量监督管理办法》（总局令第18号），自2016年2月1日起施行。文件对使用单位的采购、验收与贮存、使用（医疗器械使用前质量检查制度）、维护与转让六个方面进行规定，涵盖了医疗器械使用的各个过程，对医疗器械使用前质量检查制度、设备状态标识、仓储条件、信息化系统等方面进行检查，以确保医疗器械使用环节"最后一公里"的安全。

随着"互联网+"行动不断向前推进，医疗器械产业与互联网融合不断加快，医疗器械网络销售日趋活跃。利用网络非法销售未经注册的医疗器械、虚假夸大宣传、欺骗消费者的问题不断出现，给群众用械安全带来潜在风险。同时，网络经营的虚拟性、跨地域、隐匿、易转移等特点，也导致监管管辖职责不明、手段滞后、调查取证困难、执法依据欠缺等问题。因此，《医疗器械网络销售监督管理办法》从制度层面进一步明确网络销售的主体责任和监管责任，完善医疗器械网络销售有关法规意义重大。

全面加强医疗器械全生命周期监管，认真落实"四个最严"要求，以深化改革为主线，以提升医疗器械安全保障水平为目标，"对各类医疗器械生产企业开展针对性检查，逐一建立风险点台账，研究有针对性的化解措施，着力把风险消灭在萌芽状态"[1]——实现源头严防、过程严管、风险严控，促进医疗器械产业高质量发展，不断满足人民群众对高质量器械的期待，全面提升人民群众的获得感、幸福感、安全感。

---

[1] 李利，焦红. 改革开放再出发　奋进药监新征程［EB/OL］http://www.nmpa.gov.cn/WS04/CL2056/334243.html, 2019-01-01.

第三章　中国医疗器械临床评价发展状况

2014年，原国家食品药品监督管理总局发布了一系列医疗器械注册法规。其中《医疗器械监督管理条例》（国务院令第650号）（以下简称：650条例）的发布标志着"临床评价"这个概念正式走入人们的视野。

"医疗器械临床评价是指注册申请人通过临床文献资料、临床经验数据、临床试验等信息对产品是否满足使用要求或者适用范围进行确认的过程。"《医疗器械临床评价技术指导原则》开篇第一段话就对临床评价所涉及的领域进行了限定。从这个定义来看，医疗器械临床评价的工作目标是确认申报产品能满足所宣称的预期用途，而确认的方式可以是通过临床文献资料、临床经验数据及临床试验等。通俗来说，临床评价就是通过现有资料证明产品安全、有效。

一、临床评价法规监管动态

2014年以前，实施的是2000年1月4日发布的《医疗器械监督管理条例》（国务院令第276号）（以下简称：276条例）。276条例对全部医疗器械实行注册管理；而650条例对医疗器械注册的管理方式进行了调整，将第一类医疗器械从原来的注册管理改为产品备案管理，第二类、第三类医疗器械仍然实行注册管理。276条例要求第二类、第三类医疗器械新产品应当按照国务院药品监督管理部门的规定经审批后进行临床试用；生产的第二类、第三类医疗器械应当通过临床验证。而650条例规定：第一类医疗器械产品备案，不需要进行临床试验；申请第二类、第三类医疗器械产品注册，应当进行临床试验。

650条例最大的一个亮点在于第十七条。第十七条规定第一类医疗器械产品备案，不需要进行临床试验。申请第二类、第三类医疗器械产品注册应进行临床试验，同时规定了三种情况可以免于进行临床试验。第二、三类医疗器械注册申报的3条临床评价路径主要为：豁免临床目录内产品的临床评价、同品种的临床评价及注册临床试验。

表3-1 2018年新发布的医疗器械临床试验相关法规政策列表

序号	文件名称	发文字号	发布日期	实施日期
1	医疗器械监督管理条例修正案（草案送审稿）	—	2018/6/25	—
2	接受医疗器械境外临床试验数据技术指导原则	2018年第13号	2018/1/11	2018/1/11
3	医疗器械临床试验设计指导原则	2018年第6号	2018/1/8	2018/1/8
4	临床急需医疗器械附带条件批准上市的基本原则（征求意见稿）	—	2018/4/25	—
5	关于公布新修订免于进行临床试验医疗器械目录的通告	2018年第94号	2018/9/30	2018/9/30
6	关于公开征求《体外诊断试剂临床试验指导原则（征求意见稿）》意见的通知	—	2018/11/22	—
7	关于公开征求《免于进行临床试验的体外诊断试剂同品种比对技术指导原则（征求意见稿）》意见的通知	—	2018/11/22	—
8	医疗器械临床试验检查要点及判定原则	药监综械注〔2018〕45号	2018/11/28	2018/11/28

来源：国家局官网，奥咨达整理。

本小节主要对2018年新发布的与医疗器械临床试验相关的主要法规政策及监管措施的变化情况进行介绍。

（一）《医疗器械监督管理条例修正案（草案送审稿）》

作为医疗器械监管法规体系的核心的650条例，自2017年以来多次修订，可见医疗器械的监管正处于一个变革时期。

2018年6月25日，司法部在网站上对《医疗器械监督管理条例修正案（草案送审稿）》（以下简称：《修正案草案》）征求意见，显示该修正案已进入最终立法程序。

在《修正案草案》中，与临床试验管理有关的内容如下：

（1）进一步明确临床评价概念，厘清临床评价和临床试验的关系，对临床评价提出明确管理要求。

（2）改变过去以目录形式确定免于进行临床试验的医疗器械的管理方式，根据产品的成熟度、风险以及具体申请人的研发过程，对临床试验进行重新规定。第一类医疗器械备案，不需要进行临床评价；第二类医疗器械产品注册，原则上不需要进行临床评价；第三类医疗器械产品注册，应当进行临床评价，但无严重不良记录且不改变常规用途，通过非临床可证明安全有效的，可以免于临床评价。（第九条、第十九条）

（3）将临床试验审批由明示许可改为默示许可：受理临床试验申请后一定期限内，未给出否定或质疑意见即视为同意。（第二十一条）

（4）接受境外临床试验数据：境外多中心临床试验数据，符合注册相关要求的可用于中国注册申请。（第十九条）

（5）支持拓展性临床试验：对正在开展临床试验的用于治疗严重危及生命且尚无有效治疗手段疾病的医疗器械，经初步观察可能获益，符合伦理要求的，经知情同意后可在开展临床试验的机构内用于其他患者，其安全性数据可用于注册申请。（第二十二条）

其中，一个值得关注的修改是，《修正案草案》中不再提及豁免临床试验目录，而是确定了医疗器械豁免临床原则，将临床评价和临床试验的应用范围由原先的第二类和第三类医疗器械缩小至第三类医疗器械，而原则上需要开展临床试验的产品也被限定为"用于支持或者维持生命或者临床使用具有高风险的第三类医疗器械"。如此一来，对成熟医疗器械的临床试验要求大大降低了，今后医疗器械临床试验的数目也可能随之减少，这无疑将有利于推进基于风险的产品评价方式，优化配置临床试验和审评审批资源，促进安全有效、风险可控的成熟医疗器械产品尽快上市。

（二）《接受医疗器械境外临床试验数据技术指导原则》

2018年1月11日，为贯彻落实两办《创新意见》，加强医疗器械产品注册工作的管理，进一步提高注册审查质量，原国家食药监总局发布了《接受医疗器械境外临床试验数据技术指导原则》。

该指导原则提出了接受境外临床试验数据的伦理原则、依法原则和科学原则，明确了境外临床试验数据的资料要求和技术要求。该指导原则从技术审评要求、受试人群、临床试验条件的差异等方面，阐述了接受境外临床试验资料时的考虑因素及技术要求，并给出了不同因素对临床数据产生有临床意义影响的具体实例。该指导原则的发布将有助于避免或减少重复性临床试验，加快境外医疗器械在我国上市的进程。

（三）《医疗器械临床试验设计指导原则》

与药物相比，医疗器械种类更加多样化，产品原理、临床性能等方面千差万别。因此，不同类别医疗器械的临床试验设计都有其自身特点。然而，长期以来，真正精通医疗器械临床试验设计的人员相对缺少，从事医疗器械产品设计开发的人员多数是非临床专业毕业，部分临床专家虽有临床经验但相对缺乏试验设计知识，很多统计人员又不太了解临床知识及医疗器械产品特点，这使得以往的医疗器械临床试验方案五花八门，问题较多，缺乏实际操作性。2018年1月4日，原国家食药监总局发布《总局关于发布医疗器械临床试验设计指导原则的通告》（2018年第6号）。该指导原则的出台，结束了医疗器械临床试验设计无法可依的局面，加强了医疗器械临床试验设计的科学性和合理性，提高了医疗器械注册申报及技术审评质量和效率，对今后医疗器械临床试验行业的健康发展有着重要的推动作用。

（四）《临床急需医疗器械附带条件批准上市的基本原则（征求意见稿）》

为更好地满足公众对治疗严重危及生命且目前尚无有效治疗手段疾病及公共卫生方面等临床急需医疗器械的临床需求，促进医疗器械技术创新，按照两办《创新意见》中"加快临床急需药品医疗器械审评审批"的要求，国家局CMDE于2018年4月23日发布了《关于征集治疗严重危及生命且尚无有效治疗手段疾病及公共卫生方面等临床急需医疗器械相关信息的通知》。在通知中，CMDE确认已启动《临床急需医疗器械审评审批确定程序》的相关制定工作，并向社会征求临床急需医疗器械的相关信息。2018年4月25日，CMDE发布《临床急需医疗器械附带条件批准上市的基本原则（征求意见稿）》（以下简称：《基本原则》）。《基本原则》对临床急需医疗器械注册申请的要求，包括临床前研究要求、上市前临床试验要求、上市后附带条件要求、上市后的监测以及相关管理程序进行了描述，它的出台明确了对临床急需医疗器械临床试的要求，进一步加快了相关产品审评审批工作的进度。

（五）新修订免于进行临床试验医疗器械目录

为贯彻落实两办《创新意见》，进一步规范医疗器械临床评价工作，扩大免于进行临床试验的医疗器械目录范围，CMDE组织了免于进行临床试验医疗器械产品目录（以下简称：豁免目录）的制修订工作。

随着《修正案草案》的出台和新版《分类目录》的实施，2018年9月30日，国家药品监督管理局关于公布"新修订免于进行临床试验医疗器械目录的通告"（2018年第94号），增加了免于进行临床试验的医疗器械产品数量，有助于缩短部分产品上市时间。由于"免于进行临床试验医疗器械"与"免于进行临床评价医疗器械"之间的关系模糊，监管部门可能会根据产品的风险程度以及产品上市后临床使用具体情况来对医疗器械的有效性和安全性作进一步评价，并据此逐步调整临床豁免目录，掌握好加快成熟医疗器械上市与保障人民群众健康安全之间的平衡关系。

（六）《医疗器械临床试验检查要点及判定原则》

为强化对医疗器械临床试验过程的监督管理，有效开展医疗器械临床试验监督检查，国家药品监督管理局按照《医疗器械临床试验质量管理规范》和《体外诊断试剂临床试验技术指导原则》的要求，对2016年出台的医疗器械临床试验检查要点及判定原则进行修订，并于2018年11月28日发布了《医疗器械临床试验检查要点及判定原则》（以下简称：《检查要点及判定原则》）。

《检查要点及判定原则》的主要特点为：

（1）明确医疗器械临床试验的检查要点和判定原则。

（2）除了列明检查要点，还明确了对应的具体检查内容及涉及范围，具有很强的可操作性。

（3）按试验流程设计了"临床试验前准备、受试者权益保障、临床试验方案、临床试验过程、记录与报告、试验用医疗器械管理"6大要点及66小点，对近年来在检查中发现的有争议问题，如原始数据溯源、电子数据系统、统计数据库及统计分析报告等，进行了针对性规定。

（4）将医疗器械临床试验真实性问题的判定原则由原先的3条改为7条，规定更为细化。

(七)医疗器械临床试验相关问题解读

CMDE从2017年下半年以来,在其官网"审评论坛"栏目和"中国器审"微信公众号陆续发表有关行业及国内外创新产品发展动态、审评审批过程中常见问题解答等内容,积极为医疗器械行业从业人员答疑解惑。另外,CFDA也曾两次在官网发布《医疗器械临床试验质量管理相关问题解读》,对《医疗器械临床试验质量管理规范》执行过程中出现的一些描述不清晰或存在争议的细节问题进行解答,进一步规范医疗器械临床试验过程。这充分表明,在国家大力促进医药行业创新的大环境下,医疗器械行业前期发布的一些法规政策可能还存在一些不够清晰、不够完善的地方,而CMDE也意识到这些问题,因而主动提升服务意识,深入落实"放管服"指示精神,积极解答行业疑问,推动医疗器械行业发展。

(八)医疗器械临床试验机构备案情况

根据650条例第十八条:"开展医疗器械临床试验,应当按照医疗器械临床试验质量管理规范的要求,在有资质的临床试验机构进行……医疗器械临床试验机构资质认定条件和临床试验质量管理规范,由国务院食品药品监督管理部门会同国务院卫生计生主管部门制定并公布;医疗器械临床试验机构由国务院食品药品监督管理部门会同国务院卫生计生主管部门认定并公布。"

但没有认定医疗器械临床试验机构前,临床试验都是在药物临床试验机构进行。2017年11月,CFDA会同国家卫生健康委员会(原国家卫生和计划生育委员会)颁布《医疗器械临床试验机构条件和备案管理办法》(以下简称:《备案办法》),鼓励更多医疗卫生机构参与医疗器械临床试验。《备案办法》于2018年1月1日开始施行,2018年1月1日至2018年12月31日为过渡期。截至2018年12月30日,除了港澳台和西藏地区外,共29个省、自治区、直辖市和部队医院的676家医疗器械临床试验机构通过了备案,共备案1409个临床专业,扩大了临床试验资源,解决了试验机构不足的问题。其中广东、江苏、北京、上海和浙江临床试验机构备案数位列前五位,共完成备案260家。

二、医疗器械临床评价及其常见问题

根据《医疗器械注册管理办法》和《医疗器械临床评价技术指导原则》,临床评价主要有三条路径。第一条路径为"《免于进行临床试验的医疗器械目录》临床评价"（以下简称：豁免路径），实施豁免路径的前提条件是申报产品必须属于《免于进行临床试验的医疗器械目录》（以下简称：《豁免目录》）内所描述的产品；第二条路径为"同品种医疗器械临床评价"（以下简称：同品种路径），实施同品种路径的前提条件是必须有已经上市的同品种产品；第三条路径为"需要进行临床试验的医疗器械临床评价"（以下简称：临床试验）。

每一种临床评价路径实施的要求都是不一样的，注册申请人必须结合产品自身特点选择一条合适的临床评价路径，合适的评价途径将有助于注册申请人更快地将申报产品注册上市。

（一）豁免路径

申报产品不属于《豁免目录》内所描述的产品，但企业强行进行豁免路径临床评价。

申报产品与《豁免目录》内所描述的具体内容存在差异性，但未进行必要而充分的论述及分析，证明其差异不影响两者之间的等同性。如不具有同等性，则应按照指导原则的要求开展相应评价工作。

申报产品未与《豁免目录》中已获准境内注册的医疗器械进行对比说明。即便已经证明申报产品与《豁免目录》产品具有等同性，但也不能说明它与已上市同类产品具有相同的安全性和有效性。因为不同厂家的产品可能存在工艺、材料、结构等不同。因此，还需要与已上市同类产品进行比较，确认申报产品不会产生额外的风险。

（二）同品种路径

在国内没有已批准上市的同类产品。对于创新产品或者有重大技术更新的产品，是不存在已上市的同类产品，如果强行采用同品种路径，注册申请人将面临无同类产品资料进行对比分析的情况，导致无法完成注册资料的撰写。或者两者存在重大差异，而这种差异无法通过非临床的方法进行论述。

同类产品选择错误。在同类产品选择时，应采用"符合性"原则，而非"便利性"原则，即根据手中拥有的同类产品资料进行对比分析，将会导致对比表差异性增多，实质等同论证困难。在采用"符合性"原则筛选同类产品时，应优先保证申报产品与同类产品相同，如使用方法、预期用途、基本原理等。若这些项目与同类产品有较大的差异，在论述差异不影响申报产品的安全有效时可能需要更高质量的临床证据。

对比表对比项目不完整。《医疗器械临床评价技术指导原则》中提到"与每一个同品种医疗器械进行对比的项目均应包括但不限于附2列举的项目",同时指出"若存在不适用的项目,应说明不适用的理由"。注册申请人在进行对比分析时应至少包括列举的16项条目,如果存在不适用的地方需要合理解释。关于对比表的分析要求可以参考CMDE在审评论坛中回复的意见。如果申报产品有特定的指导原则,还应按指导原则的要求进行对比分析。

差异识别不完全,或虽识别差异了但未进行相关论述。由于申报产品与已上市的同类产品存在的任何差异都可能带来相应的临床使用风险。因此,出于风险控制的考虑,这部分论证将在产品审评的过程中尤为关注。

文献检索无法重现。注册申请人在进行文献检索时需要完成检索方案和检索报告,但由于文献检索有一定的专业性,部分注册申请人在进行文献检索时存在文献检索不全、检索不规范,特别是文献检索结果无法重现。如果文献检索无法重现将会影响注册资料真实性的判断。

临床经验数据缺失。虽然文献检索是同品种路径的重要环节,但对于一些技术成熟的产品,如输液器、留置针等,由于产品已经在临床上应用多年,临床医生很少对其进行临床试验或在临床试验中关注它们,这就导致这类技术成熟产品无临床文献可用。此时,对于升级换代产品的临床评价,临床经验数据对评价产品安全性和有效性就至关重要。

无法获取合法数据。根据《医疗器械临床评价技术指导原则》(原国家食药监总局通告2015年第14号),对于通过同品种医疗器械临床数据进行分析评价的要求中,明确数据应是合法获得的相应数据。《食品药品监管总局关于执行医疗器械和体外诊断试剂注册管理办法有关问题的通知》(食药监〔2015〕247号)基于数据应合法获得,规定依据《导则》第六条开展临床评价的,如使用了同品种医疗器械的生产工艺、临床数据等资料,申请人应提交同品种医疗器械生产工艺、临床数据等资料的使用授权书。《医疗器械注册管理法规解读之五》对医疗器械临床评价数据授权要求进行了进一步解读,对于拟使用的同品种医疗器械非公开数据等提出授权要求,以保证数据来源的合法性;使用公开发表的数据,如公开发表的文献、数据、信息等,则无须取得授权。

(三)临床试验

适应证不明确。对于存在多个适应证的医疗器械,比如敷料类产品。进行临床试验时应选择一个有代表性的适应证进行试验，这样才可以清楚明白地回答关于产品安全性和有效性的假设。

样本量估算无依据。样本含量估算的重要意义在于，如果确实存在一个有意义的临床差异，合适的样本含量有助于我们用合理的资源发现这个差异，如果这个差异确实存在的话。过少的样本量含量难以准确回答试验所研究的科学问题，而过多的样本含量是巨大的资源浪费。临床试验中样本量估算常见问题主要有：①样本量来源无依据。有些注册申请人的样本量不知如何得来，无法重复计算过程。②样本量参数设置不合理。样本量参数主要涉及检验水平（α）、把控度（$1-\beta$）、变异（σ）、临床有意义界值（δ）、单双侧检验。其中，临床有意义界值（δ）是注册申请人最容易出现问题的地方。

主要评价指标与产品不符。医疗器械种类庞杂，有些医疗器械以治疗为目的，有些则是辅助器械，如果以治疗为目的的评价标准来评价辅助器械显然是不合理的，也无法真正评价器械本身的安全性和有效性。比如，以手术时间判断超声手术器械的有效性，以肿瘤大小变化评价输液泵的有效性等。

观察周期设置不合理。产品的观察周期应与产品与人体产生相互影响的时间相对应。如果产品为植入器械，观察周期应至少观察到产品与人体达到一个相对稳定的状态。如果产品为可降解或可吸收产品，观察周期原则上不应短于最长降解周期。当然对于有明确指导原则的产品，还应结合指导原则进行观察周期的设置。

访视点设置不合理。临床试验需要设置几个访视点，各访视点之间的间隔设置多长，需要注册申请人结合临床试验所针对的具体疾病而定。访视点的设置应与疾病的自然史、评价指标的变异性相适应。

对照产品选择不合理。医疗器械临床试验多采用随机对照试验，对照产品的选择对验证申报产品安全性和有效性至关重要。对照产品的选择需要结合产品本身进行科学的设置。原则上，有同类产品应优先选择业界公认的同类产品，如无同类产品则可选用相似的产品作为对照，对于创新产品或有重大技术改进的产品则可以选择标准治疗或安慰剂对照。如果选择安慰剂对照尚需综合考虑伦理学因素。

缺乏偏倚的控制措施。偏倚是指临床试验过程中存在的系统性误差，它具有方向性，它总是会使研究结果或多或少地偏离真实情况。部分注册申请人认为临床试验只要是随机对照研究就可以很好地控制偏倚，其实这是一种片面、错误的认识。随机对照只能控制随机误差，以保持两组间基线的均衡，对系统性误差是无效的。

与指导原则要求不符。由于注册指导原则是审评人员进行注册审评时的重要参考依据，若产品有明确的注册指导原则，建议注册申请人按指导原则的要求进行临床试验，除非确实有不适用的地方。如果在临床试验执行过程中，试验产品发布新的指导原则或更新，注册申请人应密切与CMDE保持沟通。

试验执行过程中质量不可控。2016年6月1日起施行的《医疗器械临床试验质量管理规范》标志着临床试验过程的真实性、可溯源性越来越被重视。2018年6月1日，CFDA发布的《医疗器械临床试验检查要点及判定原则（征求意见稿）》进一步明确了临床试验的质量要求。注册申请人应保证临床试验全过程的质量可控。

三、体外诊断试剂临床评价的常见问题及展望

体外诊断试剂是指在疾病的预测、预防、诊断、治疗监测、预后观察和健康状态评价的过程中，用于人体样本体外检测的试剂、试剂盒、校准品、质控品等产品。其可以单独使用，也可以与仪器、器具、设备或者系统组合使用。一般来说，除按照药品管理的用于血源筛查的体外诊断试剂和采用放射性核素标记的体外诊断试剂外，大部分的体外诊断试剂均属于医疗器械。

由于体外诊断试剂一般不与人体直接接触，不与人体产生直接的相互作用，故体外诊断试剂一般不会给患者带来直接的临床风险，这使得体外诊断试剂与一般的医疗器械又有所区别。因此，体外诊断试剂在临床评价方面与普通医疗器械存在较大的区别。以下将结合体外诊断试剂临床评价的现状，重点阐述体外诊断试剂临床评价过程中需要注意的问题。

（一）体外诊断试剂临床评价的常见问题

根据《体外诊断试剂注册管理办法》，体外诊断试剂临床评价是指申请人或者备案人通过临床文献资料、临床经验数据、临床试验等信息对产品是否满足使用要求或者预期用途进行确认的过程。这个定义与医疗器械临床评价的定义基本相同，其工作目标是确认申报产品能满足所宣称的预期用途，而确认的方式可以是通过临床文献资料、临床经验数据及临床试验等。

虽然法规上对体外诊断试剂的临床评价定义与普通医疗器械基本一致，但

实际开展临床评价的手段与普通医疗器械存在很大的区别。所以，体外诊断试剂的固有特点决定了其独特、固有的临床评价方式。

1. 临床试验方面

参比试剂选择不合理。由于体外诊断试剂具有方法学种类繁多的特点，即使对于同一个检测物质，不同试剂盒之间的检测方法学可能不同，以至于不同试剂盒之间的检测结果可能存在系统性的差异。在临床试验的过程中，特别对于定量检测的试剂盒，若考核试剂（即申报产品）与所选的参比试剂的方法学不同，则难以解释考核试剂与参比试剂之间的检测结果差异是由产品质量还是由方法学之间的系统性差异所导致。特别地，如果考核试剂采用的是全新的方法学，则建议选用"金标准"作为参比对照。

入组样本未能覆盖申报产品的预期用途。申报产品在进行临床试验的过程中，纳入的样本种类应能覆盖预期使用人群，如某试剂盒明确其预期用途为用于检测一药物代谢酶的基因多态性，而这一药物代谢酶可参与A、B、C三种药物的代谢，此时，该试剂盒在后续的临床随访研究中，不应仅仅只纳入服用A药的受试者，服用B药、C药的受试者都应纳入进行研究。

多基因位点检测试剂盒的验证。对于多基因位点诊断的试剂盒，在进行临床试验的过程中应验证预期用途声称能检测的所有基因位点，即入组的样本需要覆盖产品的预期用途，总样本量除了满足《体外诊断试剂临床试验技术指导原则》的要求外，每一基因位点的阳性、阴性例数需要满足统计学要求，对于罕见的基因型别，临床样本量可酌情减少，但应确保有一定的样本量予以验证，同时需要说明理由。

样本分布不符合要求。一般情况下，对于定量检测的试剂产品，其临床试验中落在参考区间以外的比例不应低于总样本量的30%；定性检测的试剂产品，其临床试验中阳性样本不应低于总样本量的30%。

样本的同源可比性问题。临床上使用的很多体外诊断试剂并非只能检测一种样本类型，有的试剂盒可同时检测血清、血浆和全血样本，有的试剂盒能同时检测血浆和尿液样本。当考核试剂能同时检测多种类型时，临床试验就涉及样本的同源可比性问题。当待测物质具有同源样本可比性时，如PCT，其在血清中和血浆中的浓度分布是近似相同的，此时对考核试剂不同样本类型的验证仅需采用考核试剂同时测定同一个人血清和血浆中的PCT浓度，并将两者结果进行比对即可。若待测物不具同源可比性，例如proGRP，其在血清和血浆中的浓度分布不同，临床参考区间也不同，此时考核试剂不同样本类型的验证就需要将两种样本类型的检测结果分别与参比试剂的两种样本类型的检测结果进行比对。

缺乏偏倚的控制措施。对于体外诊断试剂，由于大部分试剂产品需要配合仪器进行结果判读，其检测结果一般具有较强的客观性，但对于部分体外诊断试剂的临床试验，如检测结果判读需要研究者人为判读或采用金标准作为参比方法时，盲法评价的缺失将大大引起评价偏倚，使得试验结果增加被审评质疑的风险。因此，在体外诊断试剂临床试验方案设计的过程中，应对盲法的设置予以一定的关注。

缺乏临床随访。对于用药相关的试剂盒或全新的检测标志物，则需要开展临床随访研究，以回答关于申报产品临床价值（即产品能为患者带来何种获益或标志物与相应疾病的相关性）的问题。体外诊断试剂的随访研究一般为前瞻性的队列研究，若用药相关的试剂盒或用于全新标志物检测的试剂盒缺乏这部分试验，其在后续的审评过程中将面临补充随访研究的风险。

临床试验存在合规性问题。出现这部分问题的原因主要是临床试验执行的过程中，注册申请人、监察人员、研究者等缺乏试验质量控制或GCP意识薄弱。对于体外诊断试剂临床试验，主要的合规性问题有样本的重复检测、缺乏相应的交接、检查记录、数据无法溯源、样本类型无法溯源等。

2. 免于进行临床试验的说明

2018年9月30日，国家药品监督管理局发布了新修订的《免于进行临床试验医疗器械目录的通告》（2018年第94号）（以下简称：新《豁免目录》），其中包括了393项体外诊断试剂产品。临床试验只是临床评价中的其中一种手段，免于进行临床试验并不等于免于进行临床评价，因此即使拟申报的试剂盒已经列入了新《豁免目录》，但注册申请人仍需按照《免于进行临床试验的体外诊断试剂临床评价资料基本要求（试行）》（以下简称《要求》）完成临床评价工作。

《要求》的适用范围：原则上，所有符合新《豁免目录》的试剂盒均可按照该《要求》开展临床评价工作而不单独开展临床试验。但是，如果申报产品存在方法学更新、重大设计变更或预期用途变更（如赋予待测物新的临床意义）时，则仍需开展临床试验。特别地，对于消费者自测的试剂产品，仍需按照相关的指导原则开展临床试验，同时，在临床试验方案设计过程中还需要涵盖对无医学背景消费者的说明书认知能力评估。

临床评价的样本来源：按照《要求》的相关规定，对列入新《豁免目录》内体外诊断试剂产品开展临床评价工作时，仍然需要考核试剂（申报产品）与参比试剂对适用的样本进行同步检测，以评价考核试剂的检测准确性。其用于评价检测的样本也必须为人源性样本。除此之外，《要求》中还规定这些用于评价测量的人源性样本具有可追溯性，即这些样本的原始资料应当包含以下信息：样本来源（包括接收采集记录）；唯一且可追溯的编号、年龄、性别、样本类型、样本背景临床信息；对于有明确疾病指向的检测产品，其检测样本还应有明确的临床诊断信息。

临床评价的途径与方法：根据《要求》的相关规定，对列入新《豁免目录》内体外诊断试剂产品应开展与已上市同类产品的比较试验或与参考方法的比较试验。具体的比较要求与临床试验类似。因此，这部分产品在开展临床评价前，应制定相应的临床评价方案。

样本选择与样本量：样本的选择应涵盖申报产品的预期用途，其基本要求与临床试验一致。对于定量分析产品，应选取不少于40例样本采用考核试剂及参比试剂进行双份测定，其中参考区间外的样本比例不应低于50%。亦可采用不少于100例样本进行单次测定的方式进行评价；对于定性产品，阳性样本及阴性样本各不应低于50例。

（二）体外诊断试剂临床评价的展望

虽然大部分的体外诊断试剂均属于医疗器械，但是体外诊断试剂相较于普通医疗器械而言，其预期用途明确、临床评价法规相对完善，因此体外诊断试剂的临床评价方法学较为单一，注册风险也比较低。从新《豁免目录》来看，监管部门对大部分临床常用的试剂盒豁免临床试验，这一举措将进一步降低企业的研发成本及研发周期，有利于市场发展。另一方面，从《要求》中也可以看出，虽然对列入新《豁免目录》中的试剂盒豁免临床试验，但是并未放松体外诊断试剂临床评价的要求，对样本、数据的可溯源性依然遵从临床试验的高要求、高标准，这就需要注册申请人具有更高的自觉性。

值得一提的是，2018年11月22日CMDE同时发布了《体外诊断试剂临床试验指导原则（征求意见稿）》及《免于进行临床试验的体外诊断试剂同品种比对技术指导原则（征求意见稿）》。其中，《体外诊断试剂临床试验指导原则

（征求意见稿）》在现行《体外诊断试剂临床试验技术指导原则》（原国家食药监总局通告2014年第16号）的基础上进行了较大范围的修订，对临床试验机构及人员、试验样本的管理、临床试验方案设计等提出了更高、更细的要求，填补了以往体外诊断试剂临床试验管理过程中的空白。特别是《体外诊断试剂临床试验指导原则（征求意见稿）》删除了对样本量的强制要求，转而推荐使用统计学方法确定临床试验的样本量。这一举措将使得体外诊断试剂的临床试验设计更加灵活、更加严谨，同时更贴合产品本身的特点，但样本量计算参数的确定将成为临床试验设计中的一个难点，同时，临床实际情况可能难以满足统计学要求也将成为体外诊断试剂临床试验中的一大挑战。

正是由于越来越多的临床常用试剂豁免临床试验，为进一步控制体外诊断试剂的临床使用风险，新发布的《免于进行临床试验的体外诊断试剂同品种比对技术指导原则（征求意见稿）》引入了医疗器械临床评价中"同品种对比"的概念，即要求申请人对拟申报试剂与已上市的同类试剂进行对比，证明拟申报试剂与已上市的同类试剂具备实质等同性，同时对其临床分析性能进行验证、评估，证明两者的差异不影响拟申报试剂的临床检测性能。此外，由于豁免临床试验的体外诊断试剂的临床评价可由申请人自行进行，因此监管部门对注册申请人的核查可能会更加严格，并加大力度进行产品的上市后监管。截至2018年，体外诊断试剂豁免临床试验的注册管理方式还是试行阶段，其对整个体外诊断试剂行业产生的影响如何，我们拭目以待。

四、临床试验数据管理监管概况

所有临床试验结果的评价均基于数据，数据质量是试验评价真实可靠的前提。而数据管理作为保证临床试验数据质量的主要手段之一，目的就是确保数据的真实、可靠、完整和准确。同时，临床试验数据的复杂性也决定了数据管理的必要性[1]。

下面，首先从国内的相关法规及指导原则、总局数据核查情况两方面描述数据管理的现况；然后探讨近年来备受关注的电子数据采集（Electronic Data Capture，EDC）和数据标准化两个数据管理热点。

---

[1] 谢高强，姚晨.数据管理在临床研究中的地位和作用［J］.北京大学学报（医学版），2010，（6）：641-643.

（一）医疗器械临床试验数据管理简况

1. 法规及指导文件现况

法规及指导原则是否完善对数据管理规范化发展有着决定性的作用。国内医疗器械临床试验的起步晚于药物，初期一直参照药物相关法规和指导原则的要求作为数据管理过程的规范，但实际上，国内药物临床试验数据管理的法规与指导原则也较长时间处于空白状态，至今虽已对空白有所填补但总体仍缺乏配套的法规及指导原则。表3-1为国内临床试验数据管理规范化的主要相关指导文件。

总体上，国内数据管理相关法规及指导原则等指导文件与国际社会和发达国家相比明显落后，如1997年美国便已发布了21号联邦法规第11部分（21 CFR Part 11）。因而，国内数据管理规范化过程常会参考国际其他国家或组织发布的相关标准。

表3-1 数据管理主要指导文件

序号	指导文件	发文字号	主要内容/作用
1	医疗器械临床试验质量管理规范	原国家食药监总局 国家卫计委令第25号	对数据管理有着原则性的要求
2	临床试验数据管理工作技术指南	原国家食药监总局 2016年第112号	从数据管理相关人员的职责、资质和培训，管理系统的要求，试验数据的标准化，数据管理工作的主要内容，数据质量的保障和评估，以及安全性数据及严重不良事件六个方面进行全面阐释，旨在对我国临床试验的数据管理工作起到规范化和指导性作用
3	药物临床试验数据管理与统计分析的计划和报告指导原则	原国家食药监总局 2016年第113号	针对数据管理计划和报告、统计分析计划和报告详细的技术规范和指导性建议，提高统计学专业审评的效率和质量

续表3-1

序号	指导文件	发文字号	主要内容/作用
4	临床试验的电子数据采集技术指导原则	原国家食药监总局2016年第114号	规范临床试验电子数据采集技术的应用,促进临床试验电子数据的真实性、完整性、准确性和可靠性符合GCP和数据管理工作相关规定的原则要求

来源:NMPA,奥咨达整理。

2. 监管情况

2015年,国家局发布《关于开展药物临床试验数据管理自查核查工作的公告》(2015年第117号),全面启动"史上最严"的药物临床试验数据核查,医疗器械临床试验数据核查工作也随之全面启动,直至2018年,数据核查已然成为国家局的常规工作。2016年和2017年,国家局对两批共30个医疗器械注册申请项目进行核查,其中12个项目不予以注册。医疗器械临床试验数据核查的力度暂时还较小,对总体情况的反映有限。从药物方面看,据国家局发布的公告,仅过去两年时间已对2033个待审药品注册申请公告开展药物临床试验数据核查,其中,申请人主动撤回的注册申请1316个,已核查项目临床试验数据涉嫌造假申请38个[1]。药物临床试验数据尚且如此,何况起步晚且一直以药物作为规范化参照的医疗器械临床试验。或许在不久的将来,医疗器械临床试验数据管理规范化也会走向新的高度。

(二)电子数据采集(EDC)

据统计,在美国申请注册的临床试验中,使用EDC系统的比例在2009年时就已超过50%[2],截至目前只增不减。在我国,EDC系统的使用虽然起步较晚,但在药物临床试验领域,其普及程度已越来越高。而在医疗器械领域,目前采用EDC开展相关临床试验的比例还不是很高,但随着监管要求的趋严和整个行业的发展进步,EDC系统的普及使用肯定会成为将来的一大趋势。

相较于传统的纸质CRF数据采集方式,EDC的一大优势在于可极大地节

---

[1] 国家药品监督管理局. 图解政策:药物临床试验数据核查阶段性报告[EB/OL]. http://samr.cfda.gov.cn/WS01/CL1906/175676.html.

[2] 卜擎燕,熊宁宁,邹建东,等. 电子数据获取:实现更加优质与高效的临床研究[J]. 中国临床药理学与治疗学, 2007, 12(4): 455-458.

省临床试验实施过程中的管理时间及费用支出。医疗器械临床试验中，以往多数申办方认为使用EDC系统会增加试验成本，然而事实情况恰恰相反。首先，EDC具备逻辑核查功能，实现了线上实时解决数据质疑，减少了传统模式中需回收纸质CRF、繁琐的中心答疑等步骤，从而缩短了试验的周期，也降低了成本。资料显示，采用EDC，一个临床试验周期通常可缩短2～3个月的时间（表3-2）；EDC可依据试验的规范化要求，对各角色的系统账号及权限进行设置、分配，申办者及项目管理相关人员可随时、及时并有效地了解试验的详细进度。

表3-2 数据管理里程碑事件两种方式的时间比较

里程碑	EDC试验（天）	纸质CRF试验（天）
完成末例受试者最后的访视	0	0
完成最后一例受试者的数据录入	0	10
完成最后一例受试者的SDV	7	12
对数据库数据进行最终的逻辑核查确认	10	19
解决最后一批质疑	11	22
申办方完成最终编码核查	13	24
数据库冻结	14	25
锁库前最终质控	16	27
数据库锁定	17	28

来源：http://www.clinovo.com/blog/challenges-and-benefits-of-edc-adoption/

EDC的另一大优势在于可规范数据记录过程，提高数据质量。EDC可减少数据质疑的数量，而数据质疑数量是判定数据质量的重要标准之一。EDC实时的线上核查，让数据问题在第一次产生时便可及时被发现并解决，更好地避免了错误重复发生；其次，EDC把数据管理员、临床监查员、临床协调员、研究者、申办者等运行并把控试验质量的各方串联了起来，提供了直接沟通的平台，打破了以往各方之间如数据管理员与机构人员的沟通壁垒，有效减少了沟通的失误。同时，EDC数据保存和稽查轨迹功能保证了数据采集过程所有操作的可溯源性，促使试验相关人员提高规范化的意识，提高了数据的可靠性。

（三）数据标准化

1. 数据标准化的目的

2018年10月23日，国家药品监督管理局药品审评中心组织召开临床试验数据标准专家研讨会。此次会议的一项重要议题为，在深化临床试验审评审批体制改革进程中，如何提高审评效率与质量是监管机构面临的挑战之一。从以往的临床实践经验看，临床研究数据标准化不仅有助于缩短产品上市时间，还有利于提高临床研究数据质量以及药物研发效率[①]。

众所周知，药物临床试验注册早已要求递交临床试验数据，但暂未对数据的标准作强制性要求。然而由于每个试验提交的数据库结构的差异性以及试验数据本身的复杂性，因此非本试验数据管理或统计相关人员对提交的数据进行查看等操作极具难度。那么，如何解决由于不同单位或机构、试验本身差异等原因导致的数据差异性，实现数据在行业内可简单便捷地读取、交流和共享。数据的标准化便是目前的最佳答案。与不同品牌的安卓手机可以使用统一的充电接口同理。

2. 数据标准化的现状及要求

2016年发布的《临床试验数据管理工作技术指南》中，明确建议采用CDISC（Clinical Data Interchange Standards Consortium）标准递交原始数据库和分析数据库，并建议使用MedDRA、世界卫生组织药物词典、WHOART术语集作为医学术语标准。2017年，我国正式成为ICH（人用药品注册技术要求国际协调会）的成员，遵循包含CDISC在内的相关ICH推行的所有标准。许多其他国家对于推行此一标准也大多由目前的建议执行慢慢过渡至强制执行，如美国FDA、日本医药品医疗器械综合机构（PMDA）都已发出公告，即将强制要求递交符合CDISC标准的电子数据。近年来，CDISC标准在行业内推广迅速，受到了所有数据管理及统计相关人员持续的热捧，对于非数据管理或统计的试验相关人员，应早已所有听闻。我国临床试验现正处于快速发展并加快与世界先进水平接轨的阶段，推行强制提交标准化数据的要求只是时间的问题。

[①]国家食品药品监督管理总局药品审评中心.药审中心召开临床试验数据标准专家研讨会[EB/OL].http://www.cde.org.cn/newspic.do?method=view&id=314741&from=groupmessage

（四）数据管理的整体趋势

近年来，数据管理相关法规及指导原则的发布推进的步伐明显加快，监管的力度也是大大提高，促使并加快了数据管理规范化的发展，数据管理当然也随之受到了更多的关注和重视。而数据管理规范化的方向或途径是什么？当下最佳答案为：优化过程，采用更规范更先进的EDC数据管理平台，加快数据标准化的步伐，加强对数据监管，也是数据管理发展的必然趋势。

五、医疗器械临床试验生物统计现状和趋势

根据ICH正式发布的临床试验统计学指导文件：STATISTICAL PRINCIPLES FOR CLINICAL TRIALS，以及《临床试验统计学》的描述，生物统计可以总结为：在临床试验中，生物统计是一门为临床试验提供统计设计、统计策略、统计计算理论指导，为药物、医疗器械的有效性、安全性评价提供统计学理论依据的学科。

（一）医疗器械生物统计的作用

在《药物临床试验生物统计指导原则》中描述"临床试验除了遵循《药物临床试验质量管理规范》（GCP）以外，还必须事先应用统计学原理对试验相关的因素作出合理、有效的安排，最大限度地控制混杂与偏倚，减少试验误差，提高试验质量，并对试验结果进行科学的分析和合理的解释，在保证试验结果科学、可信的同时，尽可能做到高效、快速、经济"[1]。

生物统计的作用不仅仅是分析结果，更重要的是充分考虑试验设计的合理性、科学性。当具有合理科学的试验方案，入组随访、数据管理完成，统计分析只是水到渠成的事情，统计结果能够真实反映医疗器械的效应。如果方案设计考虑不周全，存在较多难以解释的混杂因素，无论用什么统计方法，可能结果也不一定是医疗器械真实的效应。

（二）生物统计相关指南及其发展

1998年2月5日，ICH正式发布了临床试验统计学指导文件：STATISTICAL PRINCIPLES FOR CLINICAL TRIALS，该文在E系列文件中排第9（下文简称ICH E9），成为我国临床试验统计学的重要参考文件。ICH E9从设计、实施、分析、评价等方面描述了临床试验中可能遇到的统计学问题，并提出了合适的

---

[1] 国家食品药品监督管理总局. 药物临床试验的生物统计学指导原则[S]. 2016.

建议。FDA也先后发布重要的统计学相关技术指南：生物等效性统计学评价指南、诊断试验研究评价和报告的统计学指南、临床非劣效性试验指南、医疗器械临床试验贝叶斯统计应用指南等[1]。

2003年8月6日，国家局颁布《药物临床试验质量管理规范》，确立了生物统计在我国临床试验中的重要作用。2005年3月18日，国家局颁布《化学药物和生物制品临床试验的生物统计学技术指导原则》，为我国临床试验生物统计学应用提供了重要的指导文件，规范和提高了我国临床试验生物统计工作和技术。

2016年6月3日，为适应我国临床试验的快速发展，国家局颁布《药物临床试验的生物统计学指导原则》，同时《化学药物和生物制品临床试验的生物统计学技术指导原则》废止。此举充分体现了国家局对生物统计学的重视和适应国际临床试验发展的决心。

随着医疗器械行业蓬勃发展，国家局对医疗器械的监管也愈发严格，相继颁布《医疗器械监督管理条例》《医疗器械注册管理办法》《医疗器械临床试验质量管理规范》等重量级法规文件，以及各类医疗器械的临床试验指导原则，旨在规范医疗器械临床试验过程，提高医疗器械临床试验质量。

2018年1月4日，国家局颁布《医疗器械临床试验设计指导原则》，其中有较大篇幅是与生物统计学相关的内容，基本可以视为"医疗器械临床试验生物统计学指导原则"，该指导原则也为生物统计学在医疗器械临床试验中的应用提供了规范和指导性文件[2]。在《医疗器械临床试验设计指导原则》颁布前，以药物临床试验的法规、资料作参考。药物临床试验和医疗器械临床试验各有特点，但生物统计学的应用在两者之间并没有太大差别，医疗器械临床试验的设计、实施、分析、评价中涉及的统计学问题与药物临床试验大同小异。

2018年11月22日，CMDE发布《体外诊断试剂临床试验指导原则（征求意见稿）》（以下简称：征求意见稿）。相比原指导原则，征求意见稿从基本原则、试验设计、质量管理等多方面对体外诊断试剂临床试验规范进行了更加详细的规定，对临床试验的执行和操作提出了更高的要求。

---

[1] 陈峰，夏结来，刘玉秀，等.临床试验统计学［M］.北京：人民卫生出版社，2018.
[2] 国家食品药品监督管理总局.医疗器械临床试验设计指导原则［S］.2018.

(三) 生物统计关键点及现状解析

1. 试验设计和比较类型

在设计临床试验时,首先需要选择与试验目的相匹配的试验设计。在大多数情况下,平行设计是一种合适的设计方法。交叉设计比平行设计的试验效率更高,可以节约一定的试验成本,适用于慢性非自愈性的疾病的医疗器械临床试验,但同时必须考虑滞后效应的影响。析因设计是对两个或以上研究因素的各个水平进行全面组合,研究各水平间的差异,寻找最佳组合。在医疗器械临床试验中很少有多个器械或者器械与药物联合治疗的情况,所以析因设计并不多见。

医疗器械临床试验的比较类型通常是优效性、等效性和非劣效性检验,其中又以非劣效性检验最为多见。优效性检验常见于:①试验产品为创新产品,无同类产品,考虑与标准治疗方法、安慰剂对照比较;②试验产品在声称的适应证中无同类产品,考虑与标准治疗方法比较;③试验产品升级或改进,考虑与原产品比较等需要证明试验产品的有效性优于对照产品、标准治疗方法的情况。等效性检验即证明试验产品与对照产品有效性相当,在检测类器械中考虑使用。在大多数情况下,试验产品可以找到已上市的同类产品作为对照,或者有标准治疗作为对照,且在安全性、便捷性等方面具有优势,同时考虑试验产品的有效性比对照产品/标准治疗稍差,且有效性的差异在临床上可以接受,所以通常考虑采用非劣效性检验。

在少数的医疗器械临床试验中,如果采用随机对照研究(以下简称:RCT)可能存在伦理风险,因此单组目标值法成为一种替代的方法。但单组目标值法采用历史信息进行对照,而非设置对照组,所以偏倚、潜在的影响因素相比RCT更难以控制。单组目标值法仅适用于非自限性疾病/适应证,且仅在以下三种情况下考虑使用:①与现有治疗方法相差过于悬殊;②被试器械为换代产品(其前代已上市多年,为技术成熟产品),且本质上没有发生太多的改变,仅对外形设计等进行少许改进;③医疗器械临床试验审评审批等相关机构已制定针对此类产品有效性和安全性指标的评价标准[1],比如《医用X射线诊断设备(第三类)注册技术审查指导原则(2016年修订版)》《一次性使用膜式氧合器注册技术审查指导原则》。

---

[1] 李卫,赵耐青.单组目标值临床试验的统计学考虑[J].中国卫生统计,2017,34(3):505-508.

2. 偏倚的控制

在临床试验中,某种恒定的使试验效应偏向某一方面的因素所造成的误差,从而使对治疗作用的估计偏离它的真实值,通常称为偏倚[①]。偏倚总是存在的,如果控制不当,会影响试验产品的有效性和安全性评价,最终影响临床试验的结论。在临床试验中,随机化和盲法是控制偏倚的重要方法。

随机化是生物统计的基本原则之一,这个方法可以有效避免选择偏倚。受试者有均等机会分配到试验组或对照组,有利于两组受试者基线的均衡,其关键在于产生不可预知的分配序列(即随机表)和分配的隐藏(即随机信封、中央随机系统等)。

目前大多数临床试验采用分层区组随机化。因为目前临床试验以多中心临床试验为主,有时会考虑一些预后因素的影响,此时通常会采用分层随机化,以保证各层内组间的均衡性。同时考虑到临床试验入组时间较长,为减少季节、疾病流行等因素的影响,通常采用区组长度合适的区组随机化。所以分层区组随机化成为目前医疗器械临床试验的主要随机方法。

在过去,医疗器械临床试验尚不规范,曾经直接将随机表交予研究者,研究者可以知道所有受试者的随机分配情况,可能会根据组别有意地选择受试者,造成选择偏倚。随机信封作为一种有效且成本较低的分配隐藏方式,被应用到大多数临床试验中。随机信封中包含受试者随机号及其分配的组别,需由不参与临床试验的人员进行保管。信封保管人员需核实随机信封数量,确保信封完好无损,并且按先后顺序拆信封。有时,研究机构要求保存随机信封,所以拆封后的随机信封仍应该妥善保存。随着医疗器械临床试验的发展,同时顺应电子化信息化的潮流,中央随机系统使用越来越广泛。中央随机系统集受试者筛选和随机化、试验产品供应和发放管理等功能于一体,对提高临床试验效率具有重要作用。需要注意的是,在中央随机系统正式启用前,应该对系统进行测试,保证系统的设置满足临床试验的要求,确保终端用户能够正确地使用系统。

在药物临床试验中,双盲、单盲是比较常见的控制偏倚的方法。但是在医疗器械临床试验中,由于试验组器械与对照组器械的外观、结构、操作方法常常存在明显的不同,研究者、受试者通常可以观察到自己所使用的产品,所以

[①] 孙振球,徐勇勇,马骏. 医学统计学[M]. 3版. 北京:人民卫生出版社,2013.

单盲、开放是医疗器械临床试验常见的偏倚控制方法，而双盲则比较少见。开放设计在大多数医疗器械临床试验中得到应用，如敷料类、透析类、护理类等可以被受试者和研究者直接观察到的临床试验中。单盲设计通常用于植入类、手术使用类等受试者不能观察到而研究者知晓的临床试验中。

3. 界值

在任何一个临床试验中，界值都占据着非常重要的地位。它不仅关系到样本量的估算，还关系到最终的有效性评价。生物统计师可以提出界值的取值建议，但是最终还是需要临床专家或者研究者根据临床要求确定临床试验的界值。

在文献、指导原则中通常会建议非劣效、等效性试验的界值采用"两步法"，或者Meta分析来获取，这两种方法的关键都在于获取阳性对照药与安慰剂的疗效及其疗效差异。由于对药物疗效的临床研究文献较多，文献质量相对较高，且药物临床试验有Ⅰ、Ⅱ期临床试验的研究数据，所以药物临床试验的界值获取相对容易。

但是医疗器械临床试验采用两步法或者Meta分析来获取界值则存在困难。其关键的难点在于，大多数医疗器械没有安慰剂，并且在参考文献中难以找到阳性对照器械与安慰剂的疗效数据，或者说大多数医疗器械的疗效是非"有"即"无"，即大多数医疗器械是用则有疗效，不用则无疗效，难以有安慰剂效应的，比如透析液、透析机、切割吻合器、辅助生殖产品等。

体外诊断试剂临床试验也应当注意偏倚的控制。《体外诊断试剂临床试验指导原则（征求意见稿）》对偏倚的控制提出了具体的要求，包括：①提出盲法检测的步骤；②要求参比方法与考核试剂同步检测，并阐释原因；③充分考虑并控制试验的干扰因素；④要求临床试验全过程均应控制偏倚。

图3-1为同步盲法检测的步骤。

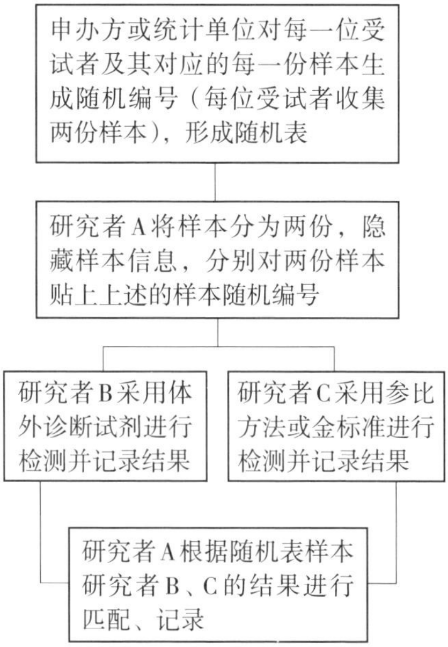

图3-1 体外诊断试剂临床试验同步盲法检测步骤

4. 样本量

样本量是每一个临床试验的各方人员都非常关注的重点，因为它不仅关系到临床、统计学上的科学性要求，还关系到试验成本的实际情况。大多数医疗器械商为创业公司，研发的产品不多，资金不够充裕，对于合适的样本量有较高的诉求。在医疗器械临床试验的样本量计算所需的参数中，界值是最有机会被调整、对样本量的大小有较大影响的参数，所以医疗器械商会通过调整界值来寻找科学性和成本的平衡点。但是部分医疗器械商忽视了界值的临床意义和科学性，片面追求样本量、成本的降低。比如某透析类产品，在注册临床试验中的非劣界值过大，审评专家认为非劣界值不符合临床要求，所以发补意见中建议减小非劣界值，重新计算样本量并补充样本进行试验，并且按常规要求要在一年内提交补充资料。可见审评专家会考虑界值的合理性，如果缺乏科学性，将会要求整改。所以片面追求成本，并不一定能够降低成本，反而可能会增加失败的风险。

相比于《体外诊断试剂临床试验技术指导原则》，《体外诊断试剂临床试验指导原则（征求意见稿）》对临床试验样本量提出了更多要求：①满足统计学要求；②如果有亚组人群、多种被测物，需要细化各亚组的例数；③如果临床试验需要验证多个目的，则需要根据目的分别计算样本量，根据研究目的的关联性、方案设计取样本量最大值或者样本量之和；④采集样本的数据应该充分反映体外诊断试剂的检测范围、检测性能。征求意见稿没有再对各类体外诊断试剂规定最低样本例数，此举可能是将样本量的决定权交给研究者、申办方，在合理合规的条件下，申办方、研究者根据产品特点、性能、相应指导原则计算样本量。

（四）生物统计学在临床试验应用展望

2018年1月4日，国家局颁布的《医疗器械临床试验设计指导原则》是医疗器械临床试验设计和生物统计学应用的重要指导文件，该文件的出台意味着相关部门对医疗器械临床试验及生物统计学应用的高度重视。在未来，将会有更多与数据管理、生物统计相关的指导文件出台，或是在各类医疗器械临床试验注册技术审查指导原则中增加并提高对生物统计的要求。医疗器械临床试验将会随着这些法规、指导文件的出现而更加标准化、规范化。同时，随着医疗器械行业的发展，需要进行临床试验的器械产品也将因实际需求而更加集中在高风险或是创新产品等领域，试验设计将会向药物临床试验看齐，越来越精细化、复杂化。

1. 审评规范化

2010年，原国家食品药品监督管理总局药品审评中心成立了生物统计学审评部，经过多年发展，该部门审评人员已有十余人，主要负责各类药品的生物统计学的审评工作[①]。按照对统计学审评专业化发展的趋势，医疗器械审评中心（CMDE）也有可能会设立生物统计学审评部，负责医疗器械的生物统计学审评工作，协助审查申报医疗器械的数据库，起草医疗器械的审评标准和制度等。

医疗器械的审评要求有向药品审评要求看齐的趋势。从提交的资料来看，目前医疗器械尚未要求提交临床试验数据、统计分析计划、统计分析报告等资料，而这些资料在药物审评中已经要求提交。如果CMDE设立统计部门，并且要求提交上述资料，则生物统计学审评部有可能评价数据的质量和统计分析的正确性，并通过各种敏感性分析评价结果的稳健性，深度挖掘临床试验数据，识别可能存在的假阳性和混杂因素，以保证试验结果能够真实反映医疗器械的效应。

2. 领域集中化、复杂化

为加快产品上市周期，减轻企业负担，国家局将部分成熟的、安全可控的医疗器械加入到豁免目录中。由此可见，未来临床试验将集中在具备高风险、创新等特点的医疗器械产品上。从生物统计的角度来看，高风险、创新这类特点意味着试验设计可能更加复杂、需要控制的影响因素更多，临床试验出现的问题诸如依从性、缺失值、使用违禁用药等影响有效性和安全性评价的情况相比以往可能更需要关注，且需要更加妥善、合理的处理方法。所以在方案撰写时就应根据产品特点和试验设计，采取合理的、保守的、稳健的数据处理方法和统计分析方法。医疗器械的复杂化、创新的趋势，使研究者在临床试验中操作医疗器械时需要一个学习的过程。所以，除了在试验开始前对研究者进行充分培训外，也应当考虑"学习曲线"对有效性、安全性评价的影响，并在统计分析报告、临床试验总结报告中进行描述[②]。

[①] 王骏，曾新，潘建红，等.我国药品监管中的生物统计学技术审评[J]. Chinese Journal of New Drugs, 2016, 25(18): 2099-2102.

[②] 国家食品药品监督管理总局.医疗器械临床试验设计指导原则[S]. 2018.

六、医疗器械临床评价未来发展展望

随着《创新意见》的发布，以及《医疗器械监督管理条例》的修订进入司法程序，今年无疑是医疗器械注册法规变化的关键期，法规的变化对未来医疗器械临床评价将会有深远的影响。下面结合目前医疗器械临床评价所存在的问题以及法规动态，对未来医疗器械临床评价进行展望，希望对医疗器械行业有借鉴意义。

（一）医疗器械临床评价的几点思考

1. 进一步深化审评审批制度改革

2018年10月19日，在成都举办的"首届中国医疗器械行业（成都）创新发展大会"上，CMDE相关领导也对中国医疗器械审批改革举措进行了必要的阐述。CMDE将不断厘清临床评价概念，逐步与国际接轨，并将着手对临床评价指导原则进行修订。同时，也应看到由于医疗器械的特殊性，单纯采用药品审评的方式来评价医疗器械是不合理的。临床统计学在部分器械领域是不适用的，医疗器械临床试验结果受医疗技术和病人依从性比较大。

因此，我们认为未来需要进行临床试验的医疗器械会逐渐减少，更多的临床试验资源将集中在高风险、创新产品、植入产品。这将有助于资源的合理分配，降低企业负担，优化审批模式，加速产品的上市迭代。

但免于临床试验并不意味着监管的放松，而是对临床评价提出更加科学合理的要求。未来对于豁免临床试验产品，今后审评重点可能更多地集中在对申报产品与同品种产品差异性的识别上。以风险识别为导向，通过对差异性的合理论证，以判断申报产品的新风险是否可控。

2. 审评机构的变化

2018年6月25日发布的《修正案草案》送审稿提及"国务院药品监督管理部门可以授权经考核评估、具备条件的审评机构开展审评审批"。以往审评机构都是由国家及各省市药监部门兼任，但由于部分省市药监部门自身的能力有限，在审评尺度上存在较大的差异，进而可能会影响产品上市后的安全性和有效性。为避免这种情况的出现，2016年和2017年CMDE已经多次开展省级器械技术审评机构能力评估工作，通过派遣、借调等方式邀请省级机构人员到CMDE交流，以提高审评质量。

由于审评审批权的再分配，可能会导致临床评价的审评质量、审评要求有所提高，应做好这方面的准备，提前规划好产品的注册审评工作，以高标准、严要求来应对临床评价工作。

3. 关注"产品全生命周期"

部分永久植入产品的观察终点只是一种理论设定，仅在临床试验过程中观察其安全性和有效性是不合理的。上市后植入物登记制度更为科学合理。

根据新的《修正案草案》送审稿，虽然未来需要进行临床评价的产品可能减少，但不等于NMPA对产品的监管力度降低。作为国际医疗器械监管机构论坛（IMDRF）成员国，IMDRF讲究"产品全生命周期"的临床评价理念。未来NMPA可能将更加关注产品在"全生命周期"中的安全性和有效性，而不仅仅只是注册申报时关注。在未来，可能不需要进行临床评价的医疗器械，鉴于在产品使用过程中发现的新情况，反而可能会在延续注册时，要求提交临床评价的相关资料。同时，上市后植入物登记制度可能会逐渐形成。

4. 监管方式与国际接轨

作为IMDRF成员国，我国在2018年3月举办的IMDRF第13次管理委员会会议上，向大会提出医疗器械临床评价项目，并顺利立项。

通过该项目的开展，我国可借助IMDRF这一平台，分享近年来探索积累的监管经验，寻求协调统一各成员国临床评价要求的解决方案，进一步推进全球医疗器械临床评价的科学化、合理化、规范化，减少不必要的重复性临床试验，促进安全、高效的医疗器械早日实现全球同步上市。

CMDE牵头的中国工作组分为3个研究小组，分别对医疗器械临床试验的决策原则、申报产品与已上市产品等同性论证的基本要求，以及接受境外临床试验数据的原则开展研究。

5. 完善免于临床评价的具体要求

《修正案草案》送审稿对临床评价有重大的影响。虽然部分技术成熟产品可以免于进行临床评价，但免于进行临床评价需要提供何种注册资料并没有详细说明。是与备案产品所提到的资料形式一致，还是有其他单独的文件？"免于进行临床试验医疗器械"与"免于进行临床评价医疗器械"是何种关系？《免于进行临床试验医疗器械目录》还是否有必要保留？预计未来NMPA还会有进一步的解释说明。

（二）医疗器械临床评价的未来发展与展望

1. 豁免路径

以往注册申请人常常关注申报产品是否属于《豁免目录》产品，但由于医疗器械生产工艺、材料的差异，即便申报产品属于《豁免目录》产品，但也可能与上市产品存在重大差异，而这个差异可能影响产品的安全性和有效性。

特别是，如果未来"免于进行临床评价医疗器械"落地，对豁免产品与目录中已获准境内注册医疗器械的差异性关注度可能会进一步提高。因此，需关注与《豁免目录》中已获准境内注册医疗器械的对比。

2. 同品种路径

（1）同品种临床评价数量减少

理论上，只要申报产品可以找到已上市的同类产品就可以进行同品种临床评价，但由于同品种临床评价的要求比较严格，最终可以进行同品种临床评价的申报产品都比较少。

预计未来同品种临床评价可能会越来越多地集中在前代产品的升级换代，或者是产品的延续注册上。因为只有这样，企业才有可能找到完整的同品种产品资料，同时对差异性的认识更为全面，降低差异性论证的难度。

此外，《修正案草案》送审稿对同品种临床评价也将会有重大影响。由于第二类医疗器械原则上不需要进行临床评价；技术成熟的第三类医疗器械也有可能不需要进行临床评价。最终需要进行临床评价的产品会减少，能进行同品种路径的产品会更少。

（2）对比项目趋于合理

从近期CMDE的回复意见看，对比项目的要求可能会趋于合理。注册申请人在进行对比时，应充分考虑产品的设计特点、关键技术、适用范围和风险程度等，选择对比项目并阐述理由。

例如超声理疗设备比对应重点考虑设备的结构组成、基本原理、主要性能指标、关键部件（主要指探头或治疗头）、预期用途等，对于生产工艺、使用方法等，由于生产工艺对该产品的安全有效性的影响可通过其他项目的对比进行评价，使用方法对于同类产品基本相似，可不进行对比。

（3）关注临床经验数据

同品种产品临床数据除了临床文献数据，还包括临床经验数据和临床试验数据，临床经验数据包括已完成的临床研究数据集、不良事件数据集和与临床风险相关的纠正措施数据集，其中不良事件数据集可以通过监管机构上市后的投诉、不良事件公开获取。

一次性耗材产品进行同品种临床评价时，由于其产品结构简单，临床应用多年，几乎很难从文献中查到该产品的相关临床使用信息。如果注册申请人要论述产品的安全性和有效性，就需要通过对比产品的临床经验数据进行论述。而升级换代的一次性耗材产品进行临床评价时，前代产品的临床经验数据就尤为重要。因此，注册申请人应做好产品上市后数据的收集工作，为今后产品升级换代做好相应的准备。

（4）关注差异性的论述

差异性的论述是同品种临床评价的一个技术难点，注册申请人应通过申报产品自身的数据进行验证和（或）确认这种差异性不对产品的安全有效性产生不利影响，而CMDE在技术审评时对这方面的论述也尤为关注。这种差异性是否需要通过非临床的方法进行论述，关键看这个差异是否会影响临床应用。如果差异性涉及预期使用人群、适应证、使用方法、禁忌证等，则有可能需要临床试验论证差异性不对产品的安全有效性产生不利影响。

3. 临床试验

（1）重视临床试验科学性

临床试验科学性主要涉及样本量估算、主要评价指标、观察周期、访视点设、对照产品选择、控制偏倚的措施、与指导原则的符合性、试验执行过程的质量等。这些要点都会是CMDE注册审评时的关注点，注册申请人在进行方案撰写时应该对这些要点的科学性进行充分论证，必要时还可以咨询CMDE，以确保临床试验不会出现重大科学性问题。

（2）临床试验集中在高风险、创新、重大技术革新

随着《修正案草案》送审稿的发布，将大大减少技术成熟产品重复进行临床试验，避免不必要的医疗资源浪费。未来临床试验的资源将更多地集中在高风险产品、创新医疗器械、有重大技术革新的产品上。同时，对临床试验质量的要求越来越高。注册申请人应留意这方面的变化，重视和加强产品的临床试验质量。

（3）有条件审批产品增多

医疗器械实施全生命周期管理的理念不断加强，一个产品完成首次注册并不意味着注册工作告一段落，它是一个持续的过程。特别是，未来临床试验

将更多地集中在高风险产品、创新医疗器械、有重大技术革新的产品。而这些产品的风险、适应证、使用人群受临床试验条件所限，并不能完整地反映产品在现实中的使用情况，必然会有一些未知的风险出现，此时就需要对产品上市后的风险进行再评估。此外，如果在临床试验中的某些重大问题没有解释清楚，CMDE还有可能要求上市后再进行相关临床试验。为此CMDE还专门发布了《临床急需医疗器械附带条件批准上市的基本原则（征求意见稿）》，以支持和鼓励申请人对治疗严重危及生命且尚无有效治疗手段疾病以及公共卫生方面等急需的医疗器械的研发，加快该类医疗器械上市。

因此，注册申请人应加强全生命周期管理的理念，对产品进行上市后的风险评估，以确保满足有条件审批要求。

第四章 2018年国际医疗器械监管动态

2018年医疗设备行业各种可穿戴、人工智能产品逐渐投入市场反映了近年来生命科学领域惊人的创新速度。随着制造商开始实现大数据和分析、人工智能和新数字工具的好处，医疗设备行业面临着一波前所未有的增长新机遇。各国法规监管态势也顺应时代发展，更趋于规范化、人性化和全过程化。以下对几个主要国家的监管动态进行简要介绍。

一、美国医疗器械监管动态概述

根据风险等级的不同，美国食品药品监督管理局（Food and Drug Administration，FDA）将医疗器械分为三类（Ⅰ、Ⅱ和Ⅲ），Ⅲ类风险等级最高。FDA对每一种医疗器械都明确规定了其产品分类和管理要求，并按照法规、指南和认可的标准等适用要求对所有医疗器械进行监管。

1. 监管法规动态

截至2018年12月21日，FDA共发布了37份与医疗器械相关的指南性文件（含拟定稿），其中通用性指南22份，涉及产品的认证程序、检测报告格式、申请者费用、临床试验的相关要求、风险获益评估的考虑因素和医疗器械唯一标识（Unique Device Identification，UDI）管理等诸多方面；产品类指南共15份，有源产品、IVD产品和无源产品分别为4份、6份和5份，这些指南对产品的技术参数、分类要求及监管细则都有了更为明确的要求。详情请参见附录8。

通过这一年的变革可以看出，FDA在医疗器械认证和监管领域的诸多探索与关注点的转移：

（1）FDA将原有的四个机构整合，形成一个新的机构：产品评价与质量办公室（OPEQ），该机构将专门负责医疗器械全生命周期的评价、上市后监管和工厂生产质量管理的检查，并引入真实世界证据概念用于做决策。

（2）FDA考虑将现行的医疗器械质量体系法规QSR820与ISO 13485：2016标准相结合，将标准适用内容融入其监管手段之中。QSR820是现行的FDA体系审查的法规依据，以规定原则模式为基础，针对的主要是功能价值导向的"成品器械"。FDA计划2019年上半年完成现行两种质量体系要求的异同分析和协调，给予企业充分的转换过渡期，推进质量体系法规的现代化进程。此举有利于降低FDA的监管压力和负担，但是由于QSR820的修订涉及到法规层面，具体实现过程还是在探索阶段。

（3）推进传统认证制度的现代化变革：510(k)作为大部分中低风险医疗器械适用的认证路径，已持续运行几十年时间。FDA逐渐认识到传统型510(k)制度的局限，提出淘汰老旧（10年以上）的实质等同产品使用的变革要求，确保产品使用先进的技术，保障器械使用过程中的安全有效性。对特定类别的产品，进一步减轻注册负担，将原先的两个阶段审核合并为一个阶段，由按步骤审评变为实时与申请人沟通，此举将极大提高审核效率，缩短认证周期。另外，扩大另外两种510(k)——特殊型510(k)和缩略型510(k)的适用范围，为企业减轻注册申报负担。

（4）创新监管制度，迎接新技术：数字医疗等新兴技术的迅猛发展，尤其是人工智能技术的发展，远远超出FDA的预期。因此，FDA积极行动，在2017年底发布了数字医疗计划；在2018年为新技术提供更多认证途径，推出突破性器械项目和安全技术项目（STeP）途径，尽早与企业建立沟通，提供建议；加强数字医疗方面职员的招聘。虽然在人工智能等新领域还未能发布任何指导性文件和法规支持，但是FDA以极为开放的态度与申报企业互动，提供个性化沟通指导。

（5）关注临床试验中数据的可靠性和受试者利益：发布的临床试验相关指南中，对于可接受的临床数据来源进行了具体的描述，并明确了需要提交的临床试验中心的相关信息，为临床试验的准备起到了引导性作用。在发布的另一份关于受试者利益的指南中，对于受试者费用的支付方式、支付依据以及程序都进行了规范化的引导。

（6）从上市后监管中汲取经验，完善相关要求：2018年FDA发布的指南文件的另一突出特点是指南文件的更迭和监管情况的引入，比较有代表性的是2018年发布的金属可扩张胆道支架以及冠脉、外周及神经血管导丝注册指南。FDA从多年的认证过程中探索某一类产品的发展情况，并从监管信息获取对患者影响最为深远、普遍的特征，根据产品特点制定不同的与对比产品进行的对比项目要求，为产品开发、设计及申报提供了理论基础。而且，对于在监管过程中出现的引发不良事件的主要问题也在患者信息中有所体现。

另外，我们还注意到一点，自2013年以来FDA大力推行的UDI系统化管理进展缓慢，2018年度发布的首个指南性文件即是推迟Ⅰ类产品和未分类产品的UDI强制执行时间。这一点也是与国际上的发展趋势尤为接近的。当前欧盟在进行MDD/IVDD最终施行的筹备工作，其中就包括了UDI管理系统的建立和维护，IMDRF组织也在2018年发布了一项关于UDI系统的征求意见稿，而我国也进入了UDI系统化管理标准的撰写、征求意见阶段，全球内UDI系统的实施日趋同步化。

2. 注册认证情况

截至2018年12月17日，FDA批准产品数据汇总结果见表4-1。

表4-1　2018年FDA批准产品汇总　　　　　　　　项

时间	510（k）申请	De Novo申请	新PMA申请
1月	238	0	1
2月	244	2	2
3月	296	6	2
4月	266	6	3
5月	256	3	3
6月	262	4	4
7月	246	2	5
8月	98	1	1
9月	206	4	1
10月	227	2	1
11月	291	5	2
12月	145	1	3
全年合计	2775	36	28

资料来源：FDA官网、奥咨达整理。

从中，我们选取部分重点领域创新产品予以介绍。

（1）糖尿病实时监测

多个糖尿病实时监测及提供给药建议的产品得以上市。例如，Glooko的胰岛素管理系统可直接使用从患者血糖仪收集的数据调整胰岛素剂量，支持临床医生创建定制的治疗计划，并通过公司的统一移动糖尿病管理应用程序直接将其发送给Ⅱ型糖尿病患者。

2016年9月，FDA批准了首个可连续监测血糖并根据检测结果自动调整胰岛素给药量的产品上市，当时的适用人群是14岁及以上人群。2018年该产品将适用人群扩展至7～13岁年龄段的儿童，为儿童糖尿病的检测和治疗提供了新手段。

糖尿病监测领域的一个重大革新是将传感器植入皮下的血糖检测技术，传感器将检测数据实时传输到移动App上，避免对皮肤的反复创伤。典型的例子是美敦力的Guardians Connect系统和Senseonics公司推出的Eversense连续血糖监测系统。其中Guardians Connect系统运用了人工智能（AI）技术，不间断地分析食物摄入量、胰岛素剂量、日常活动和其他因素对个体血糖水平产生的影响，提前10～60分钟提醒糖尿病患者预计会达到的葡萄糖阈值，提前预测高血糖或低血糖症状。

（2）心血管系统

Veryan Medical Limited的BioMimics 3D血管支架系统，可通过球囊导管永久性植入到患者的腿部动脉狭窄段（股浅动脉或近端腘动脉），并在传送到血管堵塞处时自动打开支架，改善腿部的血液流向。

该公司的两项APP软件均通过De Novo程序完成FDA认证，分别用于非处方心电图的创建、记录、存储、传输和显示，以及通过分析脉搏率数据来识别心房纤颤（AFib）可能产生的心律不齐。

（3）人工智能（AI）产品

人工智能医疗器械在2018年得到全面发展，在各个医疗领域全面开花，其中大多数为监控预警类产品。2018年4月，第一款AI产品IDx-DR得到FDA的批准，用于检测糖尿病视网膜病变。该产品的诊断准确率高，可替代医生的诊断，特别适用于医务人员缺乏经验的基层医院，有利于糖尿病视网膜病变的早期筛查诊断。上文提及的美敦力Guardian Connect系统，也是基于AI技术的全球首个智能连续动态血糖监测系统。

Embrace智能手表用于监控癫痫发作，是FDA批准的首款应用于神经学领域的产品。Wave临床平台是一款获批的用于自动采集患者生理数据并集成患者的药物史、年龄、生理状况、既往病史、家庭情况等实时和历史数据的监控平台,能够在致命情况发生前6小时发送警报,实时监测并提早预防,减少意外伤害发生。Viz.ai使用深度学习算法自动分析CT神经图像,以检测与脑卒中相关的指标,OsteoDetect产品可诊断手骨骨折,两款产品都可以辅助医生更快速地作出诊断。Cognoa公司发布的一款利用AI技术筛查儿童自闭症的产品,可评估儿童是否正在以正常的速度成长,并评估他们的行为健康状况。

除上述AI产品举例以外,我国的AI技术也位于发展前沿。乐普医疗的心电图人工智能自动分析诊断系统"AI-ECG Platform"于2018年底获FDA认证,可辅助诊断主要的心血管疾病,包括心律失常(冲动形成异常、冲动传导异常)、房室肥大、心肌缺血、心肌梗死,其准确性达到95%以上;对心房扑动、心房颤动、完全性左束支阻滞、完全性右束支阻滞、预激综合征等心血管疾病的诊断,其准确性可达到心电图医学专家水平。

从FDA历年510(k)审批数据结果来看(图4-1和图4-2),近年的批准数量趋于平稳态势,从一定程度上说明传统医疗器械市场逐渐趋于饱和。中国已成为仅次于美国本土申请获得510(k)最多的国家,中国对美国的医疗器械产品出口占据较大市场份额。

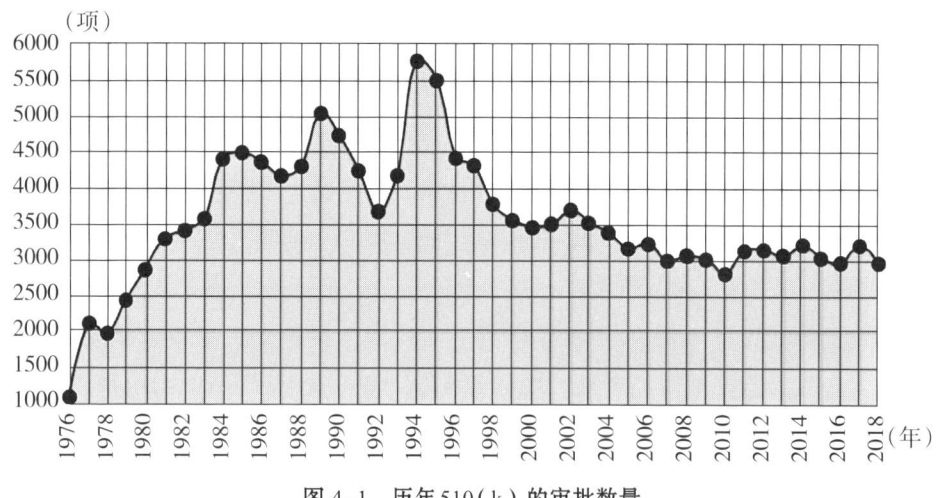

图 4-1　历年510(k)的审批数量

资料来源:openFDA官网,奥咨达整理。

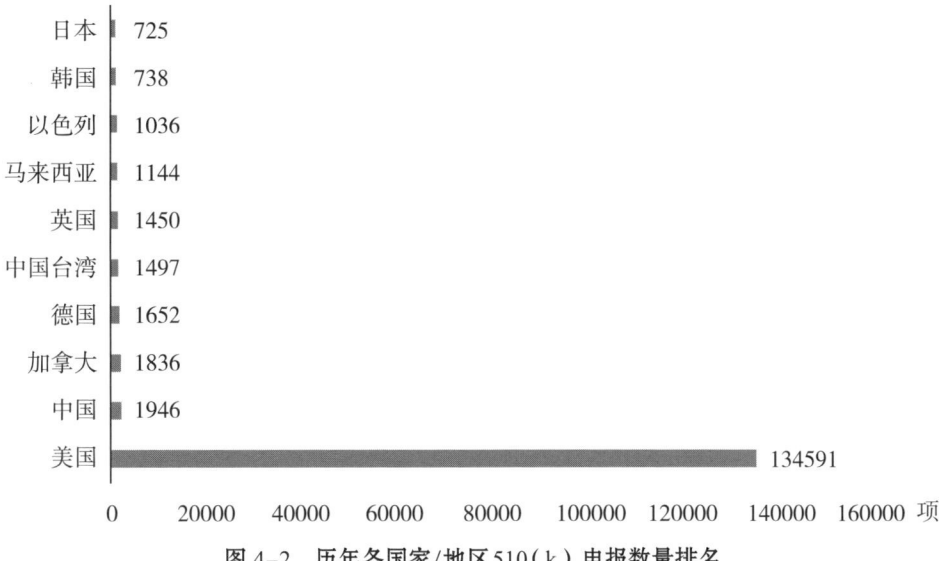

图 4-2 历年各国家/地区 510(k) 申报数量排名

资料来源：openFDA 官网，奥咨达整理。

二、欧盟 CE 认证监管动态

2018 年依旧属于欧盟 Medical Device Regulation（MDR）和 In Vitro Diagnostic Device Regulation（IVDR）施行的过渡期，相关的法规细节及配套要求也在制定过程中。

图 4-3 梳理了 MDR 和 IVDR 从颁布、施行到全面取代 Medical Device Directive（MDD）和 In Vitro Diagnostic Device Directive（IVDD）的整个历程。其中，MDR 的过渡期为 3 年，IVDR 的过渡期为 5 年。

2018 年，欧盟披露了这两个新法规施行过程中所涉及到的重要事件的时间进度安排，见附录 9。从该表可以看出，迄今为止，仅完成了一项，即公告机构范围选定的工作。其他工作尚在进行或尚未开展，是否能够按时完成既定计划尚未可知。

截至 2018 年 11 月 15 日，欧盟仍未有基于 MDR 及 IVDR 新法规的公告机构（NB）的获批信息，目前欧盟官方公布的 NB 机构清单是基于现行法规的，各法规目前阶段的公告机构清单见附录 10。

根据截至 2018 年 8 月对 35 家主要公告机构的统计结果（图 4-4）可以看出，超过一半的公告机构出具了 500 张以上有效证书，这些大量的存续 CE 证书将面临 MDR/IVDR 升版的挑战。

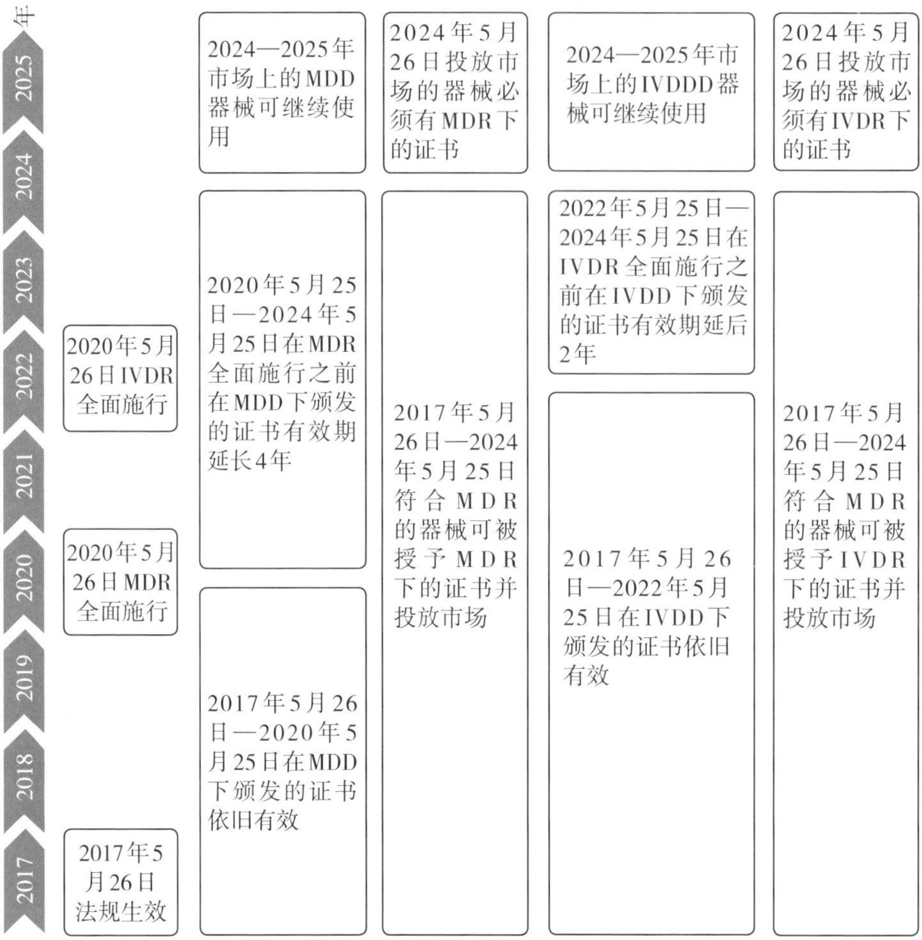

图 4-3　欧盟 MDR/IVDR 实施时间表

资料来源：欧盟官网，奥咨达整理。

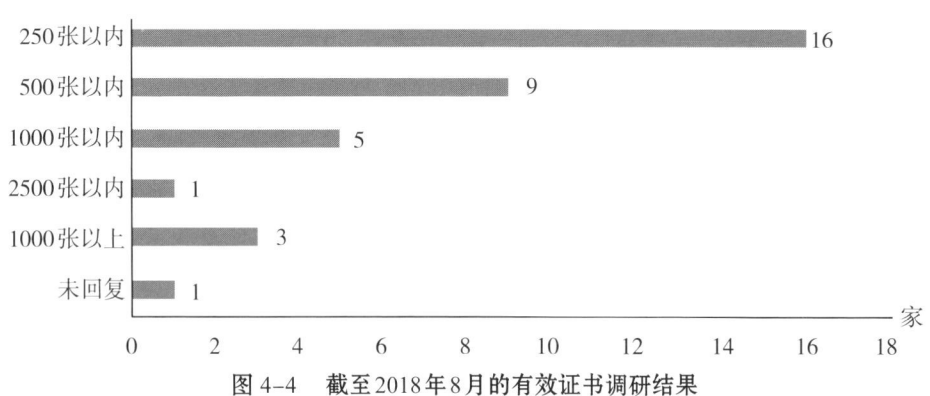

图 4-4　截至 2018 年 8 月的有效证书调研结果

资料来源：TEAM-NB 官网，奥咨达整理。

从2017年11月26日起，各国公告机构均可向主管当局申请MDR和IVDR审核资质，而到2018年底为止，欧盟只公示了一家公告机构获得MDR法规授权，公告机构在此次法规变动期间将面临前所未有的挑战。图4-5反映了目前Team-NB成员中，公告机构的认证进度情况。一年以来，绝大多数现存的公告机构都提交了申请，而且所申请认证范围已涵盖了全部产品类别，并努力增加各项资源以应对未来的巨大工作量。

对此，医疗器械从业人员及相关各方对公告机构资源的不足及审核资质认证缓慢充满忧虑。新旧法规转换的三年时间，不足以使公告机构、生产企业及利益相关方完成转换。截至目前，大量指导文件及细则尚未发布，缺乏具体操作的指引，联合审评组和各成员国对部分流程和要求的理解尚未统一。2020年至2024年之间会出现新旧法规并行的情况，将导致公告机构的监管工作量陡增。据Team-NB预测，部分公告机构会在临近2020年5月之前取得审核资质授权，剩余部分公告机构甚至会在此日期之后完成资质授权。

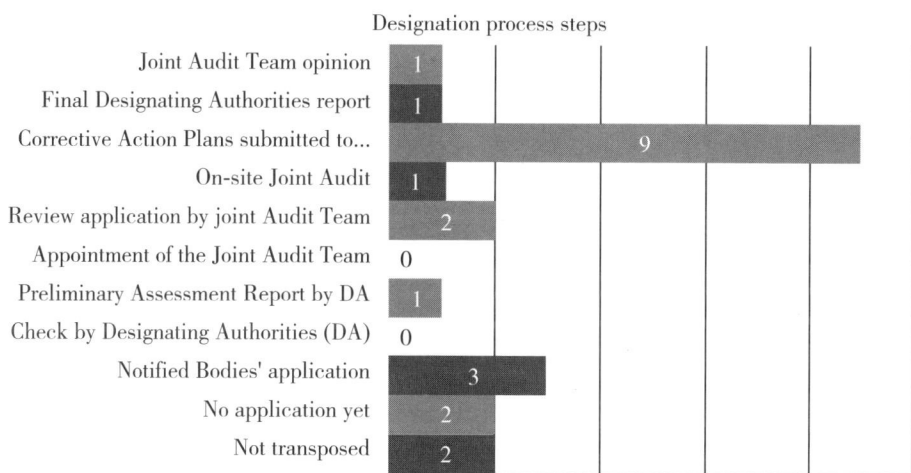

图4-5 Team-NB成员认证进度统计（截至2018年12月17日）

资料来源：TEAM-NB官网，奥咨达整理。

三、其他国家监管动态

（一）加拿大

2018年，加拿大的医疗器械法规相对平稳，其中较为重要的改革就是开始推行全球医疗器械命名法（GMDN）。

GMDN是一种在全球范围内由多个医疗器械监管机构使用的识别工具。它是一份用于识别医疗器械产品通用名称的列表，允许在不同的司法辖区之间进行有效和及时的信息交换，并由监管机构进行有效的监控。现在，GMDN数据库包含的有效术语已超过23 000个，涵盖了所有主要技术和预期用途，并且处于持续的发展进化之中。

加拿大卫生部（Health Canada，HC）在2018年5月向制造商提供了一份与有源医疗设备许可证相关的医疗设备清单，制造商也被邀请参与其中来确定这些代码。这一命名法的引入，有利于加拿大医疗器械监管向全球化迈进。

而且，HC在2018年还提出了修订医疗器械优先审查政策的意向书。加拿大现有的医疗器械制造商优先审查申请程序，是来源于2000年起实施的一项临时政策中的优先次序制度，但申请过程存在不必要的复杂程序。为此，本次修订的内容主要有：在医疗器械申请表格中增加优先审查选项，取消优先审查需要单独申报的要求；Ⅲ类和Ⅳ类医疗器械优先审查申请的适用范围拓宽了，将不可预见是否满足或未能满足紧急健康需求的器械也纳入了考虑范围中。

另外，HC曾在2016年推出医疗器械单一审核计划（MDSAP），要求所有Ⅱ、Ⅲ和Ⅳ类医疗器械在2018年12月31日前完成由现行CMDCAS到MDSAP的转换。很多企业因内外部资源的缺乏，无法及时转换。因此加拿大卫生部进一步作出让步，允许转换未完成的企业提交2019年的MDSAP审核计划，而非完成审核，确保医疗器械体系顺利过渡。

继FDA和NMPA先后发布网络安全的指导文件之后，HC也于2018年发布了网络安全的草案，对网络安全提出了正式的法规要求。此外，加拿大还发布了3D植入物的指导文件草案，以推动3D打印技术的发展。

（二）澳大利亚

一直以来，已取得欧盟CE证书的企业，可通过提交CE证书和CE认证过程中的相关文件资料来简化在澳大利亚申请上市的审批程序。

自2018年8月起，澳大利亚治疗用品管理局（TGA）认可的外国认证结果的范围有了进一步扩大，将美国FDA、加拿大HC、受医疗器械单一审核程序管辖的审计机构以及日本厚生省及其药品医疗器械机构均纳入认可范围之中。但是，对于认可的数据和证书，TGA发布的相关指南中明确提出必须是同一器械并且为相同的预期用途和适应证所设计。

这一认可范围的扩大,将有助于TGA减少必须按照特殊申请来处理的评估数量,提高TGA的评估效率。

澳大利亚发布医疗器械网络安全草案,该草案与FDA和加拿大的指导文件不同的是,其范围不仅包含上市前的网络安全要求,也包含了上市后的要求。

四、其他国际组织动态

（一）国际标准化组织,ISO

2018年,国际标准化组织（International Organization for Standardization,ISO）有两项覆盖面非常广的标准——ISO 13485和ISO 10993有了新的动态。这两项标准几乎覆盖了所有的医疗器械产品,其更新和认可领域的扩大对整个医疗器械领域都有着深远的影响。

1. ISO 13485

ISO 13485标准是世界上使用范围最广泛的质量体系标准,近几年推行的单一审核程序（MDSAP）也是基于ISO 13485而发展形成的。图4-6反映了ISO 13485：2016标准的实施和过渡过程,从中可以看出,该标准的过渡期即将结束,而2018年是一个关键性节点。

从2018年起,将按照2016版的标准要求进行体系认证,并且持有2003版证书的企业需及时发布2016版体系手册,以应对即将到来的2019年系统核查。后文将有专门章节（第五章 四（一））来介绍2016版标准与旧版标准的差异,以及企业应对这些差异所需要完成的准备工作。

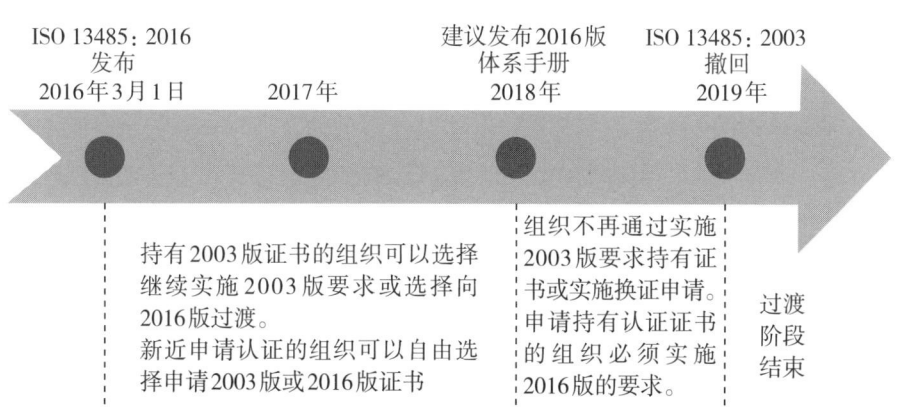

图4-6　ISO 13485：2016实施和过渡过程

资料来源：ISO官网,奥咨达整理。

2. ISO 10993-1

2018年8月，ISO 10993-1：2018标准正式发布，这项标准的发布对如何完成一项完整、合理且有效的生物相容性评价有了更进一步的要求，从而对医疗器械生产商、认证机构及检测机构产生结构性影响。

ISO 10993-1：2018标准最为显著的变化就是，其中的生物相容性测试参考清单附录A的整体性更新，包括了新增检测项目、需要考虑的前置信息的增加、标示性符号的变化、和这些变化使之与FDA相关指南趋于一致。其次，还引入了physical/chemical information（物理/化学信息）的新概念，此项产品信息的获取优先度排在所有生物相容性测试的前面，是新版生物学评价的第一步，并为随后的其他生物相容性测试提供了产品信息依据。除此之外，对于生物学评价全生命周期的延伸以及具体以往数据的分析等，都体现着这份足有之前版本翻倍容量的标准文件的综合性、先进性和全面性。详见后面章节（第五章 四（三））的介绍。

到目前为止，尚未有任何监管机构采纳新版ISO 10993-1这一标准，其真正的施行尚需时间。

（二）国际医疗器械监管者论坛，IMDRF

2018年，国际医疗器械监管者论坛（International Medical Device Regulators Forum，IMDRF）发布了讨论性文件和技术文件各3份。

论性文件分别关于不良事件报告的相关术语、术语学结构和代码，医疗器械的标示性文件要求以及UDI系统等方面。从这三份文件可以看出，全球医疗器械监管均趋向产品的全生命周期监管。UDI系统的引入，适用于对每一个医疗器械全生命周期的跟踪；标示性文件的深度要求，可使使用者和患者从这些文件中获得更多的安全性信息，更有利于医疗器械的合理和安全使用；而不良事件统一术语的开发，则有利于国际上不同监管部门对器械相关的不良事件达成统一共识，以便实现全球化监管。

技术文件分别是合规过程中的标准使用最优化、医疗器械和体外诊断试剂的安全性有效性基本原则，以及定制化医疗器械的协调定义。这些文件讨论了标准过于灵活和不清晰的情况，并提出建议；试图寻找产品的安全有效在公众健康与器械厂商的负担之间的平衡；加强定制式产品的法规监管。

纵观2018年的全球医疗器械发展态势，我们认为以下几个方面需要重视：

1. UDI

UDI是当前甚至是往后几年内医疗器械的热点话题,通过利用这一管理系统,能够实现医疗器械的全生命周期管理和跟踪,为整合数据资源、跟踪产品上市后情况等提供基础。

2. 网络安全

进入大数据时代后,如何确保患者数据、设备数据的保密性、安全性和可交互性等基础性质成为了摆在器械厂商面前的重要课题。各国对此纷纷出台相关政策及要求,无论是处于过渡期的MDD/IVDD,还是FDA最新颁布的参考指南,以及加拿大和澳大利亚出台的网络安全草案,甚至是我国从2018年1月1日起正式实施的网络安全指导原则,都昭示着监管部门已将网络安全纳入其重点监管内容,使用软件、具有数据传输功能的医疗器械或者作为医疗器械管理的软件的生产商应在产品设计开发、风险评估过程中重视这一问题。

3. 人工智能和医疗产业数字化

人工智能和数字化医疗器械产业,已经几乎是近年的各个国际论坛每次讨论必备的论题之一。在未来的数年内,我们相信可穿戴医疗器械依旧会是开发的重点领域。正如苹果公司在2018年内的新品发布会上提及的通过FDA De novo申请的软件一样,这类产品依旧会是医疗器械厂商甚至是周边产品厂商新品的最佳卖点。但是,如何合规化、合理化和市场化将会是摆在这些厂商面前的重要课题。

五、专业精准的翻译,助力全球法规监管精要的传播

随着经济全球化的深入发展,世界各国的经济文化交流日益加强,翻译的重要性也日益凸显。中国医疗器械生产企业走向国际化是行业未来发展的趋势,而随着中国改革开放的不断深入,进口注册的需求也随之扩大。在"让中国医疗器械走向世界"和"促进国外高端器械引入中国"的进程中,无论是海外注册还是进口注册,只有对拟进入国家或地区的医疗器械监管要求的理解到位,才能确保产品生产和申报材料符合当地的监管要求,这直接关系到医疗器械的市场准入,影响到医疗器械行业的国际交流与合作。专业精准的翻译,不仅成为了国内外企业与认证、监管机构之间沟通的媒介,也是行业同侪学习理解全球法规监管要求的必要条件,其重要性不言而喻。

那么,如何从形形色色的翻译机构中选择合适的翻译供应商来确保法规和

申报资料的专业规范和精准无误呢？这是国内和国外申请人需要慎重考虑的问题。

医疗器械行业知识的积累是医械翻译的基石，译者也只有在具备了相关行业知识的前提下才能确保翻译过程中的专业度和准确度。举例如表4-2所示。

表4-2　医疗器械专业译文对比＆分析

1	**原文**：Where no new testing has been undertaken, the documentation shall incorporate a rationale for that decision. An example of such a rationale would be that biocompatibility testing on identical materials was conducted when those materials were incorporated in a previous version of the device that has been legally placed on the market or put into service； **网上译文**：若未进行新测试，文件应包括该决策的基本原理，例如，当这些性能纳入已合法投放市场或投入使用的器械的先前版本中时，需对相同材料进行生物相容性测试； **奥咨达译文**：在没有进行新的检测的情况下，文件应包含做出该决定的理由（例如，如果该器械包含需要进行生物相容性试验的材料，而这些材料也包含在已经合法投放市场或交付使用的前代器械中且已经进行了生物相容性试验，则针对前代器械进行的相关材料的生物相容试验可作为该器械不进行相同材料的生物相容性试验的理由）； **说明**：这句原文出自欧盟医疗器械法规（Regulation（EU）2017/745，MDR）附录Ⅱ（与技术文件有关的规定），对于以上所列的网上译文，原文想要表达的意思完全没有在译文中体现出来，且明显可以看出，后面所列例子与前面的总结性语句是完全对不上的，读者只会不知所云。奥咨达翻译部则在对医疗器械行业法规的深刻理解的基础上，通过行内通俗易懂的方式呈现出来。
2	**原文**：This Regulation does not apply to materials used for external quality assessment schemes. **网上译文**：本法规不适用于用于外部质量评估方案的材料。 **奥咨达译文**：本法规不适用于用于实验室间质量评价的物质。 **说明**：这句原文出自欧盟体外诊断医疗器械法规（Regulation（EU）2017/746，IVDR），如将"external quality assessment"直译为"外部质量评估"，则不够专业。实验室间质量评价（External Quality Assessment，EQA）是多家实验室分析同一样本，并由外部独立机构收集和反馈实验室汇报结果评价实验室操作的过程，也被称作能力验证（Proficiency Testing，PT）。它是为确定某个实验室进行某项特定校准/检测能力以及监控其持续能力而进行的一种实验室间比对。

来源：奥咨达整理。

另外，奥咨达翻译团队在翻译欧盟 MDR 和 IVDR 的过程中，还发现了英文原文中的36处错误，其中MDR有9处，IVDR有27处。奥咨达翻译团队已将发现的错误进行整理，并向欧盟官方进行了反馈。现已获得了欧盟出版局（Publications Office of the European Union）的确认，其中的10处已体现在2019年3月13日发布的"第一次勘误表"中，期待后续发布的勘误表！

对于医疗器械领域的专业翻译而言，要想实现专业准确的语言转化，除扎实的语言功底之外，还需要译者拥有对医疗器械行业各类产品知识的全面积累、对医疗器械行业法规深刻的理解以及严谨认真的翻译态度。奥咨达译文之所以能够做到专业，就是因为奥咨达翻译团队成员不仅拥有过硬的语言能力，而且拥有多年进口注册及海外注册经验，熟悉中外医疗器械法规，行业敏感度较高，由此才能准确地将行业术语进行国内或国外的本土化转换，为翻译的专业性奠定了良好的基础。除此之外，奥咨达译文的专业性还离不开奥咨达这个大平台所给予的技术支持。奥咨达拥有综合全面的医疗器械技术背景以及长期在医疗器械全生命周期中各个环节耕耘的专业人员，为翻译团队的专业性提供了坚实可靠的后盾。

在为中外客户提供翻译服务的过程中，奥咨达翻译团队以专精的翻译，让医疗器械同行得以有的放矢、窥探全球医疗器械法规监管的精要，合规快速准入、造福当地民众。目前奥咨达翻译团队已完成了中国GMP和ISO 13485:2016、欧盟MDR、欧盟IVDR、美国FDA QSR 820等五部中外医疗器械法规的翻译，并印制成便携式的《中外医械法规5连册》，方便医疗器械从业者随身携带、随时查阅。奥咨达致力于成为全球医疗器械法规的传播者，让更多高端优质的医疗器械进入中国，促进更多精良的中国制造走向世界。

第五章 医疗器械行业市场发展状况

2018年市场规模持续扩大，新技术在医疗器械行业的快速渗透，行业热点频现，多重因素推动医疗器械行业迅速发展。其中以我国为代表的新兴市场目前正处于集中度提升、高速增长、创新突破的成长初期，市场潜力巨大。

一、中国医疗器械行业市场发展状况

（一）总体发展概况

我国医疗器械行业增长迅速、市场需求旺盛，近年来由小到大，迅速发展，其市场规模连续多年保持高位增长，产品出口数量和科技含量日益提升。同时，在分级诊疗制度落地、鼓励国产器械发展，以及设立特别审批通道等诸多政策带动下，我国医疗器械产业规模快速增长，一批优秀的国产医疗器械企业不断壮大，在国内市场的份额逐年提升。市场销售规模由2006年的434亿元增长到2017年的5233.4亿元，年均增速15%～20%。据中国医药工业信息中心预测：2018年国内医疗器械市场规模将超过6000亿元，中国医疗器械行业正处于快速发展期。

图5-1 2018年中国医疗器械产业规模（亿元）

数据来源：住建部、前瞻产业研究院、奥咨达整理。

从区域发展状况来看,京津冀、长三角、珠三角三大产业集聚区优势明显,三大区域医疗器械总产值之和及销售额之和均占全国总量的80%以上。三大区域医疗器械的发展都与当地综合产业链优势和产业配套能力优势密切相关。长三角主要生产影像设备、医用耗材及一次性医疗器械产品;珠三角地区主要是以医用电子产品及部件为核心的产业群;环渤海湾则是以影像设备、医用电子、医用耗材、呼吸机等产品为主。据中国医疗科技网监测各省市区医疗器械市场需求、企业(总部)分布数量、医疗机构影响力、第三方服务的发展水平(展会、学术会议、咨询服务等)等4方面因素,对各省市区的医疗器械热度进行排名,前10名分别为:广东、上海、北京、江苏、山东、浙江、四川、河南、湖北、辽宁[1]。

(二)国内市场趋势简析

中国医疗器械行业尚处于大发展的起步阶段,新技术、新变革融合发展成业界常态。在这日新月异的时期,2018年度涌现的新趋势主要体现在以下方面。

1. 整体产业朝中高端、高附加值的方向发展

我国医疗器械产业经过多年的发展,已形成完善的工业基础,具备生产各类普通医疗器械产品的能力,但高性能医疗器械仍有待突破,70%以上的高端器械产品由外资公司所垄断。针对这种状况,国家已从多方面出台鼓励国产高性能器械发展的支持政策。产业升级换代、创新突破将是今后行业的发展趋势,这种趋势也将推动行业内生产企业加大研发投入,提升产品科技含量,使整个行业产品朝高技术含量、高附加值方向发展。

2. 两票制加速流通渠道变革

"两票制"早已在药品领域全面实施,2018年也逐步开始在器械领域的高值耗材试行。"两票制"试行后,将大大压缩中间流通环节,仅提供票据合规服务的过票公司将消失,而不具备物流和配送能力的小型代理商也将难以开展业务。大量的器械代理商同时也必须是配送商,承担着物流与市场推广的功能才能满足"两票制"要求。但目前器械经营企业呈现小而散、地域性强的特点,大部分企业无法提供大范围的物流配送服务,亟需寻找相应服务商补全服务链条。

因此"两票制"将重构医疗器械流通领域格局,器械代理商会呈现出抱团

---

[1]2017中国医疗器械热度图·省市区Top10[EB/OL].http://www.sohu.com/a/204150338_505926

发展的趋势，中小型经营企业急需完善物流配送体系，而拥有配送服务和市场推广能力的代理商将在行业变革中增强话语权，由此可衍生出庞大的第三方物流配送服务市场。

3. 新技术加速医疗水平和医疗器械迭代

近年来，基因诊断、人工智能、3D打印、医疗机器人等创新技术的应用为疾病的诊疗带来颠覆性革命。人工智能在影像领域的应用可弥补临床上缺乏足够的专业阅片医护人员的不足，并大幅提升准确度，有望迅速在临床上广泛应用。3D打印技术近几年已经应用于骨科和齿科器材类的医疗器械打印，其他医疗应用领域也在日益扩大。手术机器人、康复机器人等医疗机器人也逐渐投入使用。NGS、基因编辑、DNA捕获、生物信息等技术不断成熟，并投入临床使用。伴随着技术进步，我国不断采用高新技术，使医疗器械在灵敏度、适用性、早期诊断、微量分析、诊断治疗的特异性和有效性等方面得到大大提高，这势必加速医疗水平和医疗器械的迭代，带动新的医疗器械市场需求。

二、全球医疗器械行业市场发展状况

（一）市场发展概况

全球知名医疗市场信息数据咨询公司Evaluate对全球医疗器械市场进行了回顾分析与展望。2017年，全球医疗器械市场规模为4281亿美元，预计到2023年，全球医疗器械市场规模将达到5607亿美元，2016—2022年复合增长率为5.1%。与药物市场相比，2017年全球处方药市场规模为7770亿美元，到2022年，将达到1.043万亿美元，复合增长5.2%。预计2022年，全球器械市场规模约为药物市场的一半，但两个市场的增速相当[1]。

---

[1] 乔继英. 2017—2022年全球医疗器械市场规模及机会展望［EB/OL］http://med.sina.com/article_detail_103_2_37595.html

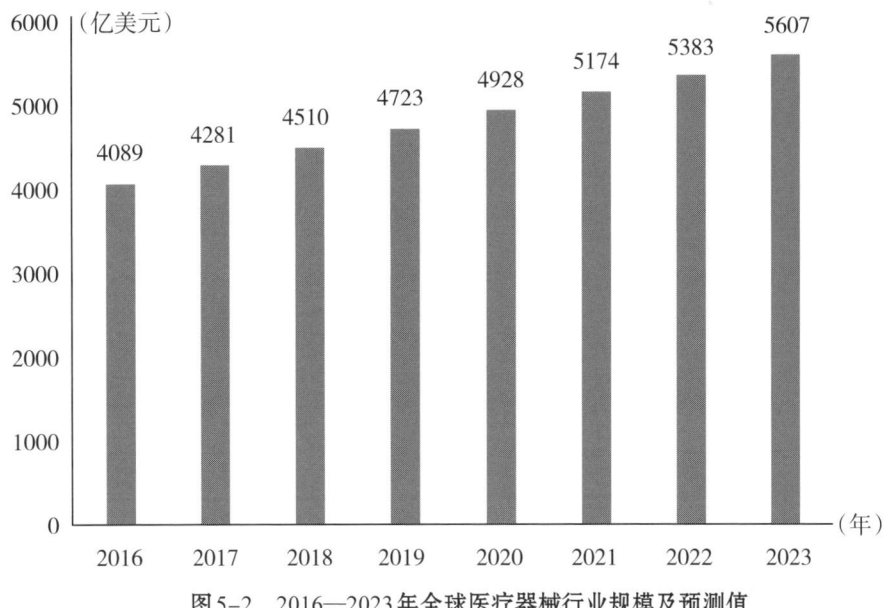

图5-2 2016—2023年全球医疗器械行业规模及预测值

数据来源：Evaluate，奥咨达整理。

（二）细分市场及领先企业

具体到细分领域，体外诊断市场规模依然占据榜首位置，Evaluate预测2024年整体销售额将达到796亿美元，占医疗器械总市场的13.4%份额；神经学将成为增长最快的设备领域，将保持年均9.1%的增长，2024年销售额将达到158亿美元；诊断影像以及整形外科领域是增长最慢的，复合年均增长率约为3.7%。

在知名医疗器械公司方面，每年跟踪发布全球医疗器械公司TOP100榜单的Medical Design & Outsourcing公布了2018年新榜。目前全球十大医疗器械企业主要来自美国、德国和荷兰，其中美国占据7个席位，整体实力遥遥领先。具体来看，同比年增长最快的是汉瑞祥、康德乐、费森尤斯三家企业。中国在步入中等收入国家行列后，对医疗器械产品的需求正在逐年扩大，本土医疗器械产业处于快速发展期，但现阶段在企业创新能力、产业配套能力、产品附加值等方面仍难以达到世界先进水平。

表5-1 2018年世界医疗器械企业前10强

2018年排名	2017年排名	公司	所在国	财政年度结束日期	2017年收入（亿美元）
1	1	美敦力	美国	2018/4/27	299.53
2	2	强生	美国	2017/12/31	265.92
3	5	费森尤斯医疗	德国	2017/12/31	200.96
4	3	飞利浦	荷兰	2017/12/31	200.91
5	4	GE医疗	美国	2017/12/31	191.16
6	7	康德乐	美国	2018/6/30	160.00
7	6	西门子医疗	德国	2017/9/30	155.82
8	8	丹纳赫	美国	2017/12/31	143.61
9	N/A	汉瑞祥	美国	2017/12/30	124.62
10	9	史赛克	美国	2017/12/31	124.44

来源：Medical Design&Outsourcing，奥咨达整理。

三、年度热点行业事件简述

（一）国务院机构改革对行业的影响

由原国家食品药品监督管理总局、工商总局、质检总局合并组建成立国家市场监督管理总局，充分考虑了药品监管的特殊性，单独组建国家药品监督管理局，由国家市场监督管理总局管理，有利于专业化管理，加快优胜劣汰，推动医药产业高质量发展；这些都有利于整体促进和提升我国市场监管的统筹性和综合执法能力，将极大提高监管效率。

国家市场监督管理总局局长在接受记者采访时表示，在大市场监管时期，市场监管部门将立足统一协调的执法体制、规则和程序，顺应百姓消费水平提升、消费结构升级趋势，建立从生产、流通到消费全过程的商品质量监管机制，为群众创造安全放心的消费环境。

市场监管实行分级管理，药品监管机构只设到省一级，有利于药监局集中精力监管研发和生产，筑牢市场准入这道门；流通领域由市县市场监督管理局职能部门监管，有利于提高监管的效率效能。而这些正向传导效应将逐渐发挥，监管架构的改变对产业的影响将在2019年得到充分的展现。

（二）海南博鳌试点改革

2018年是中国改革开放40周年，也是海南建省办经济特区30周年，故在2018年度海南省改革红利频发。2018年4月8日国务院印发《国务院关于在海南博鳌乐城国际医疗旅游先行区暂停实施〈医疗器械监督管理条例〉有关规定的决定》（国发〔2018〕10号），其中提出海南博鳌乐城国际医疗旅游先行区暂停实施《医疗器械监督管理条例》第十一条第二款的规定，对先行区内医疗机构临床急需且在我国尚无同品种产品获准注册的医疗器械，由海南省人民政府实施进口批准，在指定医疗机构使用。此次试点改革在先行区域内将临床急需且在国内尚无同品种产品获准注册的医疗器械的审批权限，由国家药品监督管理局下放到了海南省人民政府相关监管机构。

从临床急需且国内尚无的进口医疗器械作为试点切入改革，一方面有利于缓解人民群众日益增长的临床诊疗需求，另一方面有利于国内医疗器械厂商借鉴模仿学习，快速跟进国外先进技术以及产品二次开发。海南博鳌乐城改革试点或将是政府及监管部门将大力鼓励医疗器械行业发展的信号。

中共海南省委办公厅、海南省人民政府办公厅印发的《关于深化审评审批制度改革鼓励药品医疗器械创新的实施意见》，提出多项政策改革措施，其中包括研究学习药品上市许可持有人制度的政策措施和试点省市的经验做法，做好实施上市许可持有人制度的准备。在可以预见的将来，医疗器械上市许可持有人制度也将拓展到海南省。

（三）问题疫苗事件带来的监管思考

因长春长生车间老员工实名举报，2018年7月5日，国家药品监督管理局会同吉林省药监局对长春长生进行飞行检查。7月15日，国家药品监督管理局通告称，长春长生生物科技有限责任公司（长春长生）生产的狂犬病疫苗被发现存在编造生产记录和产品检验记录，随意变更工艺参数和设备，已被责令停产，并收回GMP证书（生产质量管理规范证书）。长春长生编造生产记录和产品检验记录，随意变更工艺参数和设备。上述行为严重违反了《中华人民共和国药品管理法》《药品生产质量管理规范》有关规定，国家药品监督管理局和吉林省食品药品监督管理局分别对长春长生作出多项行政处罚，包括撤销其狂犬病疫苗药品批准证明文件、罚款共计91亿元、对涉案的相关责任人员作出依法不得从事药品生产经营活动的行政处罚。涉嫌犯罪的，由司法机关依法追究刑事责任。

同时，国家药监局已部署全国疫苗生产企业进行自查，确保企业按批准的工艺组织生产，严格遵守GMP生产规范，所有生产检验过程数据要真实、完整、可靠，可以追溯。国家药监局将组织对所有疫苗生产企业进行飞行检查，对违反法律法规规定的行为要严肃查处。此外，深圳交易所在年内发布了关于上市公司重大违法强制退市的新规，在重大违法强制退市实施办法发布的同时，深交所启动对长春长生的重大违法强制退市机制。

从此次"问题疫苗事件"可以透射出，健全完善疫苗管理体制的迫切性。国家局将开展对疫苗生产企业进行全品种、全流程、全链条彻查，对血液制品等高风险产品实施全覆盖监督检查。进一步地，国家局已于2018年12月23日首次提请全国人大审议《疫苗管理法（草案）》。疫苗管理单独立法，有利于进一步提高疫苗管理措施的权威性和稳定性。

近年来，随着新的医疗器械监管条例的实施及配套管理办法的修订实施，医疗器械的监管从传统的重审批轻监管逐步向轻审批重监管转变，医疗器械供应及使用者将成为医疗器械质量责任方，基于产品生命周期风险管理已经逐渐成为医疗器械产业健康发展的新动力。医疗器械相关机构应确保在生产、经营或使用过程中符合最新《医疗器械监督管理条例》及质量管理规范要求，确保医疗器械产品质量安全，促进医疗器械产业健康发展，合规创造社会价值。

（四）贸易摩擦对我国医疗器械产业发展的影响

2018年4月4日，美国贸易代表办公室（USTR）依据"301调查"结果公布了拟加征关税的中国商品清单，并建议对清单上的中国产品征收额外25%的关税，由此挑起了中美贸易摩擦。在美国拟对中国产品加收关税的清单中，医疗器械产品涉及普通医用耗材、中低端医疗设备和高性能医疗器械产品。

近年来，我国对美国的医疗器械产品出口额持续增长，但出口的医疗器械产品仍以中低端产品及低值耗材为主。根据美国FDA官方披露的历年510(k)（中低风险医疗器械上市途径）申报数量国家排名，中国仅次于与美国排于第二位。由于成本限制，美国很少生产中低端医疗器械，但这些产品又是美国国民日常生活与健康保证所必需，不会因贸易战而减少进口，而中国高端医疗器械极少出口到美国，因此，截至2018年底贸易摩擦对医疗器械企业的影响较少。

从长远来看，贸易摩擦主要目标在于限制中国高端医疗设备的发展。随着我国高端产品研发技术水平的提高，以及产品质量的持续改进，部分国产高端器械产品已开始或完成进口替代。但总体而言，我国高端医疗器械产品对外国进口的依赖程度仍然很高，若贸易摩擦进一步恶化，中国医疗器械行业仍可以通过市场与价格的优势扩大海外市场，特别是"一带一路"相关国家。

与此同时，贸易摩擦也在倒逼国内医疗器械产业升级。在出口限制方面，如果涉及到关键的部件可能对有些企业是毁灭性的打击。比如美国对中兴通讯公司采取芯片限制出口措施后，该公司很快进入停摆阶段。但我们也可以欣喜地发现，华为公司拥有目前世界上最顶尖的5G通信技术。不管美国如何阻挠，英国电信表示"目前市场上能够提供成熟稳定5G解决方案的，只有华为一家"，这是国际上对华为作出的最高评价。而意大利、摩洛哥、俄罗斯等多个国家则以实际行动支持在本土地区建设5G设备以及基站。由此可见，企业只有加大研发投入，增加对关键核心技术的把控，方可在未来的国际竞争中谋得一席之地。此外，政府部门可通过扶持政策帮助国内医疗器械产业升级。

（五）中国国际进口博览会促进产业发展

2018年11月5日至10日，首届中国国际进口博览会将在国家会展中心（上海）举办。中国国际进口博览会（以下简称：进博会）是世界上第一个以进口为主题的国家级博览会，在国际贸易发展史上是一大创举。作为中国政府重点打造的国际合作平台，目的在于维护和发展开放型世界经济，创造有利于发展的全球化环境，推动构建公正、合理、透明的国际经贸投资规则体系，促进生产要素有序流动、资源高效配置、市场深度融合，因而成为解决全球化问题的中国方案。进博会设有医疗器械及医药保健展区，展品包括医疗器械、药品、健康及保健品、传统医学产品、医美产品、养老与康复、制药机械与设备等。

1. 加快进口贸易有助于增加优质生产要素有效供给，激发产业创新活力

促进医疗器械进口贸易对于市场竞争、要素供给、消费结构调整、技术进步、制度创新、产业发展均发挥着重要作用。一方面，扩大医疗器械生产型中间品及部分高科技最终品的进口，有助于增加国内优质生产要素的有效供给，促进生产要素从引进、培育到释放的战略提升，为国内产业转型注入更多竞争，并从技术溢出效应中获益；有助于激发国内产业经济发展和制度创新的活

力,逐步推动制造业和服务业跨入全球价值链的中高端。另一方面,扩大消费品进口有利于增强国内经济发展活力、增强百姓获得感和幸福感,有助于缓解看病难、看病贵的问题。

2. 医疗器械上市许可持有人制度可为进口产品本土转化提供新契机

外资医疗器械企业的研发能力普遍比较强,也更专注于研发,更倾向于和习惯于将生产环节外包。以往外资医疗器械公司若在国内没有独立的生产工厂,其产品进入国内往往颇费周折。例如上海捷普科技为美敦力代工一款耳鼻喉科手术器械,该产品以往采取的模式是:产品拆成散件出口到新加坡,再重新组装,以进口方式销回国内。正在上海、天津和广东试点的医疗器械注册人制度为其提供了新方案,像美敦力这样的外资企业无须再将产品远渡重洋,也无须重资投入在中国本土自建工厂,可通过上市许可持有人制度与本土CDMO企业合作(如医疗器械第三方产业服务平台奥咨达)。这种模式不仅使产品生产链缩短了,生产物流成本降低了,产品上市时间也大大提前。并且,在中国上市的产品,将是以"国产"而非"进口"产品的面貌出现。注册人制度为美敦力等开启了进口产品本土转化的新模式,相信未来将带动一批高端进口产品落地,同时可以加速产业分工协作,形成新的产业合作模式。

四、行业需求解析

(一)ISO 13485质量体系认证,助力医疗器械行业的高质量发展

医疗器械是一种特殊的商品,实施医疗器械质量认证,是作为从源头提高产品的安全性和有效性的一项重要举措,已成为当前世界各国实现医疗器械产品经济贸易需求所必备的技术评价手段。随着全球经济一体化的发展进程,许多企业已充分认识到,不能再以商品价格作为衡量市场竞争能力的唯一砝码,而是必须通过追求社会所公认的产品质量和服务水准才能在竞争中稳操胜券。ISO 13485标准目前已被世界上大多数国家所采用,通过ISO 13485质量体系认证已成为医疗器械制造商对生产经营、质量管理、市场营销等产品实现全过程活动中进行有效控制和提高市场竞争能力的必要手段。

1. 新版ISO 13485与旧版的差异

新版ISO 13485标准于2016年3月1日起实施,并已等同转换为我国医药

行业标准YY/T 0287—2017。新版标准与旧版标准相比较，虽然继续采用以过程为基础的质量管理体系模式和结构，但在理念、方法、要求和内容上发生了很大的变化。新版标准适用性更广，应用范围更大，适用医疗器械生命周期各阶段的责任主体，也可应用于医疗器械组织的供方和其他外部方；新版标准和法规要求兼容性更强，从标准的指导思想到质量管理体系的各个过程和活动，都突出贯彻法规要求的重要性和必要性，明确提出了把法规要求融入质量管理体系的三项规则的总要求和一系列相关的具体要求，以确保适用的法规要求全面融入质量管理体系。新版标准的动态要求更高，强调组织内外环境及其变化对质量管理体系起到决定性的影响。新版标准还在过程管理、风险管理、形成文件等方面规定了许多新的要求，突出了医疗器械的专业特点，强调过程控制和改进，更加关注输出和预期结果。

2. ISO 13485标准的结构

ISO 13485质量体系标准以ISO 9001标准为基础，在结构上与2008版ISO 9001标准保持一致，是由国际标准化组织ISO/TC 210（医疗器械质量管理和通用要求技术委员会）发布的一个独立标准。该标准在成功总结了医疗器械制造商的经验、依据科学管理理论和七项管理原则的基础上制定的。ISO 13485标准专业性较强，适用于不同类型、不同规模和提供不同产品的医疗器械组织，与ISO 9001标准相比，更加具体地提出了相关的专业要求和必须遵循的法规要求，删减了ISO 9001标准中与医疗器械法律法规相抵触的内容，并在标准条款中提到国家和地区的法规要求，明确了必须遵循的法规内容。按照ISO 13485标准建立质量管理体系，对于提高组织的管理水平，促进产品质量的不断提升，提高企业的竞争能力都有着十分重要的积极作用。

3. 实施ISO 13485标准的意义

随着国内医疗器械产业的发展，人民生活水平的提高，对医疗器械的需求将会持续上升，发展前景良好，贯彻ISO 13485标准必将对保障医疗器械产品的安全有效、促进医疗器械企业和中国医疗器械产业发展有着十分重要的意义。

● 实施ISO 13485标准有利于实现产品质量的稳定和提高，促进组织持续改进产品和过程，保护消费者利益；有利于企业将自身的过程与标准相结合，以得到期望的结果。

● ISO 13485标准强调了"过程方法"，满足适用于医疗器械相关的法律法规要求,是ISO 13485标准的核心指导思想。通过实施ISO 13485标准,建立对产品实现全过程的质量控制体系,以确保达不到法规要求的产品不得进入市场。

● 贯彻实施ISO 13485标准,为国际经济技术合作提供了通用的共同语言和准则,对促进全球医疗器械交流和贸易的发展有着十分重要的作用和深远的意义。

● ISO 13485标准为组织的持续改进提供了一条有效途径,标准提出了风险管理的要求,在产品实现的全过程中降低医疗器械制造商和使用者的风险,是确保医疗器械安全有效的首要条件。

4. 质量管理体系的建立

按照ISO 13485标准的要求,建立医疗器械组织的质量管理体系,识别顾客需求,规定质量管理体系所必需的全部过程,由组织的最高管理者来推动,加以实施和保持,并通过监视测量和分析,实施必要的纠正和预防措施,持续改进,以确保质量管理体系的适宜性、充分性和有效性。ISO 13485标准对医疗器械组织的质量管理体系模式,提出了由"管理职责,资源管理,产品实现,测量、分析和改进"四大过程组成。

5. 国内医疗器械企业质量体系运行概况

(1) 质量认证为医疗器械行业发展带来了较大的推动

我国医疗器械企业实施质量认证工作起源于1995年"中国医疗器械质量认证中心"成立之时,至目前已走过了20多个年头,现已完成了数千余家企业的质量体系认证和产品认证工作。根据许多认证企业信息反馈调查,通过质量认证的企业普遍反映其生产管理、产品质量以及经济效益等方面都有了较大的提升:

一是企业管理水平不断提升,ISO 13485标准要求建立的质量管理体系,需覆盖产品实现的全过程。

二是产品质量显著提高,某医疗器械企业通过质量体系认证,建立了较为完善的生产质量保证体系,对原辅材料采购、生产过程、产品检测、环境监控、市场营销等环节,实施动态管理、全过程监控,真正把各项质量控制和关键技术措施落到实处,实现了产品质量的可追溯性。

三是市场营销得到了稳步增长,企业通过质量体系认证,推动了各项工作的较好发展,不但为公司在产品实现的全过程提供了有效的控制要求,同时也为企业带来了较大的经济效益。

四是构建了和谐的内部环境,既提高了思想观念和认识,又增强了企业内部的凝聚力,推动了企业文化、企业团队的建设,为企业发展构建了良好的内部环境。

五是提高了企业的社会效益,在目前的医疗器械政府采购招标过程中,提出了投标企业要通过质量认证这一相应的评分条款。既取得了经济效益,又取得了社会效益。

(2)当前质量体系运行中存在的问题

目前国内的医疗器械生产企业基本上集中在北京、上海、江苏、浙江及广东等经济发达区域。已通过质量体系认证的企业约为2000多家,占10%以上。纵观目前我国医疗器械行业的状况:因经济区域不同、产品类型和产品结构不同,导致企业发展现状也存在很大的差异,特别是相当一部分医疗器械生产企业的质量管理水平、生产资源条件、员工综合素质等方面都存在着一定的问题。

随着医疗器械产业的发展,未来10年,仍将是我国医疗器械发展的黄金时期。医疗器械行业的增长速度仍将保持在10%~15%,将远高于药品行业的增速,更高于同期GDP增速。同时监管部门将更加注重上市后的监管工作,如不良事件的监测、报告、召回、抽验、在用医疗器械监管等将得到加强。将进一步强调和落实医疗器械生产企业第一责任人的主体责任,对医疗器械生产企业的日常监督检查、飞行检查、产品抽验的力度也将进一步加大!

为适应医疗器械行业的高速发展,医疗器械质量认证已成为国际上实施产品安全和行政监管的有效手段。医疗器械企业发展的唯一出路在于"抓管理、练内功、争市场、创效益",要不断地提高思想意识,树立实施ISO 13485质量体系认证的信心,提高企业综合能力,以确保企业能够在激烈的市场竞争中得到健康和稳步的发展!建立质量管理体系,实施ISO 13485质量体系认证就是一条行之有效的途径,助力医疗器械行业的高质量发展!

(二)国内医疗器械相关专业人才培养现状浅析

随着经济的发展、人口的增长、社会老龄化程度的提高,以及人们保健意识的不断增强,全球医疗器械市场需求持续快速增长,医疗器械行业成为当今世界发展最快的行业之一。2015年10月,国家工信部发布的《〈中国制造

2025）重点领域技术路线图（2015年版）》指出，到2020年医疗器械产业规模达6000亿元，到2025年达1.2万亿元；2020年县级医院国产中高端医疗器械占有率达50%，到2025年达70%；2020年国产核心部件国内市场占有率达60%，到2025年达80%。相关政策的出台为国内医疗设备制造商提供了良好的发展环境，我国医疗器械产业进入了前所未有的重要发展阶段。我国医疗器械产业发展，一方面要大力发展先进医疗器械关键核心技术，另一方面还需要大量医疗器械专业人才的支持，这样才能不断加强产品研发，不断提高生产技术和服务水平，提升产品质量，全方位提升企业竞争力。那么，我国医疗器械相关专业人才的培养现状如何？是否能够支撑医疗器械产业的发展？以下将对这些问题进行分析解读。

按照教育部普通高等教育和高等职业教育专业目录，在医疗器械相关专业方面，我国在本科层次开设了生物医学工程专业，在专科层次开设了医疗器械维护与管理、医疗器械经营与管理、医疗设备应用技术和精密医疗器械技术等专业。根据中国教育在线（http://www.eol.cn/）网站公开信息统计，目前中国开设生物医学工程专业的本科院校有97所，分布在全国26个省和直辖市，2018年招生数为6691人；开设专科医疗器械相关专业的高职高专院校有47所，分布在全国21个省和直辖市，2018年招生数为3125人。

据2017年国家局数据，全国有医疗器械生产企业1.8万余家，有医疗器械经营企业47万余家，企业数量众多，行业蓬勃发展，人才需求旺盛。全国生物医学本科和医疗器械专科人才每年共计招生9816人，与国内医疗器械企业每年至少十万以上的人才需求相比，可谓杯水车薪，缺口巨大。

综上所述，我国医疗器械产业面对医疗保健市场的刚需，已进入发展快车道，更重要的是在国家支持国产医疗器械产业政策的扶持下，正步入取代进口设备、面对国际竞争的转型升级的关键阶段，急需大量研发、生产、管理、服务、销售等高端人才和高素质技能型人才。然而，我国医疗器械相关专业人才的培养现状不容乐观，远远满足不了行业的人才需求。

《国务院办公厅关于深化产教融合的若干意见》（国办发〔2017〕95号）明确指出，"要深化职业教育、高等教育等改革，发挥企业重要主体作用，促进人才培养供给侧和产业需求侧结构要素全方位融合，培养大批高素质创新人才和技术技能人才，为加快建设实体经济、科技创新、现代金融、人力资源协同发展的产业体系，增强产业核心竞争力，汇聚发展新动能提供有力支撑"。各省教育主管部门，尤其是医疗器械产业发展较好的省份的教育主管部门和有关院校，应当迎难而上，进一步做好产业调研，不断优化教育结构，对接产业设专业，联合相关产业主管部门，出台有力的人才培养扶持政策，优先发展医疗器械相关专业，扩大医疗器械相关专业的招生规模，大力开展产教融合，不断提高人才培养质量，为我国医疗器械产业的快速发展提供有力的人才与智力支持。

因应社会需求，奥咨达集团设立高级研修中心，致力于为我国乃至全球医疗器械行业培养合格的从事医疗器械法规事务相关工作的技术及管理人才。奥咨达高级研修中心拥有高素质的师资队伍，以及强大的医疗器械法规事务教育平台，可从人员、企业两方面提供培训计划，同时提供定制式培训，帮助企业提高竞争力，为产品安全保驾护航。

（三）医疗器械第三方生物学评价机构

1. 监管情况

（1）国内监管要求

国家局早在2007年6月15日就发布了《关于印发医疗器械生物学评价和审查指南的通知》（国食药监械〔2007〕345号文）。要求经过培训并在医疗器械生物学评价方面具有长期实践经验的评价者按照（GB/T 16886）（ISO 10993）《医疗器械生物学评价》系列标准评价医疗器械，并在以下情况时进行重新评价：

- 制造产品所用材料来源或技术条件改变时；
- 产品配方、工艺、初级包装或灭菌改变时；
- 贮存期内最终产品发生变化时；
- 产品用途改变时；
- 有迹象表明产品用于人体会产生不良反应时。

（2）欧盟监管要求

欧盟为了加强对医疗器械的监管，于2017年4月5日正式签发了医疗器械第2017/745号法规（简称MDR）和体外诊断医疗器械第2017/746号法规（简称IVDR），前者将取代现行的有源植入性医疗器械指令（AIMD，EC-Directives90/385/EEC）和医疗器械指令（MDD，EC-Directives 93/42/EEC），后者将取代现行的体外诊断医疗器械指令（IVDD，EC-Directives 98/79/EEC）。

2017年5月5日欧盟官方期刊（Official Journal of the European Union）正式发布上述两个法规，并于2017年5月25日正式生效。

MDR在附录一"一般性能及安全要求（General safety and performance requirements）"的第二章条款（10）中，就器械化学、物理及生物学提出明确要求。除满足第一章的一般要求外，还需特别注意：

- 器械所用材料及物质的毒理学特性，如果相关还有阻燃性；
- 器械所用材料及物质与生物组织、细胞和体液的兼容性，考虑预期用途，如果相关还有其吸收、分布、代谢及排泄；
- 植入部分若包含不止一种材料，不同材料间的相容性；
- 加工对材料特性的影响；
- 如果需要，事先证实生物物理或模型研究结果的有效性；
- 所使用材料的机械性能，在适当的情况下能反映强度、延展性、抗断裂、耐磨、耐疲劳等因素；
- 表面特性；
- 确认器械符合任何规定的化学和（或）物理要求。

MDR虽然没有提到ISO 10993系列标准，但对材料的毒理性、与组织的兼容性、代谢、表面特性、化学和（或）物理要求都参照ISO 10993系列标准来衡量，所以欧盟标准化委员会（European committee for standardization）等同转化了ISO 10993系列标准，发布了EN ISO 10993系列标准。

（3）美国监管要求

美国FDA是全球历史最悠久的公众健康保护机构，也是美国政府在健康与人类服务部（DHHS）下属的公共卫生部（PHS）中设立的执行机构之一。其主要负责监管食品、药品、医疗器械、放射性产品、疫苗、血液和生物制剂、兽医、化妆品和烟草产品。

在FDA 510(K)申请文件清单和要求内明确：需提供灭菌、生物相容性、失效日期等信息（如果适用）。并且官方发布使用ISO 10993-1评价与试验的指南，用于指导工业及食品药品监督局工作人员。该指南也成为专业评价人员按照FDA要求对医疗器械进行生物学评价的工具书及准则。

（4）监管要求对比

将中国、欧盟及美国的医疗器械生物学评价的监管进行对比，并整理如表5-2所示。

表 5-2 不同地区监管情况对比

	中国	欧盟	美国
监管部门	国家市场监督管理总局	政府监管下的公告机构	FDA
参考标准	GB/T 16886系列	ISO 10993系列，EN ISO10993系列	ISO 10993系列，FDA发布的指南
发布单位	中国国家标准化管理委员会	ISO，CEN/CENELEC	ISO，FDA
相互关系	等同转化ISO，具体见表5-3	等同转化ISO，具体见表5-3	ISO+指南

注：美国食品药品监督管理局，英文简写FDA；国际标准化组织，ISO；欧洲标准化委员会，CEN；欧洲电工标准化委员会，CENELEC；共同的欧洲标准化组织，CEN/CENELEC。

2. 发展现状

（1）生物学评价内容

ISO 10993医疗器械生物学评价是各地区监管的基础，具体可以分为指导标准、方法标准两大类。其中第一部分既是指导标准也是整个10993系列的框架，明确全套标准是在风险管理的基础上评价医疗器械的风险及受益；其他指导标准确定某一类试验的思路和方向，但不提供具体方法，一共有6个；方法标准则直接阐明某试验或某环节具体方法，也是最多的，一共13个。具体见表5-3。

（2）执行标准版本的差异

为了更好地说明不同地区生物学评价的发展状况，不妨把几个地区执行的标准版本比较一下，见表5-3，*代表执行版本有差异，EN ISO 10993的信息摘自欧盟公报（2017-11-17）。

（3）生物学评价试验选择的差异

表5-4生物学效应出自FDA指南的附录A，其实是FDA在ISO 10993-1：2009版附录A给出的生物学评价试验表格基础上做了修改，该版本本来的目的是阐明区别于ISO的要求，但由于ISO 10993-1在2018年8月进行了更新，不妨把这些要求看作是GB/T 16886.1现行版本与美国FDA的要求差别。

表5-3 ISO 10993系列标准内容、分类及各地区执行版本差异

标准编号	标准名称	类别	现行ISO 10993版本	FDA认可的ISO版本	现行GB/T 16886/对应的ISO版本	现行EN ISO 10993/对应的ISO版本
1	风险管理过程中的评价与试验	框架、指导标准	2018	2009*	2011/2009*	2009/2009
2	动物福利要求	生物试验指导标准	2006	2006	2011/2006	/
3	遗传毒性、致癌性和生殖毒性试验	生物试验方法标准	2014	2014	2008/2003*	2014/2014
4	与血液相互作用试验选择	生物试验方法标准	2017	2017	2003/2002*	2009/2002、amd2016*
5	体外细胞毒性试验	生物试验方法标准	2009	2009	2017/2009	2009/2009
6	植入后局部反应试验	生物试验方法标准	2016	2016	2015/2007*	2009/2007*
7	环氧乙烷灭菌残留量	化学试验方法标准	2008	2008	2015/2008	2008/2008
8	潜在降解产物的定性和定量框架	化学试验指导标准	2009	2009	2017/2009	2009/2009
10	刺激与迟发型超敏反应试验	生物试验方法标准	2010	2010	2017/2010	/
11	全身毒性试验	生物试验方法标准	2017（FDA未更新2006版）	2006*	2011/2006*	2009/2006*
12	样品制备与参照样品	样品制备方法标准	2012	2012	2017/2012	2012/2012
13	聚合物医疗器械的降解产物的定性与定量	化学试验方法标准	2010	2010	2017/2010	2010/2010
14	陶瓷降解产物的定性与定量	化学试验方法标准	2001	2001	2003/2001	/
15	金属与合金降解产物的定性与定量	化学试验方法标准	2000（FDA暂未认可）	暂未认可	2003/2000	/
16	降解产物与可沥滤物毒代动力学研究设计	生物试验指导标准	2010	2010	2013/2010	2010/2010
17	可沥滤物允许限量的建立	化学试验指导标准	2002	2002	2005/2002	2009/2002
18	材料化学表征	化学试验指导标准	2005（FDA暂未认可）	暂未认可	2011/2005	2009/2005
19	材料物理化学、形态学和表面特性表征	物理试验指导标准	2006	2006	2011/2006	/
20	医疗器械免疫毒理学试验原则和方法	生物试验方法标准	2006	2006	2015/2006	/
21	遗传毒性试验指南—第三部分的补充	生物试验方法标准	2015	2015	无对应国标	/

*表示执行版本差异。

表5-4 生物学效应（需要考虑的生物学评价终点）

医疗器械分类		接触时长	细胞毒性	致敏	刺激或皮内	急性毒性	材料介导的热原	亚急性或亚慢	遗传毒性	植入	血液相容性	慢性毒性	致癌性	生殖毒性	降解
表面接触器械	完整皮肤	A(≤24h)	X	X	X										
		B(>24 to 30d)	X	X	X										
		C(>30d)	X	X	X										
	黏膜	A	X	X	X										
		B	X	X	X	O	O	O			O				
		C	X	X	X	O	O	X			O		O		
	破损皮肤	A	X	X	X	O	O	O							
		B	X	X	X	O	O	O			O				
		C	X	X	X	O	O	X			O		O		
外部接入器械	血路间接	A	X	X	X	O	O	O				X			
		B	X	X	X	X	O	X				X			
		C	X	X	O	X	O	X				X	O		
	组织+骨/牙	A	X	X	X	X	O	X		X					
		B	X	X	X	X	O	X	X	X			O		
		C	X	X	X	X	O	X	X	X			O	O	
	循环血液	A	X	X	X	X	O	O		O^		X			
		B	X	X	X	X	O	X	X	X	X	X	O		
		C	X	X	X	X	O	X	X	X	X	X	O	O	
植入器械	组织/骨	A	X	X	X	X	O	X	X	X					
		B	X	X	X	X	O	X	X	X	X		O		
		C	X	X	X	X	O	X	X	X	X		O	O	
	血液	A	X	X	X	X	O	X	X	X	X		O		
		B	X	X	X	X	O	X	X	X	X		O		
		C	X	X	X	X	O	X	X	X	X		O	O	

来源：FDA指南附录A。

表5-5 生物学效应（需要考虑的生物学评价终点）

医疗器械分类		接触时长	物理和/或化学信息	细胞毒性	致敏	刺激或皮内	材料介导热原	急性毒性	亚急	亚慢	慢性毒性	植入	血液相容性	遗传毒性	致癌性	生殖毒性	降解
表面接触器械	完整皮肤	A(≤24h)	X	E	E	E											
		B(>24 to 30d)	X	E	E	E											
		C(>30d)	X	E	E	E											
	黏膜	A	X	E	E	E											
		B	X	E	E	E	E	E	E								
		C	X	E	E	E	E	E		E				E			
	破损皮肤	A	X	E	E	E	E	E									
		B	X	E	E	E	E	E	E								
		C	X	E	E	E	E	E		E	E			E			
外部接入器械	血路间接	A	X	E	E	E	E	E					E				
		B	X	E	E	E	E	E	E				E	E			
		C	X	E	E	E	E	E		E	E		E	E	E		
	组织+/骨/牙	A	X	E	E	E	E	E									
		B	X	E	E	E	E	E	E			E		E			
		C	X	E	E	E	E	E		E	E	E		E	E		
	循环血液	A	X	E	E	E	E	E				E	E	E[^]			
		B	X	E	E	E	E	E	E			E	E	E	E		
		C	X	E	E	E	E	E		E	E	E	E	E	E		
植入器械	组织/骨	A	X	E	E	E	E	E				E					
		B	X	E	E	E	E	E	E			E		E			
		C	X	E	E	E	E	E		E	E	E		E	E		
	血液	A	X	E	E	E	E	E				E	E	E			
		B	X	E	E	E	E	E	E			E	E	E	E		
		C	X	E	E	E	E	E		E	E	E	E	E	E		

[^]表示适用于所有体外循环的器械。

来源：ISO 10993-1：2018。

表5-5是最新发布的ISO 10993-1:2018版的生物学评价终点选择及要求,与FDA指南要求基本一致。

3. 目前存在的问题

（1）一次检验不能同时满足不同地区监管的要求

对企业来说,如果能一次检验满足不同地区监管的要求,那是最经济的了。但现阶段往往做不到,主要原因如下：第一,各地区标准版本不统一,要求有差异；第二,市场未真正放开,指定实验室的情况时有发生；第三,部分检验机构出具的报告过于简单,不能满足欧盟及FDA的要求。

（2）对生物学评价理解不充分

虽然ISO 10993系列主导在风险管理的指导下评价医疗器械的安全性,必要时才补充试验,但生物学评价的现状基本上还是开展生物试验为主。分析其原因,是目前大家对生物学评价理解有三大误区。

误区一：生物学评价做些试验就可以了。

这样的理解直接导致忽视平时的信息收集、分析并采取相应的风险控制措施。其实,生物学评价试验只是整个评价报告的最后一部分。

误区二：所有要求的生物学评价试验通过才能临床应用。

这是不对的。比如ISO 10993-5:2009条款10最后一段明确：关注任何细胞毒性结果,但该结果仅代表有潜在体内细胞毒性,不能作为判断产品不能临床使用的唯一依据。ISO 4074:2014条款6明确：许多乳胶制品包括避孕套和医用手套,在以ISO 10993-5为依据的测试中即使表现出积极的细胞毒性反应也应被视为具有安全性。

误区三：生物学评价试验都是生物试验。

这也是不对的。其实生物学评价试验还包括化学试验和物理试验以及遗传、致癌、生殖发育毒性等试验,同时需考虑成品的表面特性。

4. 解决办法

生物学评价的现状其实是目前第三方检验的一个缩影,问题解决有个循序渐进的过程,笔者认为可以从以下方面着手：①加大市场开放力度；②加快标准转化速度；③加快对等同标准的认可；④主动积累并合理使用已有信息；⑤关注化学表征和物理表征信息；⑥科学安排生物学评价试验。

5. 发展趋势

综上所述，生物学评价除了可以帮助豁免不必要的试验，还可以在试验结果不理想的情况下通过风险受益分析证明是否可以临床使用。医疗器械生态圈的健康发展离不开每个环节专业高效地运转，未来生物学评价的趋势应该是：制造商从设计开发起到产品售后都关注生物学评价相关资料的积累，已有的资料委托第三方评价机构整理撰写生物学评价报告，必要时委托第三方检验机构开展生物相容试验；监管机构不能仅仅以试验报告结论为依据，更应该重视以风险管理为基础的全面的生物学评价，关注器械的风险/受益比，综合判断器械的安全性。

6. 合适的评价机构可使医疗器械生物学评价事半功倍

如位于苏州大学某校区内的医疗器械检测所，作为具有独立企业法人资格的第三方技术服务机构，充分利用苏州大学在人才、技术和设备方面的优质资源，已经发展成为全国医疗器械出口检验的龙头企业和当地职业卫生与环境检测及评价方面的一流企业。该检测所已经通过国家CMA认证、CNAS认可，并于2016年第二次0不符合项通过美国FDA官方审核。主要开展生物相容性检测和评价、功能性评价、物理化学性能检测、无菌医疗器械的剂量设定、剂量审核、无菌试验、初始污染菌检测及方法验证、包装验证、模拟运输试验、产品稳定性测试、洁净厂房监测、纯化水检测等。基本满足医疗器械生产厂家国内注册、CE认证、FDA认证的检测要求。

（四）医疗器械的临床前动物实验研究

动物实验研究是医疗器械安全性和有效性综合评价的重要组成部分，特别是对于需临床试验审批的医疗器械、罕见病和临床急需医疗器械、创新性医疗器械，在预评估人体使用安全性以及预测临床价值等方面均起到重要支撑作用。2016年6月1日实施的《医疗器械临床试验质量管理规范》中明确规定，医疗器械临床试验前，申办者应当完成动物试验在内的试验用医疗器械的临床前研究。

在生物相容性评价外，医疗器械的安全性和有效性还需要进一步进行植入性动物实验试验，这部分实验要尽可能地模拟临床环境，对存在较高风险（主要是Ⅲ类医疗器械）进行临床前的全面评估，其主要目的是初步评价医疗器械的安全性、有效性和可行性，对保障人民用械安全具有十分重要的意义。

1. 医疗器械载体植入或测试的大动物实验的意义

动物实验的核心目的是风险管控，申请人在医疗器械设计开发时应进行充分的风险管理活动。台架性能试验研究或动物实验研究等均是一种风险控制措施有效性的验证手段，申请人应尽可能地通过前期研究（如台架性能试验研究等），对已识别风险所实施控制措施的有效性进行验证，只有在台架性能试验研究不足时，才考虑通过动物实验开展进一步验证。

美国FDA对动物实验也提出了明确的目的和意义。首要目的在于提供医疗器械的安全性证据（Evidence of Safety），包括性能和可操作性（Performance and Handling）。在实际情况中，安全性和性能的表现往往相互交错，如循环支持系统的动物实验，性能表现是和安全性密切相关的。另外，动物实验还能够评价医疗器械治疗的有效性或者说是证明治疗原理的可行性。动物实验还要评价医疗器械和机体的相互作用，即评价装置对机体的影响以及机体对装置的影响，如磨损、结构变形、钙化等。综上所述，可以总结动物实验，特别是大动物实验对医疗器械研发和产业化的意义：

（1）在动物实验的过程中，为医疗器械以及附属装置的设计、定型、改进提供相应的证据支持。

（2）评价医疗器械的安全性：预测其在人群中使用时可能出现的不良事件，降低临床试验受试者和临床使用者承担的风险。

（3）评价医疗器械的功效性：建立与拟申报产品预期用途相对应的动物模型，评价医疗器械的性能和可操作性。

（4）合理的可行性动物实验研究：确认产品设计开发的原理、设计等的合理性或治疗原理的可行性。

（5）评价生物系统和产品的相互影响：生物相容性主要包括组织相容性、血液相容性。同时评价机体对医疗器械的影响，如磨损、钙化等。

（6）为临床试验提供依据：为医疗器械能否进入临床研究阶段提供依据，实现对临床受试者的保护；为医疗器械能否免于进行临床试验或临床试验如何设计提供参考。

2. 开展动物实验的决策流程

2018年，国家发布了关于公开征求《决策是否开展医疗器械动物实验研究的技术审查指导原则（征求意见稿）》意见的通知，提出了决策是否开展医疗器械动物实验研究的技术审查指导原则。

（1）动物伦理与保护原则

首先要根据医疗器械的用途、特点等基本情况，评价是否可以通过其他非动物的实验研究来替代动物实验，如体外测试（例如经确认的细胞培养实验）、尸体研究、计算机模拟等方法。若经过确认或验证可以替代，则优先采用体外模拟等方法以替代活体动物的使用。

（2）风险管理原则

申请人在医疗器械设计开发时应进行充分的风险管理活动。风险控制作为风险管理的重要部分，是将风险降低并维持在规定水平的过程。当需通过动物实验研究进行风险控制措施有效性的验证时，结合动物实验目的一般可从安全性、有效性和可行性等方面进行考虑。实验目的有时是不能严格划分界限的，因此同一项动物实验研究可能同时对产品的安全性、有效性、可行性进行评价。

申请人应充分利用已有的信息获取产品安全性、有效性和可行性的相关证据，可包括利用已有的同类产品动物实验数据，或通过与同类产品进行性能比对，来验证产品的安全性、有效性和可行性，实现免于或减少动物实验。

若产品采用新的作用机理、工作原理、结构设计、主要材料/配方、应用方法（如手术操作）、预期用途，或增加新的适用范围、改进某方面性能等，申请人应针对创新点相关风险进行评估，并对风险控制措施有效性进行验证或确认，参照风险管理判定原则确认是否开展动物实验。

3. 动物实验计划和方案的制定（Study Planning and Protocol）

实验方案的制定要由富有经验的人员制定，实验负责人应满足时间和地点等的方便，为实验的技术行为提供监督。研究主任还负责实验数据的解释、分析、记录和报告研究结果。对最终批准的实验方案的任何改变或修订以及改变的原因，必须由研究主任记录、注明日期并签字。该实验方案和任何修订必须可供审评机构审查，并接受检查。

临床前实验的动物实验方案，应当在开始前和评审机构就方案取得沟通，并要经过动物实验伦理委员会批准。

4. 实验动物选择的原则

实验动物种类众多，如何依据不同的实验目的来正确选择动物，是做好一项研究工作的第一步。目前主要选择大动物作为医疗器械临床前动物试验，例如心血管类医疗器械通常选择羊、猪、犬作为实验动物；皮肤类、牙科类医疗器械通常选择猪作为实验动物；器官移植通常选择猴作为实验动物。严格来说，实验动物选择的正确与否，不仅影响到经费支出、工作进展，还会影响到实验结果的正确性与可靠性，以及整个实验的顺利完成。

利用最少数量的动物来提供有意义的解释是非常重要的，包括注意适当的实验控制，考虑潜在的实验混杂，以及最佳的观察间隔。申请人在动物实验设计时，需遵循动物实验学的"替代（Replacement）、减少（Reduction）和优化（Refinement）"原则，即3R原则。

动物及其相关的生理属性其实是提供了一个测试系统，为模拟临床环境提供最佳尝试。动物实验的动物选择要清楚地说明装置的风险如何在动物实验中体现和评估，还要说明为什么选择特定的动物模型。如果动物模型存在局限性，对装置的某些风险的分析最好通过台架或尸体试验来补充协助解决，动物实验和这些台架试验的关系也要描述分析。在描述选择实验动物的原理时同样还要描述解释以下信息：

● 动物测试系统与人类在药物代谢或使用辅助装置方面的异同

● 与将来供人使用的设备版本相比，医疗器械和输送系统的尺寸有无不同；

● 动物手术中医疗器械植入的位置和途径，或者外科手术的解剖特征和采用的外科技术与将来在临床人的应用中有无不同；

● 在使用解剖上和大小上，最匹配的动物模型上有无装置大小上的限制存在。

5. 动物实验实施的人员和场地

医疗器械的大动物实验团队应该由接受过良好的专门培训的有经验的专业技术人员组成，团队中还要包括有经验的兽医，帮助发现和处理实验过程中出现的不良事件等。美国FDA推荐的实验研究团队应该包括临床医生、动物兽医、兽医病理学家以及质量控制人员，以保证高质量完成动物实验，并上报动物实验报告。

承接动物实验的场所应当具有专门的动物实验手术的条件。对于新药研究，我国自1993年12月起开始实施GLP规范，目前药物的GLP机构已超过60家，而医疗器械临床前研究规范尚未明确规定。目前，国家药监系统各检测中心主要能够完成医疗器械的安全性评价测试，有效性大动物试验主要委托科研院所完成。由于医疗器械的特殊性，在科研院所进行的大动物试验主要存在几处局限；饲养场所多为临时性；缺乏专职医疗器械评价实验人员；主要针对科研项目的早期研究，难以承担标准化的动物实验；实验用动物还存在来源不正、处置不当等伦理问题；临床医生作为医疗器械终端实际使用者，在医疗器械临床前研究中参与不够，临床医生应当成为临床前大动物实验的牵头人和主要参与者。

国内近年来也出现了几家独立的第三方大动物实验室，具备了一定的硬件条件和专门的动物实验技术团队，如在江苏泰州的一家大动物实验中心，由国内知名医院的临床医生发起创建，建立了由大批创新型的医生组成的技术团队，拥有西门子DSA血管影像系统等大型设备，并实现了术后实验动物的标准化饲养和规范化数据采集，为医疗器械的规范化评价提供了良好的动物实验平台。

6.动物实验的实施

在实验实施的过程中，要做好实验动物的标识、检疫和预适应，把动物合理科学地分配至实验组或者对照组。食物、水以及基础饲养条件要符合实验动物的饲养要求。实验动物体重的下降很难判断是否和装置的植入有关，因此，保证术后实验动物的食欲、营养的均衡非常重要，特别是对笼中饲养的动物。

术后的观察是获取实验数据的关键环节。观察的时间点和实验数据获取的时间点包括：术中监测；急性试验；慢性长期实验中的术后观察，中间时期的观察，实验终点，尸检；尸检后数据获取的方式还有对取出的植入物（测试对象）的影像观察，如microCT、扫描电镜（SEM）、组织学检查、局部和下游组织的病理学分析等。

总之，医疗器械的大动物实验是产品研发和注册申报的重要环节，对医疗器械的安全性和有效性评价有重要意义。医疗器械的生产企业要高度重视动物实验环节，该环节是产品设计定型、安全性有效性验证以及为将来临床应用提供方案的关键步骤。创新型医疗器械的研发和上市，加强动物实验的规范性和科学性，对实现我国在医疗器械研发领域的突破有重要价值。

（五）洁净厂房的设计与建造

随着现代人们生活水平的不断提高，人们对生存环境和生活质量也提出了更高的要求，净化工程技术也逐渐进入人们的视野中，并被广泛应用到相关领域；比如航空航天、生物工程制药、精密机械、化工、食品、医院、医疗器械、电子车间等。

洁净厂房工程行业在我国属于快速发展的新兴行业，洁净厂房工程所涵盖的技术水平和科技含量较高。行业内企业除需具备洁净室工程领域专业知识以外，还需掌握材料学、机械结构、化工、工程学等相关领域的知识，并熟悉洁净室在不同行业中的应用。因此，洁净厂房工程的相关技术具有全面性、综合性、实践性的特点。尤其面向中高端市场需求的洁净室工程在生产环境、工艺设计、设备选取、产能规模、生产装备和检测能力等方面均有着较高的要求。随着下游企业自身技术的发展以及生产工艺特殊性的逐渐显现，其用户的需求呈现个性化、多样化、复杂化的趋势，对洁净厂房工程服务企业提出了更高的技术创新能力和研发能力要求，构成了本行业的技术壁垒。

1.洁净厂房的设计

洁净厂房是空气中悬浮粒子受控的生产空间。通过控制室内参数，如温度、湿度、压差来满足生产工艺要求。洁净厂房的设计以技术先进、经济合理、安全适用为原则，且符合节约能源和环境保护的要求。表5-6为洁净厂房设计规范（GB 50073—2001）的相关要求。

表5-6 洁净厂房空气洁净度等级

等级	每立方米（每升）空气中 ≥0.5微米尘粒数	每立方米（每升）空气中 ≥5微米尘粒数
100级	≤35×100（3.5）	0
1000级	≤35×1000（35）	≤250（0.25）
10000级	≤35×10000（350）	≤2500（2.5）
100000级	≤35×100000（3500）	≤25000（25）

洁净厂房位置的选择，应根据下列要求并经技术经济方案比较后确定：

①自然环境较好，大气含尘浓度较低，一般在郊区。

②应远离铁路、码头、飞机场等其他交通要道，以及散发大量粉尘和有害气体的工厂、贮仓、堆场等有严重空气污染、振动或噪声干扰的区域。如不能远离严重空气污染源时，则应位于其最大频率风向上风侧，或全年最小频率风向下风侧。

③应布置在厂区内环境清洁、人流、货流不穿越或少穿越的地段。

● 对于兼有微振控制要求的洁净厂房的位置选择，应实际测定周围现有振源的振动影响，并应与精密设备、精密仪器仪表允许环境振动值进行分析比较。

● 洁净厂房最大频率风向上风侧有烟囱时，洁净厂房与烟囱之间的水平距离不宜小于烟囱高度的12倍。

● 洁净厂房与交通干道之间的距离不宜小于50米。

● 洁净厂房周围宜设置环形消防车道（可利用交通道路），如有困难时可沿厂房的两长边设置消防车道。

● 洁净厂房周围的道路面层，应选用整体性好、发尘少的材料。

● 洁净厂房周围应进行绿化。可铺植草坪、种植对大气含尘浓度不产生有害影响的树木，并形成绿化小区，但不得妨碍消防操作。

④净化车间工艺布置应符合下列要求：

● 工艺布局应符合生产工艺流程及空气洁净度等级的要求，并应根据工艺设备安装维修、管线布置、气流流型及净化空调系统等各种技术措施的要求综合确定。在满足生产工艺要求的前提下，空气洁净度高的洁净室或洁净区宜靠近空调机房，空气洁净度等级相同的工序和工作室宜集中布置。

● 工艺布局应防止人流和物流之间的交叉污染，如布局更衣室、缓冲间、传递窗等。

● 各功能间布置面积应合理，且满足消防验收规范要求。

⑤洁净室内的噪声级，应符合下列要求：

● 动态测试时，洁净室内的噪声级不应超过70dB；

● 空态测试时，乱流洁净室的噪声级不宜大于60dB，层流洁净室的噪声级不应大于65dB；

● 洁净厂房的平、剖面布置，应考虑噪声控制的要求，其围护结构应有良好的隔声性能，并宜使各部分隔声量相接近。

2.洁净厂房的建造

根据洁净室的特点，结合工程项目的实际情况，遵守相关的质量验收规范，根据设计图纸结合现场实际情况，制定合理的施工工序、进度计划、施工质量管理方案，确保该工程安全、文明、规范施工。

洁净室施工应在土建工程完成，并清洁好现场后进行。一般洁净室的主要施工流程如下：

防线测量→地面找平处理→通风管道安装→围护隔墙安装→天花安装→地

面施工→电器安装→通风设备及风口安装→系统调试。

3. 专业的医疗器械洁净厂房设计

洁净厂房是无菌医疗器械以及体外诊断试剂产品必备的生产场地，同时也是医疗器械生产质量管理规范GMP（Good Manufactury Practice，GMP）中厂房与设施的必备要求。如何设计符合医疗器械法规要求及现场体系核查要求的洁净厂房是每个新进入医疗器械领域的企业必须考虑的问题。奥咨达医疗器械服务集团专注于医疗器械行业14年，拥有丰富的法规及体系咨询经验，旗下拥有广州新力净化工程有限公司（新力净化）。作为奥咨达医疗器械产业服务链的一环，新力净化致力于为医疗器械行业提供洁净空间系统解决方案，同时在北京、天津、上海、广州、深圳、佛山、苏州、成都等地设有办事处，快速响应客户需求。

新力净化拥有完善的管理体系、专业的设计和工程管理及施工团队，可为医疗器械企业提供厂房选址、基础建设、洁净室的平面规划、深化设计、工程管理、专业施工、品质监理、运行维护到系统验证，以及GMP体系咨询全流程的服务。

第六章 中国医疗器械投资概况

2018年资本市场风云跌宕，面对贸易战、新兴市场经济闪崩等动荡因素，聪明的资本开始了以避险作为投资的首要因素。得益于人口老龄化及健康医疗消费水平的提升，医疗板块成为行业风险投资资金的避风港。近年来，医疗器械创新在中国蔚然成风，国家政策的支持以及市场容量的扩张的叠加影响使得医疗器械行业的创业、创新、投融资成为风潮。医疗器械板块已成为医疗行业投融资的风口，成为资本市场配置的重点。奥咨达医疗器械服务集团长期深耕于医疗器械领域，拥有专业的行业智库，可以提供精准有效的投融资服务。以下是奥咨达对2018年医疗器械投融资概况的分析。

一、2018年医疗器械行业投融资情况

截至2018年12月20日，发生在医疗器械领域投融资事件达203起，已超越2017年的144起[①]。近年来，医疗器械行业持续走热，剔除政策因素外，与行业的高速增长和快速变化的市场格局密切相关。投融资金额过亿元的案例有32起，其中北京科美生物技术有限公司、武汉明德生物科技股份有限公司、中国科学器材有限公司融资金额高达20亿元及以上。本年度一级市场投融资金额最大的案例为国药控股，以51亿元收购中国科学器材60%的股权。动辄过亿元资本的流入，反映了资本对医疗器械行业的强烈看好。

2018年度投融资案例详细情况，详见附录11。

---

① 李晶、潘薇等.2017年奥咨达医疗器械行业蓝皮书［M］.广州.奥咨达医疗器械服务集团.2018.P121

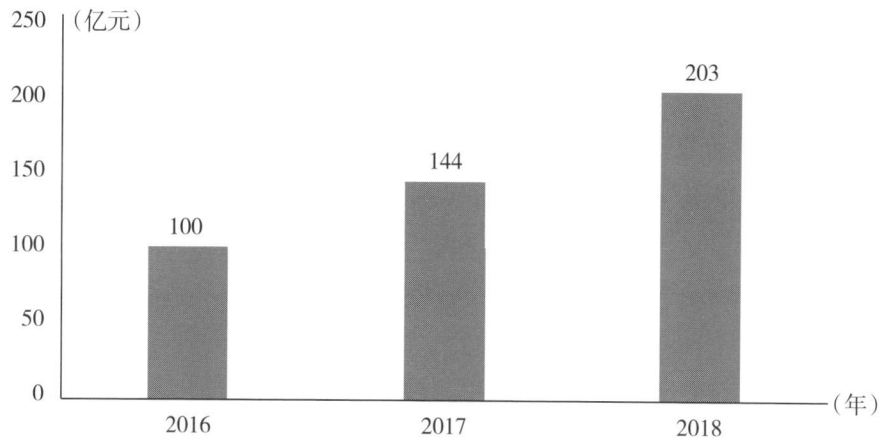

图6-1 近三年医疗器械行业投融资案例情况

数据来源：投中网、私募通、IT桔子，奥咨达整理。

在投资细分领域方面，近几年体外诊断和影像设备的投资数量和交易规模都在攀升，成为国内并购投资的焦点。从投融资金额和投资占比来看，体外诊断（含试剂及设备）仍是最热门板块，占比达35%，此后分别是影像设备和高值耗材。传统投融资热点领域如康复医疗、骨科、心血管、口腔器械等有所回落，而人工智能在医疗器械的应用则逐渐变得火热。

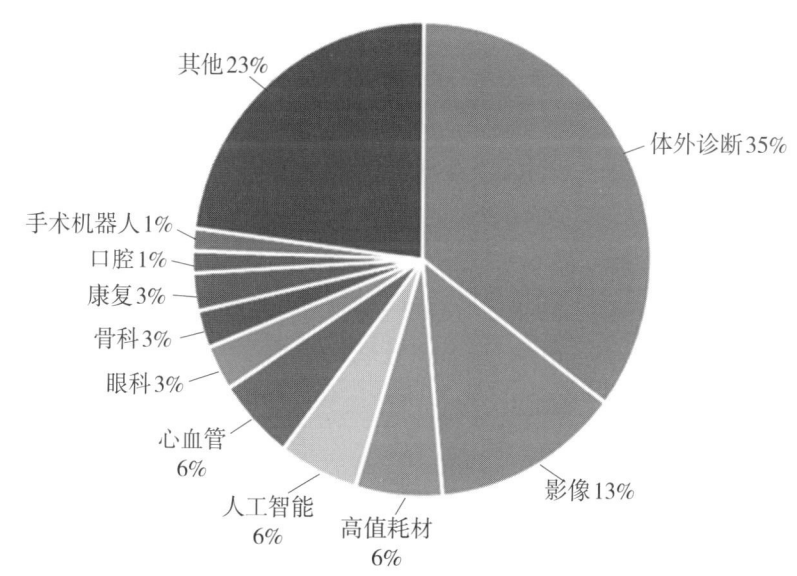

图6-2 2018年医疗器械行业投资细分领域分析

数据来源：投中网、私募通、IT桔子，奥咨达整理。

二、2018年医疗器械上市公司半年业绩概况

2018年上半年，69家A股上市的医疗器械公司营业收入总额达737亿元，其中有63家的营收呈现上升趋势，占比超过90%。主营业务收入前三位分别是复星医药、迈瑞医疗和新华医疗，而净利润前三位分别是迈瑞医疗、复星医药和药明康德。这些企业均有体量巨大、业务多样的特点。迈瑞医疗以18.72亿元利润总额位于第一，同比增长55.25%。位于第二的是涵盖医药和器械业务的复星医药，利润总额为15.6亿元，较去年稍有下降。另外，2018年度盈利增长幅度最大的是中原协和，同比增长高达3121.37%。净利润同比下降的有16家企业，其中有4家企业出现了亏损。

2018年国内标杆的医疗器械龙头企业——迈瑞医疗回归A股，迈瑞医疗2006年9月在美国纽交所上市，2015年实施私有化，2016年3月从纽交所退市。2018年7月24日，迈瑞医疗成功过会。据标准普尔旗下数据库统计的2015年全球医疗器械百强排行，迈瑞医疗位列世界医疗器械企业第43名，成为前50名中唯一上榜的中国企业。截至2018年12月20日，迈瑞估值已超越千亿元，成为国内医疗器械行业市值最高的企业。迈瑞从海外退市回归A股也反映了国内资本市场越来越成熟以及极具吸引力的估值体系。

表6-1　69家A股上市医疗器械公司2018年上半年业绩汇总　　　亿元

序号	企业名称	代码	营业收入	增长率	净利润	增长率
1	新华医疗	600587	46.41	2.95%	0.57	-32.22%
2	迪安诊断	300244	29.55	27.42%	2.04	12.70%
3	乐普医疗	300003	29.55	35.37%	8.10	63.48%
4	鱼跃医疗	002223	22.23	19.44%	4.70	18.04%
5	润达医疗	603108	27.95	58.56%	1.44	49.97%
6	尚荣医疗	002551	10.72	5.50%	0.96	0.74%
7	达安基因	002030	8.04	4.27%	0.60	2.49%
8	迈克生物	300463	12.46	47.82%	2.32	20.18%
9	科华生物	002022	9.74	29.74%	1.37	8.50%
10	东富龙	300171	9.17	16.69%	0.43	-47.66%
11	蓝帆医疗	002382	9.68	23.97%	1.48	42.89%
12	美康生物	300439	14.58	33.23%	1.28	31.06%

续表6-1

序号	企业名称	代码	营业收入	增长率	净利润	增长率
13	楚天科技	300358	7.68	43.67%	0.52	-17.01%
14	安图生物	603658	8.48	45.63%	2.47	28.84%
15	和佳股份	300273	5.16	25.90%	0.65	20.69%
16	中源协和	600645	4.24	3.92%	2.70	3121.37%
17	万东医疗	600055	3.80	14.85%	0.43	40.47%
18	三诺生物	300298	7.61	54.41%	1.68	79.65%
19	千山药机	300216	1.23	-32.99%	-2.08	-70.03%
20	迪瑞医疗	300396	4.39	10.73%	1.02	11.40%
21	开立医疗	300633	5.40	27.55%	1.18	60.16%
22	理邦仪器	300206	4.88	16.39%	0.63	29.76%
23	九强生物	300406	3.41	18.80%	1.15	5.14%
24	宝莱特	300246	3.89	20.73%	0.34	-11.07%
25	凯利泰	300326	4.57	24.64%	1.11	16.81%
26	万孚生物	300482	8.01	78.52%	1.62	48.37%
27	健帆生物	300529	4.56	38.91%	2.10	40.90%
28	利德曼	300289	3.43	33.96%	0.38	-5.21%
29	阳普医疗	300030	2.59	10.26%	0.13	-3.30%
30	维力医疗	603309	3.16	9.71%	0.25	-36.21%
31	九安医疗	002432	2.67	-18.44%	-0.46	4.40%
32	博晖创新	300318	2.75	43.64%	0.17	8.82%
33	泰达生物	08189	1.76	11.85%	-0.05	2.18%
34	三鑫医疗	300453	2.47	33.11%	0.17	-17.43%
35	冠昊生物	300238	1.95	2.52%	0.06	-63.91%
36	迦南科技	300412	1.91	24.59%	0.16	-28.86%
37	戴维医疗	300314	1.28	-9.98%	0.25	-33.30%
38	奥佳华	002614	22.09	31.61%	1.44	56.08%
39	华大基因	300676	11.41	28.44%	2.08	8.73%
40	英科医疗	300677	8.74	1.58%	0.69	13.29%
41	康德莱	603987	6.82	14.43%	0.63	17.04%
42	美亚光电	002690	4.92	9.50%	1.70	19.74%

续表6-1

序号	企业名称	代码	营业收入	增长率	净利润	增长率
43	乐心医疗	300562	3.35	−15.83%	0.09	157.58%
44	大博医疗	002901	3.52	27.60%	1.75	33.12%
45	基蛋生物	603387	3.10	46.74%	1.31	45.71%
46	艾德生物	300685	2.02	36.22%	0.70	57.86%
47	透景生命	300642	1.40	18.06%	0.51	9.13%
48	正川股份	603976	3.15	20.94%	0.47	10.54%
49	南卫股份	603880	2.31	−3.91%	0.38	38.16%
50	欧普康视	300595	1.74	45.32%	0.83	42.80%
51	凯普生物	300639	2.50	18.69%	0.46	23.20%
52	塞力斯	603716	5.74	59.46%	0.48	30.05%
53	贝瑞基因	000710	6.45	0.23	1.46	0.50
54	福瑞股份	300049	3.88	−5.82%	0.48	21.71%
55	振德医疗	603301	6.65	8.85%	0.52	12.53%
56	明德生物	002932	0.98	16.64%	0.39	13.47%
57	星普医科	300143	2.51	94.95%	0.46	−43.88%
58	药明康德	603259	44.09	20.29%	12.72	71.31%
59	创业软件	300451	5.27	6.30%	0.61	87.12%
60	正海生物	300653	1.05	25.10%	0.39	91.39%
61	航天长峰	600855	5.31	3.08%	−0.055	−4571.11%
62	海南海药	000566	11.53	51.06%	1.45	31.61%
63	东软集团	600718	27.82	2.70%	1.14	−6.52%
64	通策医疗	600763	6.85	34.91%	1.35	52.68%
65	复星医药	600196	118.59	41.97%	15.60	−7.61%
66	泰格医药	300347	10.33	38.96%	2.19	82.78%
67	迈瑞医疗	300760	68.08	24.35%	18.72	55.25%
68	昌红科技	300151	3.04	13.01%	0.24	78.59%
69	爱朋医疗	300753	1.32	/	0.33	/

数据来源：Choice金融终端、Wind金融终端，奥咨达整理。

三、香港上市制度改革对生物科技公司上市的影响

2018年初,香港交易所修改新股上市规则,为处于漫长研发投入期的生物科技研发企业传来重磅利好。该项改革主要涉及两个核心条款,一是允许尚未盈利或者没有收入的生物科技公司赴港上市,二是港交所接受同股不同权企业上市。4月30日香港上市新规正式生效,这是港交所20多年来幅度最大的一次上市制度改革。改革后,港交所将允许从事医药(小分子药物)、生物制药和医疗器械(包括诊断)生产和研发,但尚未盈利或未有收益的生物科技发行人的上市。

该项改革的推出并非孤例,美国资本市场关于生物技术型企业提供强有力的政策支持,其中一项法案至关重要。2012年4月,时任美国总统奥巴马希望经过金融创新支持创业型公司和中小企业,公布了JOBS法案(Jumpstart Our Business Startups Act,初创期企业推进法案)。该法案鼎力扶持创业和创新型中小企业,使其愈加方便地融资和上市。JOBS法案一经公布,政策效果可谓是立竿见影,尤其是生物技术型企业,新股发行非常活跃。JOBS法案公布的短短三年,就有22家还处于研发阶段的一期临床试验或临床前试验的生物科技公司完成IPO。

《新兴及创新产业公司上市制度》为成长期生物科技企业开辟了融资渠道。自4月30日香港上市新规正式生效后,平安好医生于5月4日登陆港交所,创下2018年以来港股最大规模IPO。未及半年,已有歌礼生物、华领医药、百济神州等一批创新生物技术企业密集赴港上市。可以预见未来将有更多的国内生物科技企业为此转变原有的上市计划,港股新政对生物科技公司的上市路径产生了很大的影响,包括将上市时间提前和改变上市地点,借路香港登陆资本市场,后续必将掀起一波更大的上市浪潮。

四、中国医疗器械企业跨境投资情况

中国医疗器械产业经过十几年的高速发展之后,在部分领域和地区已具备了全球化资源配置和对外输出资本与技术的实力。从近年的一些案例可见,中国医疗器械企业正在进军海外,沿着"一带一路"走出去,开启了中国医疗器械全球化布局的步伐。

（一）设立分支机构，拓展海外渠道

在拓展全球市场中，最常见的方法是直接出资在海外设立子公司或是合资公司，甚至是投资建厂，在国外打造研发和制造基地或中心。目前该方面最典型的例子是迈瑞公司。迈瑞医疗子公司和分支机构遍布全球30多个国家，2017年收入中有46%来源于海外市场，迈瑞产品已经销售至190个国家，其中监护、彩超、麻醉及配件可销售至北美等发达国家，全球化的定位使得迈瑞成为具有全球影响力的企业。

此外，鱼跃医疗在德国图特灵根市设立全资子公司，预备在德国制造相关产品。从业内企业动态来看，俄罗斯正在成为一些有实力的中国医疗器械企业的出海选择。上海博进医疗器械公司发布公告，称将在俄罗斯奔萨州与Titanmed公司建立合资企业。不仅俄罗斯，更多的自身医疗产业薄弱、严重依赖进口的国家，也或将成为中国医疗器械企业的出海选择。

（二）并购海外企业，实现技术品牌和渠道突破

近年来，许多企业开始在欧美等发达地区，以及以色列这样的新兴热点地区展开并购。通过对企业的整体收购实现技术、产品、渠道、品牌等多方面的突破。

近年来，在这一领域新参与进来的企业越来越多，单笔并购金额也越来越大。比如威高56亿元买爱琅，楚天科技11亿元并购德国ROMACO集团，万东和云锋基金等联手19亿元买百胜，微创12亿元买索林业务，蓝帆59亿元买柏盛国际，三诺生物不仅14亿元买下美国血糖仪厂商，又有意竞购强生业务，等等。

（三）"一带一路"战略为全球化保驾护航

作为国家战略推出的"一带一路"，为企业拓展国外市场提供了一个契机。许多企业已闻风而动。康达医疗、乐普医疗、美康生物、凯利泰、维卓光华等医疗器械企业，在2017年底召开的一个医疗器械产业"一带一路"工作座谈会中，就抱团出击"一带一路"国家进行了探讨。这是大胆的探索，其中有广阔市场空间和前景的诱惑，有风险，也有文化差异，更有对中国品牌的认知度、法律纠纷等问题的挑战。无论如何，可喜的是中国医疗器械企业正在试图以一种全新的面貌走向世界。

五、奥咨达推荐的医疗器械投资领域

医疗器械产业是生物工程、电子信息和医学影像等高新技术领域复合交叉的知识密集型、资金密集型产业，风险投资在近年较为活跃。奥咨达长期专注于医疗器械领域，深谙产业技术发展方向和投融资热点领域，特向您推荐以下产业投资领域。

（一）辅助生殖领域

1. 辅助生殖类医疗器械及发展现状

不孕症是一组由多种病因导致的生育障碍状态，是育龄夫妇的生殖健康不良事件。现代社会工作生活压力大，生育年龄推迟，加之环境污染等因素使得不孕不育人群在增加。目前中国有超过4000万的不孕不育患者。随着生育辅助技术的进步，也让许多原先难以生育的夫妇重新获得了拥有孩子的机会。辅助生殖技术是一种新型的提高生殖技术的方法，它是指通过对精子、卵子、受精卵、配体等进行处理，从而治疗不孕不育的技术。随着辅助生殖技术的发展和日趋完善，到目前为止，辅助生殖技术是世界公认的治疗不孕症最可靠最有效的治疗方法，辅助生殖技术包括人工授精、体外受精、胚胎移植及其衍生技术——卵胞浆内单精子显微注射等。

人类辅助生殖技术（Assisted Reproductive Technology，ART）在我国发展28年，近15年来该项技术迅速成长。随着相关技术、服务在国内的普及和深入，现临床上涌现出越来越多的辅助生殖类器械（简称ART用医疗器械），并呈飞速增长。

表6-2所示为辅助生殖类器械。

表6-2　辅助生殖类器械

产品种类	器械名称	管理分类	分类编码
液体类	卵泡冲洗液、配子缓冲液、取卵-胚胎处理液、囊胚培养液、卵裂胚培养液、洗精受精液、精子梯度分离液、精子显微操作液、胚胎移植液、精子洗涤培养液、冷冻解冻液、玻璃化冷冻液、玻璃化解冻液精子制动液、卵母细胞体外成熟培养液、培养用油、器皿冲洗液、胚胎活检液、受精培养液	Ⅲ类器械	18-07-04

续表6-2

产品种类	器械名称	管理分类	分类编码
操作类	胚胎移植导管、人工授精导管	Ⅱ类器械	18-07-01
	一次性使用无菌取卵针、单腔/双腔取卵针、卵母细胞采集器、睾丸穿刺取精器、附睾穿刺针、睾丸穿刺活检枪	Ⅱ类器械	18-07-02
	体外受精显微操作管、显微吸液管、胚胎活检针、辅助生殖用培养器皿、玻化冻存管	Ⅱ类器械	18-07-03
	辅助生育激光系统	Ⅲ类器械	18-07-05
	显微注射用显微镜、时差倒置显微镜、胚胎培养箱、时差培养箱、辅助生殖用恒温台、程序冷冻仪、程控降温仪、体外受精（IVF）超净工作台、阴茎勃起多参数定量分析仪、阴茎勃起监测仪、阴茎硬度测量仪、自动精液采集仪	Ⅱ类器械	18-07-05

来源：2017版医疗器械分类目录，奥咨达整理。

ART用医疗器械品种多而杂，不孕不育症患者在使用ART用医疗器械的同时也面临着风险，临床医师或胚胎学家需采用一系列相关医疗器械进行辅助生殖体外诊疗，这关系到患者自身的安全和最终的临床结果。截至2018年底，分别以"胚胎""囊胚""配子""合子""精子""卵"等关键词搜索国家药品监督管理局的医疗器械数据库并统计结果，以"胚胎"为关键词查找出有39个进口器械和9个国产器械取得注册证；以"囊胚"为关键词查找出有10个进口器械取得注册证，但无相关国产器械注册信息；以"配子"为关键词查找出有7个进口医疗器械取得注册证，同样无相关的国产器械注册信息；以"精子"为关键词查找出有28个进口器械和56个国产器械取得注册证；以"卵"为关键词查找，共有150个进口器械和39个国产器械取得注册证；以"合子"为关键词查找，未搜索到相关进口和国产ART用医疗器械的注册信息。

从以上注册信息看出，国产操作类产品主要是作为Ⅰ类医疗器械的精子采样管和作为Ⅱ类医疗器械的一次性使用无菌取卵针、单腔/双腔取卵针、胚胎活检针、卵母细胞采集器和胚胎移植导管类产品。国产液体类产品主要为Ⅰ类医疗器械的精液洗涤液和回收保存精子的液体类产品。而进口注册的操作类产品，除包括以上国产已注册的医疗器械外，还有Ⅱ类医疗器械的体外受精显微操作管、人工授精导管、ICSI相关穿刺固定针、玻化冻存管等。此外，进口注册的液体类产品均为Ⅲ类医疗器械，主要包含ART实验室操作流程中所用到的各类液体，如卵泡冲洗液、取卵胚胎处理液、配子缓冲液、洗精授精液、精子显微操作液、卵裂胚培养液、囊胚培养液、胚胎移植培养液、胚胎冷冻保存液等。

截至2018年底，尚未有国产的液体类产品如冷冻保存、复苏液和培养液取得医疗器械注册证。为此，国内高端临床注册专家、奥咨达医疗器械服务集团致力于推动国产辅助生殖类医疗器械的发展，紧密追踪辅助生殖相关技术的前沿方向，在评估ART用医疗器械的风险与安全性的基础上，支持创新国产产品的注册申报，切实推动我国辅助生殖技术快速、稳定、健康的发展。

2. 辅助生殖类医疗领域市场前景

根据中国人口协会、国家计生委联名发布的最新《中国不孕不育现状调研报告》显示，中国的不孕不育率从20年前的2.5%～3%攀升到12.5%～15%左右，患者人数超过4000万，即每8对夫妇中就有1对有不孕不育问题。而且随着环境污染、生育年龄推迟、生活压力等原因，不孕夫妇人数还在不断增加。截至2016年12月31日，经批准开展人类辅助生殖技术的医疗机构共有451家，经批准设置人类精子库的医疗机构共有23家。辅助生殖的理论市场空间可达1000亿元。2016年，中国经批准的辅助生殖机构年均完成70万例辅助生育手术，我国现有的辅助生殖技术和机构远远不能满足市场需求，辅助生殖市场空间巨大。

我国每年出生的新生儿数量约为1600万，按12.5%～15%的不孕不育率计算，理论上每年有200万～240万新生儿因为不孕不育无法出生。假设这些婴儿父母中有65%愿意采用辅助生殖技术妊娠，则每年进行辅助生殖手术的夫妇为130万～156万对；国内辅助生殖技术成功率约为30%，假设每对夫妇平均进行2.5次辅助生殖手术；辅助生殖手术每次2万～4万元不等，则辅助生殖市场的潜在规模约为1072亿元。再加上二胎政策的开放带来20%的市场扩容，则辅助生殖的潜在市场约为1280亿元。辅助生殖已然成为近年来投资的热点，相对于4000万不孕不育患者数量，缺口巨大。可以预测，投资相关领域仍有巨大的盈利空间。

（二）康复机构

康复医学是指综合应用各种有效措施，减轻并代偿伤病残者的身心功能障碍，使残存功能得到最大限度改善和发挥，以最佳状态回归家庭、参与社会。康复医学是伴随社会发展和需求，在各国逐渐发展起来的一门新兴学科。

在我国，康复医疗行业还处于起步阶段，未来发展前景广阔。随着中国步入人口老龄化阶段，预计慢性病患病率将在2030年达到65.7%，康复医疗的需求将继续扩大。据前瞻产业研究院预测，到2023年，康复医疗产业规模将增至1023亿元，年复合增长率不低于16%。参考美国人均康复消费标准80美元，我国康复医疗的理论市场容量将达6500亿元。

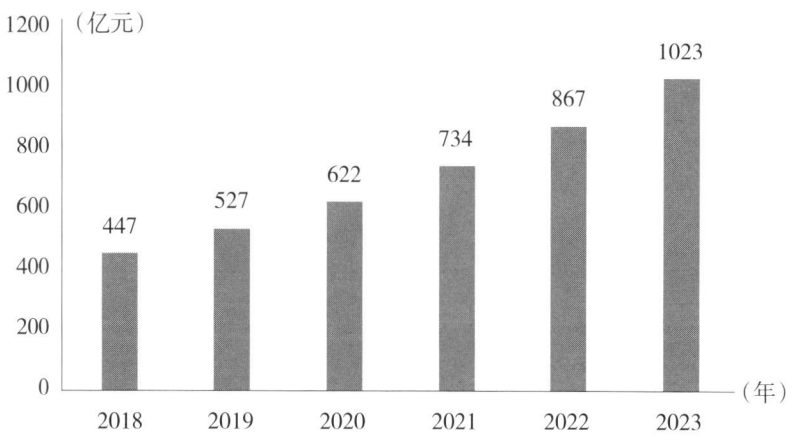

图6-3　2018—2023年中国康复医疗行业市场规模预测

资料来源：前瞻产业研究院，奥咨达整理。

庞大的康复需求，必须有相应的康复资源来满足。在康复医院逐渐发展起来的时候，康复器械也开始逐渐进入发展快车道。康复器械是康复治疗开展的前提和基础。康复器械产品种类繁多，按照应用领域分类，康复器械包括康复医疗器械、康复教育设备和辅助器具等，其中康复医疗器械按照作用方式的不同，又可以分为康复评定器械、康复训练器械和康复理疗设备。由于康复器械主要用于机体功能有障碍的患者，因此其本身的自动化，以及与患者之间的人机交互的智能化对康复器械的使用具有重要意义。随着计算机与人工智能技术的进步，康复器械也越来越朝着自动化和智能化的方向发展。这一趋势既表现在医疗机构使用的康复器械上，也可见于老年人和残疾人使用的生活辅助康复器具。

(三)体外诊断领域

体外诊断是医疗器械中最占比最大的部分,2017年全球体外诊断市场容量大约638亿美元,其中北美、欧洲和日本占据全球75%以上的市场份额,然而增长已经趋于平缓。中国作为新兴市场的代表,增长远超国际平均水平,预计2013—2018年复合增长15%。从2018全年的投融资案例汇总也可以看出,体外诊断领域依然是一级市场最热门的板块。

体外诊断产品细分较多,产品繁多而复杂,不同的应用和细分处于不同的发展阶段。其中占比最大的是免疫、血糖和生化。早期国产企业都是以开放平台的生化试剂为切入点进入市场,到目前为止,生化试剂已经完成了约70%的替代。

全球和中国市场在诊断产品的应用结构上具有不同的特点,由于欧美等发达国家血糖市场的教育比较成熟,因此血糖市场占比较大,而中国则是免疫市场占比较大,中国是传染病大国,传染病大多是使用免疫的方法来检测。未来随着酶免、板式、胶体金等方式部分被更高精度的化学发光替代,免疫市场可能进一步加大比例。而在不同子行业的发展速度上,也呈现出不同的阶段特点。中国高端检测,如化学发光、分子诊断、POCT等都处于早期导入阶段,下游需求旺盛,随着消费人群(病人或者体检健康人)医疗的消费升级理念唤醒,高端检测将持续保持高增长。

投资体外诊断试剂可以从以下方面进行考虑:

(1)产品齐全的企业具有成为大公司的潜质:全球体外诊断领域的代表企业罗雅贝西,销售额约在50亿~120亿美元,其特点为产品齐全性强,大类产品,生化、免疫、流水线不可或缺;同时由于应用场景高度统一,产品齐全可以更大效能使用渠道平台,分摊管理、销售成本。海外体外诊断行业经过多年的发展,行业不断并购整合,市场集中度逐步上升。罗氏、雅培、西门子、丹纳赫共占据全球体外诊断市场超过一半的市场份额,垄断优势明显。这些国际巨头普遍历史悠久,规模庞大,并且掌握着最前沿的技术,其生产的诊断仪器及试剂在性能和检测稳定性上有明显优势,同时具有成熟而广阔的营销渠道、资金实力雄厚,龙头地位相对稳固。

(2)研发投入是未来发展的原动力。体外诊断是技术密集型的行业,四大巨头的发展史中均有其独特的技术优势。如罗氏诊断独有的电化学发光技术让其在免疫诊断市场上独占鳌头。而雅培基于微流控技术开发的i-STAT也让其在POCT细分领域优势显著。以生产医疗仪器设备见长的西门子则是在影像诊断仪器领域优势显著，同时也开发出了首台吖啶酯化学发光免疫分析仪、首台轨道式实验室自动化流水线，等等。丹纳赫收购的贝克曼则是拥有全球最顶尖的自动化生化仪和内窥镜。而持续的高研发投入则是四大巨头保持核心竞争力和龙头地位的核心。

（3）产品布局结构：体外诊断细分众多，选择大容量、高成长性的细分，具有投资价值，如化学发光、POCT、分子诊断等产品。特别分子诊断领域是未来的黄金增长点。分子诊断是利用分子生物学方法检测患者体内遗传物质的结构或表达水平的变化而做出诊断的技术，广泛用于肝炎、性病、肺感染性疾病、优生优育、遗传病基因、肿瘤等领域。分子诊断按技术分类主要包括基因测序、基因芯片和PCR等，其中基因测序具有高通量，且检测信息全面、精确度高的明显优势，临床应用广，未来最具持续爆发潜力。

另外，随着药品"两票制"的尘埃落定，试剂耗材"两票制"风云再起，结合配送商招标遴选等国家医疗改革政策的不断推进，催生医药健康领域产品分销配送、零售诊疗、化学试剂、医疗器械、医疗健康服务等多元业态协同发展的一体化产业链，形成医疗专业化、精细化、网络化、体系化的新的医疗器械第三方服务模式——IVD-SPD模式。

IVD-SPD模式，是指使用信息化、物流识别技术、冷链技术对医疗机构实验室使用的试剂，耗材进行集中、集约管理的业务模式。该模式是在IVD试剂耗材产品供应的单一模式基础上，额外提供全套的供应链服务，包括人员派驻、信息系统、冷链物流、仓储管理、智能存储设备等。通过派驻人员对医疗机构相关科室的试剂耗材进行集中管理，使其成本可视化，协助医疗机构优化资源配置，合理匹配人力、物力、财力，发挥最大效益。更进一步地对医疗机构的专业服务支持延伸至相关科室的设备管理、科室建设、咨询管理、流程设计等，协助医疗机构建立分子诊断中心和区域检验中心。其中，由国药控股与润达医疗成立的合资公司——国润医疗就是IVD-SPD模式的典型代表。

国润医疗的IVD-SPD集约化服务一般包含：①完整的供应链体系，上下游紧密合作，提供个性化的产品组合方案、最优的价格供应体系。②成熟的信息管理系统，上游供应商、中间流通商、下游医疗机构的数据体系提供有力支撑，实现全链条数据信息化管理服务。③全程冷链物流管理，通过硬件系统（扫码枪、PDA、冷链保温箱、冷链车）和具有自主知识产权的软件系统（TMS、WMS、温湿度监控系统）实现车辆GPS定位、实时温湿度监控数据传输，实现对产品的温湿度、运输时间、运输路径的实时动态监控，保障产品运输的安全性。④设备维修保养服务，打造医疗机构设备管理、维护信息管理、源数据收集、线上报修、设备质量评估于一体的专业性综合服务平台。⑤优质样板医院，成功的集约化服务进一步增强了客户黏性，也为复制样板服务模式奠定了基础。

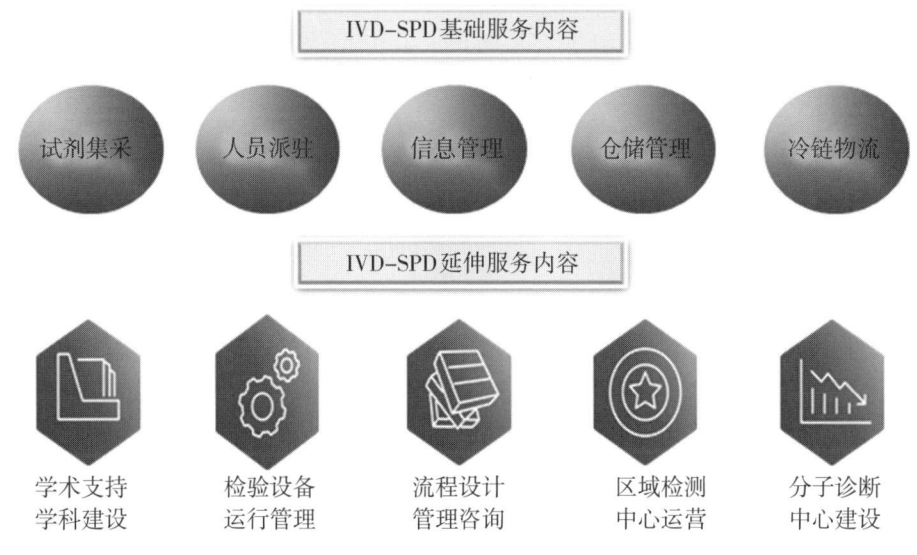

图6-4　国润医疗IVD-SPD服务内容

IVD-SPD集约化服务有效减少了医疗机构采购成本、运营成本、人力成本，降低了医务人员劳动强度；有效提升了医疗机构科室工作效率、信息化水平；有效提高了试剂供货时效性，保障试剂质量体系。通过打造安全高效的药械产品供应链，逐步从单一的供应链服务提供商向供应链平台提供商、综合解决方案提供商转型，从企业集群向企业生态转化，形成全方位服务的IVD生态服务圈，助推IVD产业高质量发展。

（四）高值耗材

高值医用耗材是由骨科、心血管等各科所需的介入器材、植入器材和人工器官等高附加值的消耗材料组成。总体而言，我国高值医疗器械行业仍然处于吸收发达国家技术优势、转化创新的阶段。

心脏支架为主的心脏介入类产品、骨科植入类产品系高值医用耗材的主要产品种类。骨科和心血管均为全球行业规模最大、集中度最高、附加值最高、成长速度较快的两大器械领域。

1. 我国心脏介入类产品市场规模

介入治疗是一种新型诊断与治疗心血管疾病的技术，该技术通过穿刺体表血管，在数字剪影的连续投照下，送入心脏导管，经特定的心脏导管操作技术对心脏病进行确诊和治疗。目前介入治疗已成为与传统的内科药物治疗、外科手术治疗相并列的三大现代医学治疗手段之一。我国介入性心血管疾病治疗市场规模逐年增加。

图6-5 我国心脏支架市场规模

数据来源：智研咨询，奥咨达整理。

2. 我国骨科植入类产品市场规模

我国骨科植入类医用耗材市场分为四大类，创伤类、脊柱类、关节类和足踝类，其中前三类是最主要的骨科植入类耗材。与全球骨科植入类耗材市场上关节类产品占据主要市场份额不同，我国骨科植入类医用耗材市场的最大类别是创伤类。创伤类产品国产化率达60%，但脊柱类和关节类产品以进口为主。随着我国居民消费能力的提高、国内医疗保险制度的完善、临床医生治疗水平的整体提升，我国脊柱类和关节类耗材产品的市场份额将进一步提高。

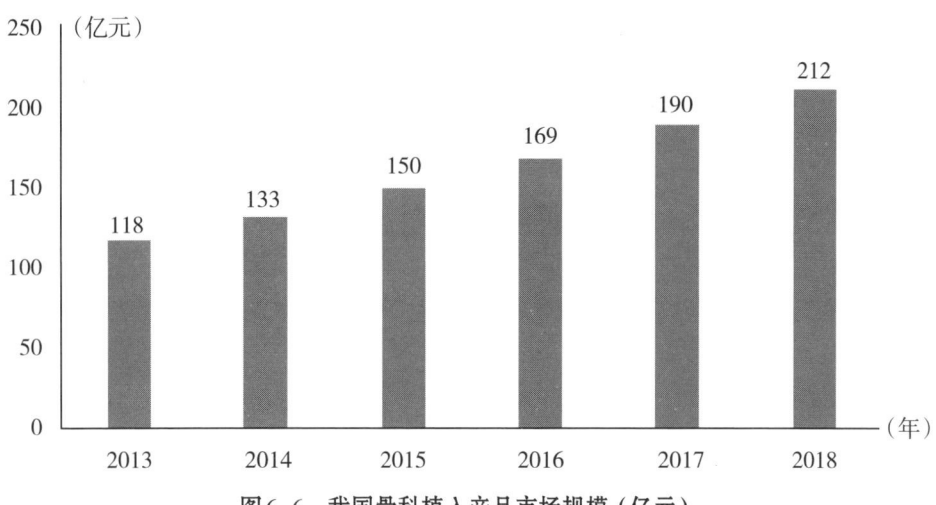

图6-6 我国骨科植入产品市场规模（亿元）

数据来源：智研咨询，奥咨达整理。

3. 我国高值医用耗材市场潜力巨大

随着我国人口老龄化的加剧以及扶持政策力度的加大，医疗器械市场规模正不断扩张。中国医疗器械产业由小到大，迅速发展，现已成为一个产品门类比较齐全、创新能力不断增强、市场需求十分旺盛的朝阳产业。特别是近年来，医疗器械产业发展速度进一步加快，连续多年产值保持两位数增长。其中，作为骨科和心血管所需的介入器材、植入器材等高值医疗器械也迎来快速增长期。

（五）人工智能

2018年10月31日，中共中央总书记习近平在主持中共中央政治局就人工智能发展现状和趋势举行第九次集体学习时强调，人工智能是新一轮科技革命和产业变革的重要驱动力量，加快发展新一代人工智能是事关我国能否抓住新一轮科技革命和产业变革机遇的战略问题。人工智能（Artificial Intelligence, AI）是研究、开发用于模拟、延伸和扩展人的智能的理论、方法、技术及应用系统的一门新的技术科学。AI在医疗上的应用可以大大提高医疗效率，系统性降低医疗成本，未来应用前景广泛。当前，我国AI在学术论文、技术专利、社会认可度、资本的投入等方面均有不错表现。国内医疗AI的融资情况逐年攀升。据动脉网统计，2018年1~9月中国医疗人工智能领域共有39家企业披露完成融资，已披露的融资金额达26.2亿元。在企业数量方面，据《中国人工智能发展报告2018》显示，截至2018年6月，全球AI企业达4925家，其中中国拥有1011家，仅次于美国，居第二位。医疗AI已跨越了人才和技术鸿沟，但目前普遍被阻拦在应用驱动的场景和成熟的产品前面，尚未有一款产品通过国家药监局审批取得注册证，医疗人工智能在产品应用层面还需进一步突破。

为突破行业桎梏，让AI前沿技术尽快广泛应用于临床，服务于广大医患，国家药品监督管理局医疗器械技术审评中心与中国生物医学工程学会合作成立了一个开放的AI医疗器械研究平台。据悉，该平台囊括了业界知名的研发机构、企业代表和参与研发的专家，可以帮助企业解决AI产品应如何进行设计开发，以满足医疗健康产品的基本要求，同时形成对AI产品的审查要求，从而提升审评环节的效率，节省企业的研发成本。在产品合规上市的注册审批环节，评审中心已为AI产品的落地进行探索、研究和预判，为迎接新一代AI医疗器械进入审评环节做好了技术准备。

医疗人工智能在中国有着先天发展优势：一方面，中国人口数量庞大，有充足的医疗数据，为医疗人工智能发展提供了基石；另一方面，中国足够大的医疗市场也为人工智能企业提供了动力。当前我国正处于医疗人工智能的风口，根据IDC发布的报告《中国医疗人工智能发展动态和趋势2017》，2017年中国医疗人工智能诊疗服务市场规模达到1.83亿元，预计到2022年将达到58.75亿元，年复合增长率100.1%。未来随着审评审批以及行业监管的成熟，我国在基础研究、人才、政策、市场方面有独特的优势，有望快速催生和发展国内医疗人工智能的产业基础，未来发展趋势向好。

第七章 中国医疗器械行业未来发展展望

当前,我国经济由高速增长阶段转向高质量发展阶段,正处于转变发展方式、优化经济结构、转换增长动力的攻关期。一方面,传统竞争优势受到削弱,劳动力成本攀升,资源约束趋紧,环境承载能力接近上限,传统发展模式遭遇瓶颈;另一方面,我国人力资源丰富,市场规模庞大,基础设施比较完善,产业配套齐全,创新发展的制度环境和政策环境不断完善,仍然具备综合竞争优势。未来十年,中国医疗器械产品能否从中低端向高附加值的高端产品转化?中国医疗器械行业将会发生怎样的变化?奥咨达作为全球医疗器械产业第三方服务平台,做了对中国医疗器械行业未来十年的研判。

一、未来十年将是有序发展的黄金生长期

得益于政策的鼓励和政府的支持,我国医疗器械产业由小到大,迅速发展,现已成为一个产品门类比较齐全、创新能力不断增强、市场需求十分旺盛的朝阳产业。随着中国老龄化的加剧,对医疗设备的需求将会有增无减。中国医疗器械产业发展将由过去重数量和产量逐步向重质量和品牌转变,市场格局将发生根本转变,科研能力强、品牌影响力大的创新型企业将会是市场主流。

奥咨达认为政府和各界从政策扶持、创新推动、资本集聚等方面为我国的医疗器械行业有序发展提供强有力的支持后盾:

一是大力支持国产医疗器械产业发展。医疗器械国产化及进口替代是国家政策重点鼓励的方向。我国出台重点开发一批国产高端医疗器械,形成进口替代,自此拉开我国医疗器械国产化的序幕。从政策层面,政府鼓励在地方招标中首选国产设备;从市场行为来看,随着企业竞争力的提升,国产企业已经在局部可以实现进口替代。政策鼓励,加速医疗行业的创新腾飞发展,为我国创新医疗器械带来新机遇。

二是创新突破加速演进。良好的政策和环境催生出一批领先的创新成果——我国首台自主研发的医用重离子加速器成功出束,并达到设计指标,结束了我

国针对肿瘤的重离子放射治疗依赖国外技术设备的历史,也标志着我国实现了世界最大型医疗器械的国产化;非晶硅平板X线探测器成套技术成功突破,意味着我国已在数字化X线机领域形成完整产业链,实现从组装到核心技术的重点跨越,使我国X线机装机成本降低一半;64排CT成功上市,达到亚毫米级分辨力,国产CT迈入高端行列;自主研制的脑起搏器成功上市,使我国在有源植入式神经调控器械领域走在国际前沿。国内医疗器械生产企业应注重研发能力和技术水平的提升,加大研发投入,转变研发观念,实现技术与品质的双提升。同时,要加大专业研发人才和管理人才的培养,组建相关领域专家智库,为企业发展和国家政策的制定提供智力支持和人力保障。此外还应注意提高知识产权保护和防御意识。

三是资本集聚效应明显,金融与实业的融合将助推产业发展。最近的3~5年间,金融资本对医疗器械领域给予了极大关注,大量资金的汇聚,为医疗器械产业的发展注入新活力。截至2018年12月20日,医疗器械行业一级市场投资案例达203起,已披露的投资金额超过百亿元。资本的集聚将为产业发展提供有力的支持。

我国医疗器械法规快速更新和完善,目前已经基本构建了覆盖医疗器械监管全过程的医疗器械法规体系,同时在资本市场港交所上市开放新通道,给众多的生物技术企业带来获得融资的更大平台和在国际市场上展示的机会。国产医疗器械的创新发展需要的资本、技术、人才、政策等要素正逐步集全。

我们相信在利好政策的推动、高端医疗器械技术的突破以及资本的助推下,中国医疗器械行业将迎来合规下的疯狂增长,未来十年将是中国医疗器械行业有序发展的黄金十年。

二、中国医疗器械上市公司即将突破百家

我国当前的医疗器械企业存在中小企业林立、产品以中低端为主、产品大量出口、产品不集中等特点。我国医疗器械企业发展迅速,企业规模迅速扩张,加上资本市场的助推,近年来上市公司扩容效应明显。截至2018年,国内上市公司已达85家,比2017年医疗器械上市企业增加10家,比2016年增加了将近30家。相信很快,医疗器械上市公司将突破100家。

表7-1 2018中国医疗器械概念上市公司概况

序号	企业简称	股票代码	经营范围
1	正海生物	300653	生物膜
2	中源协和	600645	细胞工程、基因工程
3	上海医药	601607	控股上海医疗器械股份有限公司
4	航天长峰	600855	麻醉剂、呼吸机
5	海南海药	000566	医药、人工耳蜗
6	东软集团	600718	医用影像设备
7	通策医疗	600763	口腔医疗
8	复星医药	600196	医疗诊断和医疗器械业务
9	中国再生医学	08158HK	医学组织工程产品
10	金卫医疗	00801HK	血液回收设备耗材、血浆置换治疗
11	智城控股	08130HK	医疗信息系统
12	铭源医疗	00233HK	蛋白芯片、体检
13	新华医疗	600587	影像、放疗设备、消毒灭菌
14	金域医学	603882	医学检验及病理诊断外包服务
15	威高股份	01066HK	注射、输血、透析、骨科等耗材
16	科华生物	002022	生化分析仪、试剂
17	达安基因	002030	医学检验、病理检验、试剂
18	中国医疗技术	CMED	体外诊断检验
19	中生北控	08247HK	体外诊断检验
20	迈瑞医疗	MR	监护、体外诊断、影像设备
21	中国华仁医疗	00648HK	医疗设备租赁及经营
22	鱼跃医疗	002223	家用、康复、医用供氧器械
23	乐普医疗	300003	心脏介入设备
24	泰和诚医疗	CCM	影像、放疗设备、肿瘤诊断治疗
25	阳普医疗	300030	真空采血系统
26	联络智能	LLIT	医疗穿戴，智能设备以及智能生态平台
27	创生控股	00325HK	骨科介入材料、骨科手术器材
28	九安医疗	002432	血压计、血糖仪
29	微创医疗	00853HK	心血管、骨科设备

续表 7-1

序号	企业简称	股票代码	经营范围
30	尚荣医疗	002551	医疗设备及医疗系统工程
31	理邦仪器	300206	监护、心电、超声
32	千山药机	300216	注射剂生产设备、基因芯片
33	冠昊生物	300238	再生医学材料
34	宝莱特	300246	监护、心电、血液透析
35	迪安诊断	300244	第三方医学诊断机构
36	和佳股份	300273	肿瘤治疗、影像
37	先健科技	08122HK	心脑血管及外周血管介入器材
38	利德曼	300289	体外诊断试剂及仪器
39	三诺生物	300298	血糖仪
40	戴维医疗	300314	婴儿保育设备
41	博晖创新	300318	体外诊断仪器
42	凯利泰	300326	骨科器械
43	泰格医药	300347	医药CRO，近年进入器械CRO行业
44	普华和顺	01358HK	骨科植入物及高级输液器产品
45	迪瑞医疗	300396	检验产品、医学检验实验室整体解决方案
46	九强生物	300406	生化诊断试剂
47	维力医疗	603309	医用导管
48	美康生物	300439	体外诊断产品、第三方医学诊断服务
49	健帆生物	300529	血液灌流相关产品的研发、生产与销售
50	泰达生物	08189HK	体外诊断
51	迈克生物	300463	生物检测、体外诊断
52	蓝帆医疗	002382	血液透析
53	安图生物	603658	体外诊断
54	万东医疗	600055	医学影像、设备
55	开立医疗	300633	医学影像、设备
56	万孚生物	300482	体外诊断
57	三鑫医疗	300453	医用耗材
58	奥佳华	002614	康复设备
59	华大基因	300676	基因检测、体外诊断

续表7-1

序号	企业简称	股票代码	经营范围
60	英科医疗	300677	康复设备
61	康德莱	603987	介入耗材
62	美亚光电	002690	医学影像、设备
63	乐心医疗	300562	家用器械
64	大博医疗	002901	骨科植入
65	基蛋生物	603387	体外诊断
66	艾德生物	300685	体外诊断
67	透景生命	300642	体外诊断
68	南卫股份	603880	医用耗材
69	欧普康视	300595	眼科设备
70	凯普生物	300639	体外诊断
71	天美控股	01298HK	体外诊断
72	正川股份	603976	医用耗材
73	塞力斯	603716	体外诊断产品
74	贝瑞基因	000710	高通量测序技术及应用研究
75	福瑞股份	300049	诊断设备研发与销售
76	振德医疗	603301	医用敷料的生产、研发与销售
77	明德生物	002932	POCT快速诊断试剂与快速检测仪器
78	星普医科	300143	伽马刀设备
79	药明康德	603259	药品CDMO、医疗器械检测及精准医疗研发生产服务
80	创业软件	300451	医疗卫生信息化应用软件
81	永胜医疗	01612HK	呼吸产品、造影剂压力注射器以及骨科支护具康复器具。
82	巨星医疗控股	02393HK	医疗耗材及设备
83	隽泰控股	00630HK	制造及销售医疗设备产品
84	昌红科技	300151	高端医疗耗材及试剂
85	爱朋医疗	300753	疼痛管理及鼻腔护理器械

来源：奥咨达收集整理。

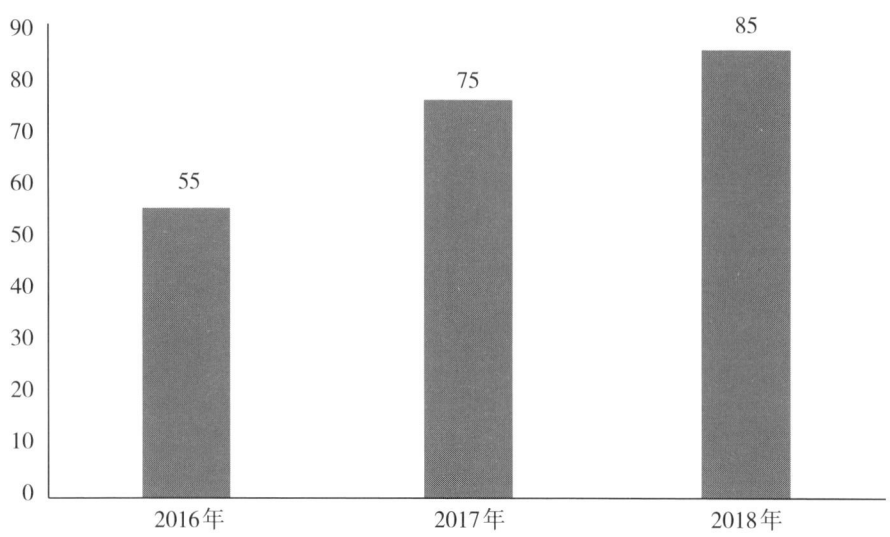

图7-1 我国近三年医疗器械概念上市公司数量（家）

来源：奥咨达收集整理。

三、产生3～5家航母级的医疗器械企业

医疗器械作为多学科交叉、各类技术集合的产业，其上市过程涉及材料制备、元件设计、表面处理、机械加工、质量管控、动物试验、型式检验、临床试验等环节。中小企业往往很难同时具备研发、临床、注册、生产、营销和售后所需的全部技术和能力。我国医疗器械行业企业间的横向和纵向一体化的兼并、联合、重组都将出现，生产将加快向大型医疗器械企业集中，中小企业将集中精力专注某种器械或者某种器械零部件的研发工作，或者被大型医疗器械生产企业兼并、重组。医疗器械行业的兼并、重组将加速。预测今后5～10年，我国医疗器械行业的"航空母舰"将很可能在粤港澳大湾区、长三角或环渤海地区诞生。

奥咨达认为，航母级别的企业需具备以下的特征：
①拥有广泛的医疗终端（医院、诊所、体检中心、检测中心等）；
②有专业的医疗物流系统；
③拥有强大的金融平台；
④拥有自主的知识产权以实现核心产品关联。

纵观医疗器械行业的情况来看，排名前25位的医疗器械公司的销售额合计占全球医疗器械总销售额的60%，而散布在世界各地的数万家医疗器械公司合计只占40%。造成这种现象的原因是强者恒强的原则。近年来，全球范围内医疗器械企业之间的并购重组年平均交易额高达上百亿美元。这一趋势从整体上导致医疗器械产业结构不断优化，产生航母级别的大规模的企业。

航母级企业在医疗器械行业具有优先的话语权和权威性、行业地位高、掌握产品定价权、拥有全球（全国）销售体系、能吸引更多的资本和人才等优势。我国有航母级别的公司的苗头出现说明了我国医疗器械行业发展迅猛，也是我国国产医疗器械高速发展的体现。

四、中国将成为全球医疗器械产业中心

旺盛的产业需求及完善的产业链资源，以及近年来国家对医疗器械产业的大力支持，制度的红利带来了极大的突破。中国将成为全球医疗器械产业中心。

（一）旺盛的需求

美国、欧洲和日本等发达国家在医疗器械产业发展时间较早，其医疗器械产品在未来将以升级换代为主，市场保持规模庞大且增长较为稳定。但在高速发展的中国则是另外一番景象。随着经济的发展、人口的增长、社会老龄化程度的提高，以及人们保健意识的不断增强，中国医疗器械产业需求旺盛。以中国为代表的亚洲新兴发展中国家，医疗器械领域关键技术不断突破，在医疗器械消费市场迅速扩张，居民生活水平逐渐提高，必将促使医疗器械市场需求大幅增加。不断增加的医疗费用支出、日益提升的消费能力和健康意识都是推动行业发展的积极因素。

（二）完善的产业链

医疗器械产业具有集成性和较高的风险性，其发展有赖于基础工业的发展、基础学科的进步以及产业化程度的提高。经过多年的发展和完善，我国已建成了门类齐全、独立完整的产业体系，有力推动工业化和现代化进程，成为世界制造业大国。同时，在与国际同等技术条件下，"中国制造"成本低，性价比高，市场竞争空间巨大。因此国内具备了医疗器械产业集聚中心所需的工业基础。

在政策层面上，近年来国务院多次将医疗器械纳入国家发展战略，在创新医疗器械领域，着重提高医疗器械的创新能力和产业化水平，提供自主创新

的沃土，多维度鼓励创新医疗器械，加快注册上市流程，实现相关领域国产化。为推动我国制造业升级转型，2015年5月19日，国务院正式印发《中国制造2025》。高性能医疗器械位列十大发展领域。着重提出"提高医疗器械的创新能力和产业化水平，重点发展影像设备、医用机器人等高性能诊疗设备，全降解血管支架等高值医用耗材，可穿戴、远程诊疗等移动医疗产品。实现生物3D打印、诱导多能干细胞等新技术的突破和应用"。国家药品监管部门持续加大对医疗器械创新的扶持力度，在加快审批速度、加强沟通服务等方面作出积极改革。在监管部门和产业界的共同努力下，中国医疗器械产业进入发展加速期。

在技术领域上，2018年以来，医疗设备研制与技术不断革新。在大型影像设备、心血管植入物、骨科导航手术机器人等领域，国产医疗器械正出击高端产品领域，努力实现从跟跑到部分并跑的突破。由北京天智航医疗科技股份有限公司研发的国产第三代骨科手术机器人——"天玑"是目前在中国注册上市的唯一全骨科手术导航定位医疗器械，不仅具备与国外产品同等甚至更优的性能指标，而且更创造性地将手术机器人的适用领域拓展至全骨科手术。"天玑"以国际原创的身份上榜12月5日在科技部公示的《创新医疗器械产品目录（2018）》中。广东中能加速器科技有限公司推出的肿瘤治疗设备的创新加速器获批上市，随着该产品的投放市场，不仅填补了国内空白，也引领了国际高端放疗设备的技术发展方向，打破了我国高端放疗设备领域进口垄断的局面[1]。

（三）制度突破带来的红利

推行医疗器械注册人制度，核心是将产品注册和生产许可进行"分离"，将选择权的便利"放"给企业和市场，形成有利于社会化大生产的制度环境；有利于整合社会资源推动医疗器械产业链上下游分工与合作，形成先进制造优势，减少重复投资和低水平重复建设；有利于科研人才、研发机构和创新企业集聚，优化创新资源的市场配置，激发创新活力；有利于对接国际医疗器械制造通行规则，促进高端医疗器械本土制度；有利于加快创新产品上市，满足人民日益迫切的高品质健康服务需求。

未来，全球医疗器械行业市场将继续保持持续、快速的增长，市场空间十

---

[1] 促进国产创新医疗器械发展"系列报道之二 国产高端医疗器械新势力崛起［EB/OL］https://mp.weixin.qq.com/s/REKn7YQj0Dmeg7Tll7Nv6Q

第七章 中国医疗器械行业未来发展展望

分广阔。同时，巨大的资源和市场潜力使得中国成为"世界制造工厂"，中国的创新医疗器械也逐渐得到国际的认可。未来十年，中国有望成为全球医疗器械产业中心。

奥咨达通过搭建全产业第三方服务平台为医疗器械产业提供科研转化及生产制造平台（CDMO）、全球注册及临床试验平台（CRO）、医疗器械流通平台（CSO）、医械管理云软件平台（MDAC）、产业服务平台（产业规划、产业智库、产业平台、园区管理）、产业投资平台，通过产业、企业和产品赋能实现项目转化和产业落地，为医疗器械企业（项目）提供一站式"闭环"服务，极大地推动了医疗器械行业生产组织方式的变革，以促使中国成为全球医疗器械产业集聚中心。奥咨达将致力于中国成为全球医疗器械产业中心而作出不懈的努力！

附 录

附录1　2018年国务院发布关于医疗器械的法规文件清单

序号	标题	发文字号	发布日期	实施日期
1	国务院关于机构设置的通知	国发〔2018〕6号	2018/3/23	2018/3/23
2	国务院关于部委管理的国家局设置的通知	国发〔2018〕7号	2018/3/24	2018/3/24
3	国务院关于在海南博鳌乐城国际医疗旅游先行区暂停实施《医疗器械监督管理条例》有关规定的决定	国发〔2018〕10号	2018/4/8	2018/4/8
4	中共中央 国务院关于支持海南全面深化改革开放的指导意见	—	2018/4/14	2018/4/14
5	国务院办公厅关于促进"互联网+医疗健康"发展的意见	国办发〔2018〕26号	2018/4/28	2018/4/28
6	国务院关于印发进一步深化中国（广东）自由贸易试验区改革开放方案的通知	国发〔2018〕13号	2018/5/24	2018/5/24
7	国务院关于印发进一步深化中国（天津）自由贸易试验区改革开放方案的通知	国发〔2018〕14号	2018/5/24	2018/5/24
8	关于深入开展"互联网+医疗健康"便民惠民活动的通知	国卫规划发〔2018〕22号	2018/7/12	2018/7/12
9	国务院办公厅关于印发全国深化"放管服"改革转变政府职能电视电话会议重点任务分工方案的通知	国办发〔2018〕79号	2018/8/14	2018/8/14

续表

序号	标题	发文字号	发布日期	实施日期
10	国务院关于在上海市浦东新区暂时调整实施有关行政法规规定的决定	国发〔2018〕29号	2018/8/15	2018/8/15
11	国务院办公厅关于印发深化医药卫生体制改革2018年下半年重点工作任务的通知	国办发〔2018〕83号	2018/8/28	2018/8/28
12	国务院关于推动创新创业高质量发展打造"双创"升级版的意见	国发〔2018〕32号	2018/9/26	2018/9/26
13	国务院关于印发中国（海南）自由贸易试验区总体方案的通知	国发〔2018〕34号	2018/10/16	2018/10/16

附录2　2018年其他部委发布关于医疗器械的法规文件清单

序号	标题	发布机构	发文字号	发布日期	实施日期
1	关于加强和促进食品药品科技创新工作的指导意见	原国家食药监总局、国家科技部	食药监科〔2018〕14号	2018/1/30	2018/1/30
2	关于加强知识产权审判领域改革创新若干问题的意见	中共中央办公厅、国务院办公厅、国家知识产权局	—	2018/2/27	2018/2/17
3	关于发布大型医用设备配置许可管理目录（2018年）的通知	卫健委	国卫规划发〔2018〕5号	2018/4/9	2018/4/9
4	《大型医用设备配置许可管理目录（2018年）》政策解读	卫健委		2018/4/9	2018/4/9
5	关于促进首台（套）重大技术装备示范应用的意见	国家发展改革委	发改产业〔2018〕558号	2018/4/18	2018/4/18
6	《关于促进"互联网+医疗健康"发展的意见》政策解读	卫健委	—	2018/4/28	2018/4/28
7	一图读懂《关于促进"互联网+医疗健康"发展的意见》	卫健委		2018/4/28	2018/4/28
8	关于进一步推进中央企业创新发展的意见	国家科技部、国务院国有资产监督管理委员会	国科发资〔2018〕19号	2018/5/21	2018/5/21

续表

序号	标题	发布机构	发文字号	发布日期	实施日期
9	关于坚持以习近平新时代中国特色社会主义思想为指导推进科技创新重大任务落实深化机构改革加快建设创新型国家的意见	国家科技部	党组发〔2018〕1号	2018/5/22	2018/5/22
10	关于组织实施生物医药合同研发和生产服务平台建设专项的通知	国家发展改革委	发改办高技〔2018〕633号	2018/5/31	2018/5/31
11	关于印发罕见病目录制订工作程序的通知	卫健委	国卫办医发〔2018〕11号	2018/6/5	2018/6/5
12	关于印发医疗消毒供应中心等三类医疗机构基本标准和管理规范（试行）的通知	卫健委	国卫医发〔2018〕11号	2018/6/11	2018/6/11
13	关于印发甲类大型医用设备配置许可管理实施细则的通知	卫健委	国卫规划发〔2018〕14号	2018/6/13	2018/6/13
14	关于进一步改革完善医疗机构、医师审批工作的通知	卫健委	国卫医发〔2018〕19号	2018/6/19	2018/6/19
15	关于做好2018年国家基本公共卫生服务项目工作的通知	卫健委	国卫基层发〔2018〕18号	2018/6/20	2018/6/20
16	关于加强国家重点实验室建设发展的若干意见	国家科技部	国科发基〔2018〕64号	2018/6/22	2018/6/22
17	2017年药品流通行业运行统计分析报告	商务部	—	2018/6/22	2018/6/22

续表

序号	标题	发布机构	发文字号	发布日期	实施日期
18	医疗器械监督管理条例修正案（草案送审稿）	司法部	—	2018/6/25	2018/6/25
19	关于宣布失效第三批委文件的决定	卫健委	国卫办发〔2018〕15号	2018/7/4	2018/7/4
20	关于深入开展"互联网+医疗健康"便民惠民活动的通知	卫健委	国卫规划发〔2018〕22号	2018/7/12	2018/7/12
21	医疗技术临床应用管理办法	卫健委	中华人民共和国国家卫生健康委员会令第1号	2018/9/14	2018/11/1
22	《医疗技术临床应用管理办法》解读	卫健委	—	2018/9/14	2018/9/14
23	关于印发互联网诊疗管理办法（试行）等3个文件的通知	卫健委	国卫医发〔2018〕25号	2018/9/14	2018/9/14
24	关于《创新医疗器械产品目录（2018）》公示的公告	国家科技部	—	2018/12/5	2018/12/5

附录3 2018年国家药监主管部门发布关于医疗器械的法规文件情况

序号	标题	发文单位	发文字号	发布日期	实施日期
1	总局办公厅关于做好医疗器械检验有关工作的通知	原国家食药监总局	食药监办械管〔2017〕187号	2018/1/3	2018/1/3
2	关于上海市食品药品监督管理局开展医疗器械注册人制度试点工作的公告	原国家食药监总局	2018年第1号	2018/1/9	2018/1/9
3	总局关于批准注册医疗器械产品公告	原国家食药监总局	2018年第4号	2018/1/22	2018/1/22
4	总局关于印发《医疗器械标准规划（2018—2020年）》的通知	原国家食药监总局	食药监科〔2018〕9号	2018/1/29	2018/1/29
5	总局办公厅关于实施《医疗器械网络销售监督管理办法》有关事项的通知	原国家食药监总局	食药监办械监〔2018〕31号	2018/2/27	2018/2/27
6	总局关于批准注册88个医疗器械产品公告	原国家食药监总局	2018年第24号	2018/2/27	2018/2/27
7	总局办公厅关于印发医疗器械标准化技术委员会考核评估方案的通知	原国家食药监总局	食药监办科〔2018〕38号	2018/3/21	2018/3/21
8	总局关于批准注册96个医疗器械产品公告	原国家食药监总局	2018年第32号	2018/3/22	2018/3/22
9	总局关于注销医疗器械注册证书的公告	原国家食药监总局	2018年第34号	2018/3/22	2018/3/22
10	2017年度医疗器械注册工作报告	原国家食药监总局	—	2018/3/28	2018/3/28
11	医疗器械临床试验质量管理相关问题解读之一	国家药品监督管理局	—	2018/4/18	2018/4/18
12	医疗器械临床试验质量管理相关问题解读之二	国家药品监督管理局	—	2018/4/18	2018/4/18

续表

序号	标题	发文单位	发文字号	发布日期	实施日期
13	关于批准注册94个医疗器械产品公告	国家药品监督管理局	2018年第7号	2018/4/20	2018/4/20
14	关于印发2018年严厉打击违法违规经营使用医疗器械专项整治工作方案的通知	国家药品监督管理局	国药监〔2018〕11号	2018/4/26	2018/4/26
15	关于批准注册107个医疗器械产品公告	国家药品监督管理局	2018年第18号	2018/5/15	2018/5/15
16	关于强脉冲光脱毛类产品分类界定的通知	国家药品监督管理局办公室	药监办〔2018〕10号	2018/5/25	2018/5/25
17	关于印发医疗器械注册技术审查指导原则制修订工作管理规范的通知	国家药品监督管理局办公室	药监办〔2018〕13号	2018/5/29	2018/5/29
18	关于进一步加强机构改革期间药品医疗器械化妆品监管工作的通知	国家药品监督管理局	国药监〔2018〕19号	2018/6/5	2018/6/5
19	关于批准注册90个医疗器械产品公告	国家药品监督管理局	2018年第39号	2018/6/25	2018/6/25
20	关于发布2018年第一批医疗器械临床试验监督抽查项目的通告	国家药品监督管理局	2018年第48号	2018/6/25	2018/6/25
21	关于发布国家医疗器械监督抽检结果的通告（第5号）	国家药品监督管理局	2018年第65号	2018/7/23	2018/7/23
22	关于公示第三届中国质量奖及提名奖获奖名单的公告	国家市场监督管理总局	2018年第18号	2018/7/23	2018/7/23
23	关于批准注册96个医疗器械产品公告	国家药品监督管理局	2018年第48号	2018/7/26	2018/7/26
24	《医疗器械分类目录》实施有关问题解读	国家药品监督管理局	—	2018/8/1	2018/8/1

续表

序号	标题	发文单位	发文字号	发布日期	实施日期
25	关于加强医疗器械生产经营许可（备案）信息管理有关工作的通知	国家药品监督管理局办公室	—	2018/8/2	2018//8/2
26	2018年上半年市场环境形势分析	国家市场监督管理总局	—	2018/8/7	2018/8/7
27	关于印发2018年医疗器械行业标准制修订项目的通知	国家药品监督管理局办公室	药监办〔2018〕26号	2018/8/7	2018/8/7
28	国家药品监督管理局职能配置、内设机构和人员编制规定	国家药品监督管理局	厅字〔2018〕53号	2018/8/9	2018/8/9
29	武汉生物公司效价不合格百白破疫苗处置工作核查组公布工作进展	国家药品监督管理局、卫健委等多部门	—	2018/8/10	2018/8/10
30	关于同意开展医疗器械注册人制度试点工作的批复	国家药品监督管理局	国药监函〔2018〕42号	2018/8/16	2018/8/16
31	关于同意开展医疗器械注册人制度试点工作的批复	国家药品监督管理局	国药监函〔2018〕43号	2018/8/16	2018/8/16
32	对问题疫苗案件相关工作人员问责	国家市场监督管理总局	—	2018/8/18	2018/8/18
33	关于修改医疗器械延续注册等部分申报资料要求的公告	国家药品监督管理局	2018年第53号	2018/8/23	2018/8/23
34	关于批准注册84个医疗器械产品公告	国家药品监督管理局	2018年第56号	2018/8/24	2018/8/24
35	医疗器械不良事件监测和再评价管理办法	国家市场监督管理总局	国家市场监督管理总局令第1号	2018/8/31	2019/1/1

续表

序号	标题	发文单位	发文字号	发布日期	实施日期
36	《医疗器械不良事件监测和再评价管理办法》解读	国家药品监督管理局	—	2018/8/31	2018/8/31
37	关于2018年第一批医疗器械临床试验监督抽查情况的公告	国家药品监督管理局	2018年第67号	2018/9/12	2018/9/12
38	关于提供医疗器械技术审评补正资料预审查服务的通告	国家药品监督管理局	2018年第8号	2018/9/12	2018/10/8
39	关于批准注册80个医疗器械产品公告	国家药品监督管理局	2018年第68号	2018/9/21	2018/9/21
40	关于医疗器械规范性文件（1998—2013年）清理结果的公告	国家药品监督管理局	2018年第37号	2018/9/27	2018/9/27
41	关于公布新修订免于进行临床试验医疗器械目录的通告	国家药品监督管理局	2018年第94号	2018/9/30	2018/9/30
42	关于发布医疗器械生产企业管理者代表管理指南的通告	国家药品监督管理局	2018年第96号	2018/9/30	2018/9/30
43	免于进行临床试验医疗器械目录解读	国家药品监督管理局	—	2018/9/30	2018/9/30
44	药监部门依法从严对长春长生公司违法违规生产狂犬病疫苗作出行政处罚	国家药品监督管理局	—	2018/10/16	2018/10/16
45	关于贯彻实施《医疗器械不良事件监测和再评价管理办法》有关事项的通知	国家药品监督管理局综合司	药监综械管〔2018〕35号	2018/10/29	2019/1/1
46	关于发布骨科外固定支架等3项注册技术审查指导原则的通告	国家药品监督管理局	2018年第107号	2018/10/30	2018/12/1

续表

序号	标题	发文单位	发文字号	发布日期	实施日期
47	关于医疗器械经营企业跨行政区域设置库房办理事项的通告2018年第108号	国家药品监督管理局	2018年第108号	2018/10/31	2019/1/1
48	《创新医疗器械特别审查程序》解读	国家药品监督管理局	—	2018/11/5	2018/11/5
49	关于发布国家医疗器械监督抽检结果的通告（第8号）	国家药品监督管理局	2018年第112号	2018/11/8	2018/11/8
50	关于贯彻落实国务院"证照分离"改革要求做好医疗器械上市后监管审批相关工作的通知	国家药品监督管理局综合司	药监综械管〔2018〕39号	2018/11/9	2018/11/9
51	关于贯彻落实"证照分离"改革措施进一步推进医疗器械审评审批制度改革的通知	国家药品监督管理局综合司	药监综械注〔2018〕43号	2018/11/15	2018/11/15
52	关于贯彻落实国务院"证照分离"改革要求做好药品监管相关审批工作的通知	国家药品监督管理局	国药监药管〔2018〕46号	2018/11/20	2018/11/20
53	关于批准注册86个医疗器械产品公告	国家药品监督管理局	2018年第91号	2018/11/23	2018/11/23
54	关于发布2018年第二批医疗器械临床试验监督抽查项目的通告	国家药品监督管理局	2018年第119号	2018/11/23	2018/11/23
55	关于印发医疗器械临床试验检查要点及判定原则的通知	国家药品监督管理局综合司	药监综械注〔2018〕45号	2018/11/28	2018/11/28
56	关于发布医疗器械技术审评中心创新医疗器械特别审查申请审查操作规范的通告	国家药品监督管理局	2018年第11号	2018/11/29	2018/11/29

续表

序号	标题	发文单位	发文字号	发布日期	实施日期
57	关于发布外科纱布敷料等3项注册技术审查指导原则的通告	国家药品监督管理局	2018年第120号	2018/12/4	2018/12/4
58	关于注销医疗器械证书的公告	国家药品监督管理局	2018年第93号	2018/12/4	2018/12/4
59	关于2019年医疗器械行业标准制修订计划项目公示	国家药品监督管理局综合司	—	2018/12/11	2018/12/11
60	关于发布一次性使用胆红素血浆吸附器等2项注册技术审查指导原则的通告	国家药品监督管理局	2018年第126号	2018/12/11	2018/12/11
61	关于发布创新医疗器械特别审查申报资料编写指南的通告	国家药品监督管理局	2018年第127号	2018/12/18	2018/12/18
62	关于批准注册133个医疗器械产品公告	国家药品监督管理局	2018年第96号	2018/12/21	2018/12/21
63	关于发布医用激光光纤产品注册技术审查指导原则的通告	国家药品监督管理局	2018年第130号	2018/12/25	2018/12/25
64	关于批准发布YY 0042—2018《高频喷射呼吸机》等27项医疗器械行业标准的公告	国家药品监督管理局	2018年第97号	2018/12/25	2018/12/25
65	关于注销5个医疗器械注册证书的公告	国家药品监督管理局	2018年第98号	2018/12/25	2018/12/25
66	关于发布药品医疗器械境外检查管理规定的公告	国家药品监督管理局	2018年第101号	2018/12/28	2018/12/28

附录4　2018年国家药品监督管理局发布医疗器械指导原则的通告

序号	指导原则名称	通告名称	发文字号	实施日期
1	动物源性医疗器械注册技术审查指导原则（2017年修订版）	国家局关于发布动物源性医疗器械注册技术审查指导原则（2017年修订版）的通告	2017年第224号	2018/1/5
2	医疗器械临床试验设计指导原则	国家局关于发布医疗器械临床试验设计指导原则的通告	2018年第6号	2018/1/8
3	质子碳离子治疗系统临床评价技术审查指导原则	国家局关于发布质子碳离子治疗系统临床评价技术审查指导原则的通告	2018年第4号	2018/1/8
4	全血及血液成分贮存袋注册技术审查指导原则	国家局关于发布全血及血液成分贮存袋等3项技术审查指导原则的通告	2018年第3号	2018/1/10
5	一次性使用输注泵（非电驱动）注册技术审查指导原则			
6	血液浓缩器注册技术审查指导原则			
7	接受医疗器械境外临床试验数据技术指导原则	国家局关于发布接受医疗器械境外临床试验数据技术指导原则的通告	2018年第13号	2018/1/11
8	丙氨酸氨基转移酶测定试剂注册技术审查指导原则	国家局关于发布丙氨酸氨基转移酶测定试剂等5项注册技术审查指导原则的通告	2018年第8号	2018/1/16
9	尿液分析试纸条注册技术审查指导原则		2018年第8号	2018/1/16
10	同型半胱氨酸测定试剂注册技术审查指导原则		2018年第8号	2018/1/16
11	胰岛素测定试剂注册技术审查指导原则		2018年第8号	2018/1/16
12	C-肽测定试剂注册技术审查指导原则		2018年第8号	2018/1/16

续表

序号	指导原则名称	通告名称	发文字号	实施日期
13	载脂蛋白A1测定试剂注册技术审查指导原则	国家局关于发布载脂蛋白A1测定试剂等3项注册技术审查指导原则的通告	2018年第9号	2018/1/16
14	载脂蛋白B测定试剂注册技术审查指导原则			
15	D-二聚体测定试剂（免疫比浊法）注册技术审查指导原则			
16	X射线计算机体层摄影设备注册技术审查指导原则	国家局关于发布X射线计算机体层摄影设备注册技术审查指导原则的通告	2018年第26号	2018/2/9
17	人表皮生长因子受体（EGFR）突变基因检测试剂（PCR法）注册技术审查指导原则	国家局关于发布人表皮生长因子受体（EGFR）突变基因检测试剂等4项注册技术审查指导原则的通告	2018年第36号	2018/2/24
18	幽门螺杆菌抗原/抗体检测试剂注册技术审查指导原则			
19	抗人球蛋白检测试剂注册技术审查指导原则			
20	肠道病毒核酸检测试剂注册技术审查指导原则			
21	超声软组织切割止血系统注册技术审查指导原则	国家局关于发布超声软组织切割止血系统注册技术审查指导原则的通告	2018年第37号	2018/2/24
22	眼科光学相干断层扫描仪注册技术审查指导原则	国家局关于发布眼科光学相干断层扫描仪注册技术审查指导原则的通告	2018年第44号	2018/3/2
23	眼科飞秒激光治疗机注册技术审查指导原则	国家局关于发布眼科飞秒激光治疗机注册技术审查指导原则的通告	2018年第53号	2018/3/20
24	眼科超声诊断设备注册技术审查指导原则	国家局关于发布眼科超声诊断设备注册技术审查指导原则的通告	2018年第55号	2018/3/20

续表

序号	指导原则名称	通告名称	发文字号	实施日期
25	持续葡萄糖监测系统注册技术审查指导原则	国家局关于发布持续葡萄糖监测系统注册技术审查指导原则的通告	2018年第56号	2018/3/21
26	结核分枝杆菌特异性细胞免疫反应检测试剂注册技术审查指导原则	国家局关于发布结核分枝杆菌特异性细胞免疫反应检测试剂注册技术审查指导原则的通告	2018年第57号	2018/3/21
27	硬性光学内窥镜（有创类）注册技术审查指导原则	国家局关于发布硬性光学内窥镜（有创类）注册技术审查指导原则的通告	2018年第54号	2018/3/27
28	口腔曲面体层X射线机注册技术审查指导原则	国家药品监督管理局关于发布口腔曲面体层X射线机注册技术审查指导原则的通告	2018年第9号	2018/4/16
29	气腹机注册技术审查指导原则	国家药品监督管理局关于发布气腹机等4项注册技术审查指导原则的通告	2018年第15号	2018/4/17
30	医用低温保存箱注册技术审查指导原则	国家药品监督管理局关于发布气腹机等4项注册技术审查指导原则的通告	2018年第15号	2018/4/17
31	电子尿量计注册技术审查指导原则	国家药品监督管理局关于发布气腹机等4项注册技术审查指导原则的通告	2018年第15号	2018/4/17
32	电子阴道显微镜注册技术审查指导原则	国家药品监督管理局关于发布气腹机等4项注册技术审查指导原则的通告	2018年第15号	2018/4/17
33	人类体外辅助生殖技术用液注册技术审查指导原则	国家药品监督管理局关于发布软性接触镜和人类体外辅助生殖技术用液等2项注册技术审查指导原则的通告	2018年第18号	2018/4/26
34	软性接触镜注册技术审查指导原则	国家药品监督管理局关于发布软性接触镜和人类体外辅助生殖技术用液等2项注册技术审查指导原则的通告	2018年第18号	2018/4/26
35	冠状动脉药物洗脱支架临床前研究指导原则	国家药品监督管理局关于发布冠状动脉药物洗脱支架临床前研究及临床试验两个指导原则的通告	2018年第21号	2018/5/11
36	冠状动脉药物洗脱支架临床试验指导原则	国家药品监督管理局关于发布冠状动脉药物洗脱支架临床前研究及临床试验两个指导原则的通告	2018年第21号	2018/5/11

续表

序号	指导原则名称	通告名称	发文字号	实施日期
37	手术显微镜注册技术审查指导原则	国家药品监督管理局关于发布手术显微镜等4项注册技术审查指导原则的通告	2018年第25号	2018/5/18
38	医用洁净工作台注册技术审查指导原则			
39	眼压计注册技术审查指导原则			
40	脉搏波速度和踝臂指数检测产品注册技术审查指导原则			
41	麻醉咽喉镜注册技术审查指导原则	国家药品监督管理局关于发布麻醉咽喉镜等3项注册技术审查指导原则的通告	2018年第30号	2018/5/31
42	内镜清洗消毒机注册技术审查指导原则			
43	睡眠呼吸监测产品注册技术审查指导原则			
44	无源植入性医疗器械临床试验审批申报资料编写指导原则	国家药品监督管理局关于发布无源植入性医疗器械临床试验审批申报资料编写指导原则的通告	2018年第40号	2018/6/11
45	角膜塑形用硬性透气接触镜临床试验指导原则	国家药品监督管理局关于发布角膜塑形用硬性透气接触镜及软性接触镜2项临床试验指导原则的通告	2018年第51号	2018/7/5
46	软性接触镜临床试验指导原则			
47	鼻饲营养导管注册技术审查指导原则（2018年修订）	国家药品监督管理局关于发布鼻饲营养导管等3项注册技术审查指导原则的通告	2018年第80号	2018/9/4
48	一次性使用无菌导尿管注册技术审查指导原则（2018年修订）			
49	定制式义齿注册技术审查指导原则（2018年修订）			

续表

序号	指导原则名称	通告名称	发文字号	实施日期
50	用于罕见病防治医疗器械注册审查指导原则	国家药品监督管理局关于发布用于罕见病防治医疗器械注册审查指导原则的通告	2018年第101号	2018/10/18
51	骨科外固定支架注册技术审查指导原则（2018年修订）	国家药品监督管理局关于发布骨科外固定支架等3项注册技术审查指导原则的通告	2018年第107号	2018/10/30
52	一次性使用医用喉罩注册技术审查指导原则（2018年修订）			
53	骨水泥套管组件注册技术审查指导原则			
54	护脐带注册技术审查指导原则（2018年修订）	关于发布护脐带等3项注册技术审查指导原则的通告	2018年第116号	2018/11/13
55	全瓷义齿用氧化锆瓷块注册技术审查指导原则（2018年修订）			
56	手动轮椅车注册技术审查指导原则			
57	外科纱布敷料注册技术审查指导原则（2018年修订）	关于发布外科纱布敷料等3项注册技术审查指导原则的通告	2018年第120号	2018/12/4
58	吻（缝）合器产品注册技术审查指导原则（2018年修订）			
59	一次性使用吸痰管注册技术审查指导原则			
60	一次性使用胆红素血浆吸附器注册技术审查指导原则	关于发布一次性使用胆红素血浆吸附器等2项注册技术审查指导原则的通告	2018年第126号	2018/12/18
61	一次性使用活检针注册技术审查指导原则			
62	医用激光光纤产品注册技术审查指导原则	关于发布医用激光光纤产品注册技术审查指导原则的通告	2018年第130号	2018/12/24

附录5　2018年市场总局、国家药品监督管理局发布医疗器械法规文件征求意见稿

序号	标题	发文字号	发布日期	备注
1	原国家食品药品监督管理总局办公厅公开征求医疗器械唯一标识系统规则（征求意见稿）意见	—	2018/2/27	
2	国家药品监督管理局办公室公开征求《医疗器械生产企业管理者代表管理指南（公开征求意见稿）》的意见	—	2018/4/25	已有正式文件发布
3	国家药品监督管理局办公室关于公开征求《创新医疗器械特别审批程序（修订稿征求意见稿）》的意见	—	2018/5/7	已有正式文件发布
4	国家药品监督管理局办公室关于征求医疗器械延续注册等部分申报资料要求修改意见的通知	药监办函〔2018〕49号	2018/5/21	
5	国家药品监督管理局办公室公开征求《医疗器械注册申请电子提交技术指南（试行)(征求意见稿)》意见	—	2018/5/23	
6	国家药品监督管理局办公室公开征求《医疗器械临床试验检查要点及判定原则（征求意见稿）》意见	—	2018/6/1	
7	国家市场监督管理总局关于公开征求《国家市场监督管理总局关于调整医疗机构制剂管理审批事项的决定（征求意见稿）》意见的通知	—	2018/7/19	
8	国家药品监督管理局注册司关于征求《进口医疗器械代理人监督管理办法》意见的函	—	2018/8/3	
9	国家市场监督管理总局关于公开征求《医疗器械唯一标识系统规则（征求意见稿）》意见的通知	—	2018/8/22	

续表

序号	标题	发文字号	发布日期	备注
10	国家药品监督管理局关于征求《定制式医疗器械监督管理规定（试行）》（征求意见稿）意见的函	食药监械管便函〔2018〕44号	2018/9/30	
11	国家药品监督管理局综合司关于征求《医疗器械检验工作规范（征求意见稿）》意见的通知	药监综科外函〔2018〕324号	2018/11/2	
12	国家市场监督管理总局关于《进口医疗器械代理人监督管理办法（征求意见稿）》公开征求意见的通知	—	2018/12/25	

附录6 2018年发布医疗器械行业标准清单

序号	标准名称	实施日期	标题	发文字号
1	YY 0645—2018连续性血液净化设备	2019/1/1	关于批准发布YY 0645—2018《连续性血液净化设备》等9项医疗器械行业标准的公告	2018年第8号
2	YY/T 0514—2018牙科学气动牙科手机用软管连接件	2019/1/1		
3	YY/T 0744—2018移动式C形臂X射线机专用技术条件	2019/1/1		
4	YY/T 1600—2018医疗器械湿热灭菌的产品族和过程类别	2019/1/1		
5	YY/T 1601—2018超声骨组织手术设备	2019/1/1		
6	YY/T 1602—2018牙科学根管预备机	2019/1/1		
7	YY/T 1603—2018医用内窥镜功能供给装置摄像系统	2019/1/1		
8	YY/T 1604—2018牙科学旋转抛光器械	2019/1/1		
9	YY/T 1610—2018麻醉和呼吸设备医用氧气湿化器	2019/1/1		
10	YY 0285.5—2018血管内导管一次性使用无菌导管第5部分：套针外周导管	2019/3/1	关于批准发布YY 0285.5—2018《血管内导管 一次性使用无菌导管 第5部分：套针外周导管》等16项医疗器械行业标准的公告	2018年第27号
11	YY/T 0528—2018牙科学金属材料腐蚀试验方法	2019/3/1		

续表

序号	标准名称	实施日期	标题	发文字号
12	YY/T 1578—2018糖化白蛋白测定试剂盒（酶法）	2019/3/1		
13	YY/T 1579—2018体外诊断医疗器械体外诊断试剂稳定性评价	2019/3/1		
14	YY/T 1580—2018肌酸激酶MB同工酶测定试剂盒（免疫抑制法）	2019/3/1		
15	YY/T 1581—2018过敏原特异性IgE抗体检测试剂盒	2019/3/1		
16	YY/T 1582—2018胶体金免疫层析分析仪	2019/3/1		
17	YY/T 1583—2018叶酸测定试剂盒（化学发光免疫分析法）	2019/3/1		
18	YY/T 1584—2018视黄醇结合蛋白测定试剂盒（免疫比浊法）	2019/3/1		
19	YY/T 1586—2018肿瘤个体化治疗相关基因突变检测试剂盒（荧光PCR法）	2019/3/1		
20	YY/T 1588—2018降钙素原测定试剂盒	2019/3/1		
21	YY/T 1590—2018心型脂肪酸结合蛋白测定试剂盒（免疫比浊法）	2019/3/1		
22	YY/T 1592—2018 ABO正定型和RhD血型定型检测卡（柱凝集法）	2019/3/1		
23	YY/T 1593—2018生长激素测定试剂盒	2019/3/1		
24	YY/T 1599—2018牙科学聚合物基修复材料聚合收缩测试方法激光测距法	2019/3/1		
25	YY/T 1605—2018糖化血红蛋白测定试剂盒（胶乳免疫比浊法）	2019/3/1		

续表

序号	标准名称	实施日期	标题	发文字号
26	YY/T 0127.13—2018口腔医疗器械生物学评价第13部分：口腔黏膜刺激试验	2019/5/1	关于批准发布YY/T 0127.13—2018《口腔医疗器械生物学评价第13部分：口腔黏膜刺激试验》等8项医疗器械行业标准和2项修改单的公告	2018年第4号
27	YY/T 0127.15—2018口腔医疗器械生物学评价第15部分：亚急性和亚慢性全身毒性试验：经口途径	2019/5/1		
28	YY/T 0497—2018一次性使用无菌胰岛素注射器	2019/5/1		
29	YY/T 0521—2018牙科学种植体骨内牙种植体动态疲劳试验	2019/5/1		
30	YY/T 0587—2018一次性使用无菌牙科注射针	2019/5/1		
31	YY/T 1589—2018雌二醇测定试剂盒（化学发光免疫分析法）	2019/5/1		
32	YY/T 1594—2018人抗甲状腺球蛋白抗体测定试剂盒	2019/5/1		
33	YY/T 1598—2018组织工程医疗器械产品骨用于脊柱融合的外科植入物的骨修复或再生评价试验指南	2019/5/1		
34	YY 0462—2018 牙科学 石膏产品	2019/7/1	关于批准发布YY 0462—2018《牙科学 石膏产品》等2项医疗器械行业标准和1项修改单的公告	2018年第38号
35	YY 1027—2018 牙科学 水胶体印模材料	2019/7/1		

续表

序号	标准名称	实施日期	标题	发文字号
36	YY 0104—2018 三棱针	2019/7/1	关于批准发布YY 0104—2018《三棱针》等6项医疗器械行业标准的公告	2018年第40号
37	YY 0780—2018 电针治疗仪	2019/7/1		
38	YY/T 1587—2018 医用内窥镜电子内窥镜	2019/7/1		
39	YY/T 1607—2018 医疗器械辐射灭菌剂量设定的方法	2019/7/1		
40	YY/T 1608—2018 医疗器械辐射灭菌验证剂量实验和灭菌剂量审核的抽样方法	2019/7/1		
41	YY/T 1609—2018 卡式蒸汽灭菌器	2019/7/1		
42	YY 0055—2018 牙科学 光固化机	2020/4/1	关于批准发布YY 0055—2018《牙科学 光固化机》等15项医疗器械行业标准的公告	2018年第72号
43	YY 0322—2018 高频电灼治疗仪	2020/4/1		
44	YY 0323—2018 红外治疗设备安全专用要求	2020/4/1		
45	YY 1621—2018 医用二氧化碳培养箱	2020/4/1		
46	YY/T 0573.2—2018 一次性使用无菌注射器 第2部分：动力驱动注射泵用注射器	2019/10/1		
47	YY/T 0741—2018 数字化摄影X射线机专用技术条件	2019/10/1		
48	YY/T 0791—2018 医用蒸汽发生器	2019/10/1		
49	YY/T 0809.4—2018 外科植入物 部分和全髋关节假体 第4部分：带柄股骨部件疲劳性能试验和性能要求	2019/10/1		

续表

序号	标准名称	实施日期	标题	发文字号
50	YY/T 1007—2018 立式蒸汽灭菌器	2019/10/1		
51	YY/T 1612—2018 医用灭菌蒸汽质量的测试方法	2019/10/1		
52	YY/T 1613—2018 医疗器械辐照灭菌过程特征及控制要求	2019/10/1		
53	YY/T 1614—2018 牙科学 圆盘形和轮形等旋转器械的孔径	2019/10/1		
54	YY/T 1618—2018 一次性使用人体静脉血样采集针	2019/10/1		
55	YY/T 1619—2018 牙科学 种植体系统及相关过程的术语	2019/4/1		
56	YY/T 1620—2018 心肺转流系统 连续流血泵红细胞损伤评价方法	2019/10/1		
57	YY 0060—2018 热敷贴（袋）	2019/5/1	关于批准发布YY 0060—2018《热敷贴（袋）》等14项医疗器械行业标准和1项修改单的公告	2018年第87号
58	YY 0585.3—2018 压力输液设备用一次性使用液路及附件 第3部分：过滤器	2019/5/1		
59	YY/T 0449—2018 超声多普勒胎儿监护仪	2019/11/1		
60	YY/T 0590.1—2018 医用电气设备 数字X射线成像装置特性 第1-1部分：量子探测效率的测定 普通摄影用探测器	2019/11/1		
61	YY/T 0609—2018 医用诊断X射线管组件通用技术条件	2019/11/1		

续表

序号	标准名称	实施日期	标题	发文字号
62	YY/T 0616.3—2018 一次性使用医用手套 第3部分：用仓贮中的成品手套确定实际时间失效日期的方法	2019/11/1		
63	YY/T 0681.14—2018 无菌医疗器械包装试验方法 第14部分：透气包装材料湿性和干性微生物屏障试验	2019/11/1		
64	YY/T 0734.1—2018 清洗消毒器 第1部分：通用要求和试验	2019/11/1		
65	YY/T 1615—2018 外科植入物 钛及钛合金阳极氧化膜通用要求	2019/11/1		
66	YY/T 1616—2018 组织工程医疗器械产品 生物材料支架的性能和测试指南	2019/11/1		
67	YY/T 1617—2018 血袋用聚氯乙烯压延薄膜	2019/11/1		
68	YY/T 1622.1—2018 牙科学 牙周探针 第1部分：通用要求	2019/11/1		
69	YY/T 1627—2018 急性创面用敷贴、创贴通用要求	2019/11/1		
70	YY/T 1629.2—2018 电动骨组织手术设备刀具 第2部分：颅骨钻头	2019/11/1		
71	YY 0042—2018 高频喷射呼吸机	2020/6/1	关于批准发布YY 0042—2018《高频喷射呼吸机》等27项医疗器械行业标准的公告	2018年第97号
72	YY 0290.3—2018 眼科光学 人工晶状体 第3部分：机械性能及测试方法	2020/6/1		
73	YY 0306—2018 热辐射类治疗设备安全专用要求	2020/6/1		
74	YY 0778—2018 射频消融导管	2020/6/1		

续表

序号	标准名称	实施日期	标题	发文字号
75	YY/T 1632—2018 医用防护服材料的阻水性：冲击穿透测试方法	2019/6/1		
76	YY/T 1637—2018 牙科学 磁性附着体	2019/6/1		
77	YY/T 0616.4—2018 一次性使用医用手套 第4部分：抗穿刺试验方法	2020/1/1		
78	YY/T 0681.1—2018 无菌医疗器械包装试验方法 第1部分：加速老化试验指南	2020/1/1		
79	YY/T 0734.2—2018 清洗消毒器 第2部分：对外科和麻醉器械等进行湿热消毒的清洗消毒器 要求和试验	2020/1/1		
80	YY/T 0734.3—2018 清洗消毒器 第3部分：对人体废弃物容器进行湿热消毒的清洗消毒器 要求和试验	2020/1/1		
81	YY/T 0865.2—2018 超声 水听器 第2部分：40MHz以下超声场用水听器的校准	2020/1/1		
82	YY/T 0929.2—2018 输液用药液过滤器 第2部分：标称孔径1.2μm药液过滤器 白色念珠菌截留试验方法	2020/1/1		
83	YY/T 1043.2—2018 牙科学 牙科治疗机 第2部分：气、水、吸引和废水系统	2020/1/1		
84	YY/T 1044—2018 可移动式牙科治疗机	2020/1/1		
85	YY/T 1090—2018 超声理疗设备	2020/1/1		
86	YY/T 1555.2—2018 硅凝胶填充乳房植入物专用要求 硅凝胶填充物性能要求 第2部分：可浸提物质限量要求	2020/1/1		

续表

序号	标准名称	实施日期	标题	发文字号
87	YY/T 1611—2018 人类免疫缺陷病毒抗体检测试剂盒（免疫层析法）	2020/1/1		
88	YY/T 1625—2018 移动式X射线计算机体层摄影设备专用技术条件	2020/1/1		
89	YY/T 1630—2018 医疗器械唯一标识基本要求	2020/1/1		
90	YY/T 1631.1—2018 输血器与血液成分相容性测定 第1部分：血液成分残留评定	2020/1/1		
91	YY/T 1634—2018 关节置换植入物 肩关节假体 关节盂松动或分离动态评价试验方法	2020/1/1		
92	YY/T 1635—2018 多道生理记录仪	2020/1/1		
93	YY/T 1636—2018 组织工程医疗器械产品 再生膝关节软骨的体内磁共振评价方法	2020/1/1		
94	YY/T 1639—2018 一次性使用聚氨酯输注器具二苯甲烷二异氰酸酯（MDI）残留量测定方法	2020/1/1		
95	YY/T 1640—2018 外科植入物 磷酸钙颗粒、制品和涂层溶解性的试验方法	2020/1/1		
96	YY/T 1641—2018 医用生化培养箱	2020/1/1		
97	YY/T 1643—2018 远程医用影像设备的功能性和兼容性检验方法	2020/1/1		

附录7 2014年至今国家局创新医疗器械公示产品清单

序号	产品名称	申请人	公告时间	公告文件
1	肿瘤温敏栓塞剂	江苏申命医疗科技有限公司	2018/12/19	创新医疗器械特别审查申请审查结果公示（2018年第15号）
2	西罗莫司洗脱生物可吸收血管支架系统	Meril Life Sciences Rvt. Ltd		
3	全降解聚合物西罗莫司洗脱支架系统	四川兴普乐医疗科技有限公司		
4	外周支架系统	先健科技（深圳）有限公司		
5	经导管人工三尖瓣瓣膜	宁波健世生物科技有限公司		
6	生物可吸收镁合金压缩螺钉	Syntellix AG	2018/12/3	创新医疗器械特别审批申请审查结果公示（2018年第14号）
7	高危型人乳头瘤病毒（HPV）E6/E7mRNA检测试剂盒（支链DNA信号扩增法）	郑州科蒂亚生物技术有限公司	2018/11/21	创新医疗器械特别审批申请审查结果公示（2018年第13号）
8	球形聚焦超声组织消融系统	重庆海扶医疗科技股份有限公司		
9	经导管主动脉瓣膜及可回收输送系统	上海微创心通医疗科技有限公司		
10	微卫星不稳定性（MSI）检测试剂盒（荧光PCR-毛细管电泳法）	上海普洛麦格生物产品有限公司		

续表

序号	产品名称	申请人	公告时间	公告文件
11	调强放射治疗计划系统	中科超精（安徽）科技有限公司	2018/10/30	创新医疗器械特别审批申请审查结果公示（2018年第12号）
12	肿瘤特异性蛋白70检测试剂盒（酶联免疫法）	江苏科德生物医药科技有限公司		
13	髂静脉支架系统	苏州天鸿盛捷医疗器械有限公司		
14	X射线立体定向放射外科治疗系统	Zap Surgical Systems, Inc.		
15	植入式脊髓刺激系统	北京品驰医疗设备有限公司	2018/9/29	创新医疗器械特别审批申请审查结果公示（2018年第11号）
16	混合闭环胰岛素泵	MEDTRONIC MINIMED		
17	人工角膜	北京米赫医疗器械有限责任公司		
18	血管内成像导管	全景恒升（北京）科学技术有限公司	2018/9/6	创新医疗器械特别审批申请审查结果公示（2018年第10号）
19	锚定球囊扩张导管	湖南埃普特医疗器械有限公司	2018/8/3	创新医疗器械特别审批申请审查结果公示（2018年第9号）
20	分支型术中支架系统	微创心脉医疗科技（上海）有限公司	2018/7/18	创新医疗器械特别审批申请审查结果公示（2018年第8号）
21	乙型肝炎病毒表面抗原（HBsAg）检测试剂盒（化学发光法）	富士瑞必欧株式会社		
22	生物疝修补补片	卓阮医疗科技（苏州）有限公司		

续表

序号	产品名称	申请人	公告时间	公告文件
23	寡糖链检测试剂盒（荧光毛细管电泳法）	江苏先思达生物科技有限公司	2018/6/13	创新医疗器械特别审批申请审查结果公示（2018年第7号）
24	植入式磁液悬浮心室辅助装置	航天泰心科技有限公司		
25	记忆合金腕关节固定器	兰州西脉记忆合金股份有限公司		
26	含镁可降解高分子骨修复材料	深圳中科精诚医学科技有限公司		
27	BRCA1/2基因突变检测试剂盒（联合探针锚定聚合测序法）	华大生物科技（武汉）有限公司		
28	压力感应消融导管	湖南埃普特医疗器械有限公司	2018/5/22	创新医疗器械特别审批申请审查结果公示（2018年第6号）
29	经导管植入式主动脉瓣膜系统	Medtronic CoreValve LLC		
30	三维多通道射频消融球囊导管	Biosense Webster (Israel) Ltd.		
31	血管内成像系统	全景恒升（北京）科学技术有限公司		
32	KRAS基因突变及BMP3/NDRG4基因甲基化和便隐血联合检测试剂盒（PCR荧光探针法-胶体金法）	杭州诺辉健康科技有限公司	2018/4/27	创新医疗器械特别审批申请审查结果公示（2018年第5号）
33	数字乳腺X射线摄影系统	上海联影医疗科技有限公司	2018/3/27	创新医疗器械特别审批申请审查结果公示（2018年第4号）
34	冠状动脉生理功能评估软件	北京昆仑医云科技有限公司		
35	经导管肺动脉瓣膜及输送系统	北京迈迪顶峰医疗科技有限公司		
36	幽门螺杆菌23S rRNA基因突变检测试剂盒（PCR-荧光探针法）	上海芯超生物科技有限公司		

续表

序号	产品名称	申请人	公告时间	公告文件
37	冠状动脉血流储备分数测量系统	苏州润迈德医疗科技有限公司	2018/3/8	创新医疗器械特别审批申请审查结果公示（2018年第3号）
38	人EGFR基因T790M突变检测试剂盒（数字PCR法）	天津诺禾致源生物信息科技有限公司		
39	细粒棘球蚴和多房棘球蚴核酸检测试剂盒（PCR-荧光探针法）	青海知光精准医学科技有限公司		
40	可降解镁金属夹	苏州奥芮济医疗科技有限公司		
41	定制个体化骨盆假体	北京市春立正达医疗器械股份有限公司		
42	单髁膝关节假体	北京市春立正达医疗器械股份有限公司		
43	消化道振动胶囊系统	上海安翰医疗技术有限公司		
44	椎动脉西罗莫司靶向洗脱支架系统	微创神通医疗科技（上海）有限公司		
45	脑炎/脑膜炎多重病原体核酸联合检测试剂盒（封闭巢式多重PCR熔解曲线法）	BioFire Diagnostics，LLC	2018/1/24	创新医疗器械特别审批申请审查结果公示（2018年第2号）
46	复合陡脉冲治疗设备	上海睿刀医疗科技有限公司		
47	全数字正电子发射及X射线断层成像扫描系统	湖北锐世数字医学影像科技有限公司	2018/1/10	创新医疗器械特别审批申请审查结果公示（2018年第1号）
48	吻合口加固修补片	北京博辉瑞进生物科技有限公司		
49	经导管心脏瓣膜及附件	Edwards Lifesciences LLC		
50	医用直线加速器系统	上海联影医疗科技有限公司		

续表

序号	产品名称	申请人	公告时间	公告文件
51	内窥式光学相干断层成像系统	先健科技（深圳）有限公司	2017/11/22	创新医疗器械特别审批申请审查结果公示（2017年第10号）
52	腹主动脉覆膜支架系统	Lombard Medical，Ltd.		
53	血管内断层成像系统	南京沃福曼医疗科技有限公司		
54	胚胎植入前染色体非整倍体检测试剂盒（联合探针锚定聚合测序法）	华大生物科技（武汉）有限公司		
55	球囊扩张血管内覆膜支架系统	W.L.Gore & Associates，Inc.		
56	神经套接管	北京汇福康医疗技术股份有限公司		
57	多极同步肺动脉射频消融导管	无锡帕母医疗技术有限公司		
58	无创血糖仪	北京三联永汇医疗科技有限公司	2017/9/30	创新医疗器械特别审批申请审查结果公示（2017年第9号）
59	压力感知磁定位灌注射频消融导管	上海微创电生理医疗科技股份有限公司		
60	胶原蛋白软骨再生载体	康膝生物医疗（深圳）有限公司		
61	直管型胸主动脉覆膜支架系统	微创心脉医疗科技（上海）有限公司	2017/9/13	创新医疗器械特别审批申请审查结果公示（2017年第8号）
62	植入式视网膜电刺激器	深圳硅基仿生科技有限公司		
63	心血管光学相干影像系统	深圳市中科微光医疗器械技术有限公司		
64	一次性可视内窥镜导管	北京北方腾达科技发展有限公司		
65	内窥镜手术器械操控系统	山东威高手术机器人有限公司		
66	人类肿瘤多基因变异检测试剂盒（半导体测序法）	厦门飞朔生物技术有限公司		
67	心室辅助系统-植入式轴流血泵	长治市久安人工心脏科技开发有限公司		

续表

序号	产品名称	申请人	公告时间	公告文件
68	髂动脉分叉支架系统	先健科技（深圳）有限公司	2017/7/20	创新医疗器械特别审批申请审查结果公示（2017年第7号）
69	IQQA-Guide三维影像术中导航系统	医达极星医疗科技（苏州）有限公司	2017/7/18	创新医疗器械特别审批申请审查结果公示（2017年第6号）
70	泌尿腔内碎石灌注吸引智能控压清石系统	江西医为特科技有限公司		
71	肾动脉交感神经多极射频消融导管系统	Medtronic, Inc.		
72	取栓支架	珠海通桥医疗科技有限公司		
73	用于阿片类药物成瘾患者防复吸治疗的植入式神经刺激系统	苏州景昱医疗器械有限公司		
74	生物可吸收冠状动脉西罗莫司洗脱支架系统	上海脉全医疗器械有限公司		
75	左心耳封堵器系统	上海普实医疗器械科技有限公司		
76	胚胎植入前染色体非整倍体检测试剂盒（半导体测序法）	序康医疗科技（苏州）有限公司	2017/5/27	创新医疗器械特别审批申请审查结果公示（2017年第5号）
77	外科手术封合剂	杭州亚慧生物科技有限公司		
78	低温等离子手术系统	北京诺特斯科技有限公司	2017/5/17	创新医疗器械特别审批申请审查结果公示（2017年第4号）
79	定量血流分数测量系统	博动医学影像科技（上海）有限公司		
80	吸附式血液透析系统	美敦力医疗器械（成都）有限公司		
81	正电子发射断层扫描及磁共振成像系统	上海联影医疗科技有限公司		

续表

序号	产品名称	申请人	公告时间	公告文件
82	生物可吸收冠状动脉西罗莫司洗脱支架系统	北京阿迈特医疗器械有限公司		
83	生物可吸收冠状动脉西罗莫司洗脱支架系统	深圳市信立泰生物医疗工程有限公司		
84	近红外荧光成像系统	北京数字精准医疗科技有限公司		
85	肺癌靶向药物基因突变检测试剂盒（高通量测序法）	南京世和医疗器械有限公司		
86	芯片式数字聚合酶链式反应（DPCR）分析系统	南京科维思生物科技股份有限公司		
87	左心耳封堵器	上海形状记忆合金材料有限公司		
88	生化免疫定量分析系统	基蛋生物科技股份有限公司		创新医疗器械特别审批申请审查结果公示（2017年第3号）
89	无菌心耳夹及输送系统	北京迈迪顶峰医疗科技有限公司	2017/4/21	
90	人EGFR、KRAS、BRAF、PIK3CA、ALK、ROS1基因突变检测试剂盒（半导体测序法）	天津诺禾致源生物信息科技有限公司		
91	胃癌甲基化基因检测试剂盒（PCR荧光探针法）	博尔诚（北京）科技有限公司		
92	新生儿总半乳糖测定试剂盒（荧光分析法）	广州市丰华生物工程有限公司		
93	药物洗脱外周血管支架系统	浙江归创医疗器械有限公司		
94	氢氧气雾化机	上海潓美医疗科技有限公司		创新医疗器械特别审批申请审查结果公示（2017年第2号）
95	人类SDC2基因甲基化检测试剂盒（荧光PCR法）	广州市康立明生物科技有限责任公司	2017/3/7	
96	神经外科机器人导航定位系统	华科精准（北京）医疗科技有限公司		

续表

序号	产品名称	申请人	公告时间	公告文件
97	GNAS基因突变检测试剂盒	天津精耐特基因生物技术有限公司		
98	人类EGFR基因突变检测试剂盒（多重荧光PCR法）	厦门艾德生物医药科技股份有限公司		
99	人类癌症多基因突变联合检测试剂盒（可逆末端终止测序法）	厦门艾德生物医药科技股份有限公司		
100	紫杉醇洗脱PTCA球囊扩张导管	浙江巴泰医疗科技有限公司		
101	腹主动脉覆膜支架及输送系统	微创心脉医疗科技（上海）有限公司		
102	肾动脉射频消融导管	上海微创电生理医疗科技股份有限公司		
103	胶原蛋白软骨再生载体	Ubiosis Co.Ltd		
104	经导管主动脉瓣系统	沛嘉医疗科技（苏州）有限公司	2017/1/16	创新医疗器械特别审批申请审查结果公示（2017年第1号）
105	生物可吸收冠状动脉西罗莫司洗脱支架系统	上海百心安生物技术有限公司		
106	介入术中磁共振系统	上海爱立峰医疗科技有限公司		
107	低能量脉冲式超声波治疗仪	北京万孛力医疗器械有限公司		
108	SPACO OMX6i医用电子直线加速器	广东中能加速器科技有限公司		
109	低温冷冻手术系统（包含一次性使用无菌冷冻消融针）	海杰亚（北京）医疗器械有限公司		
110	皮肤光声显微成像仪	广州佰奥廷电子科技有限公司		
111	外周血管支架系统	苏州茵络医疗器械有限公司		

续表

序号	产品名称	申请人	公告时间	公告文件
112	Cryofocus冷冻消融系统（包括冷冻消融设备、冷冻消融导管）	康沣生物科技（上海）有限公司		
113	冲击波治疗仪	深圳市慧康精密仪器有限公司		
114	左心耳封堵器系统	杭州诺茂医疗科技有限公司		
115	脑血栓取出装置	江苏尼科医疗器械有限公司	2016/11/22	创新医疗器械特别审批申请审查结果公示（2016年第11号）
116	骶神经刺激系统	杭州承诺医疗科技有限公司		
117	全降解聚合物基体药物（西罗莫司）洗脱支架系统	乐普（北京）医疗器械股份有限公司		
118	血管内断层成像导管	南京沃福曼医疗科技有限公司		
119	全自动化学发光免疫分析仪	北京联众泰克科技有限公司	2016/11/15	创新医疗器械特别审批申请审查结果公示（2016年第10号）
120	无导线心脏起搏器及系统	St.Jude Medical		
121	恒温扩增多段磁导核酸分析仪	杭州优思达生物技术有限公司		
122	活化CD4细胞三磷酸腺苷（ATP）检测试剂盒（化学发光法）	上海云泽生物科技有限公司		
123	动态血糖监测系统	上海移宇科技有限公司		创新医疗器械特别审批申请审查结果公示（2016年第9号）
124	封堵器系统	上海心瑞医疗科技有限公司	2016/10/18	
125	多电极肾动脉射频消融导管及多通道肾动脉射频消融仪	上海安通医疗科技有限公司		

续表

序号	产品名称	申请人	公告时间	公告文件
126	微孔灌注肾动脉消融导管	心诺普医疗技术（北京）有限公司	2016/9/26	创新医疗器械特别审批申请审查结果公示（2016年第8号）
127	人EGFR/ALK/BRAF/KRAS基因突变联合检测试剂盒（杂交捕获测序法）	广州燃石医学检验所有限公司		
128	分支型胸主动脉覆膜血管内支架系统	W.L.GORE & ASSOCIATES, INC.		
129	主动脉瘤治疗用血层流调节支架及其血管造影控制输送系统	CARDIATIS SA		
130	具有心肺复苏质量监测功能的病人监护系统	深圳迈瑞生物医疗电子股份有限公司	2016/7/29	创新医疗器械特别审批申请审查结果公示（2016年第7号）
131	植入前胚胎染色体非整倍体检测试剂盒（可逆末端终止测序法）	杭州贝瑞和康基因诊断技术有限公司		
132	植入式心脏起搏器	先健科技（深圳）有限公司		
133	经导管主动脉人工瓣膜	Boston Scientific Corporation		
134	经导管主动脉瓣膜及输送系统	上海微创医疗器械（集团）有限公司		
135	卵圆孔未闭封堵器	先健科技（深圳）有限公司		
136	人乳腺癌分子分型定量检测试剂盒（PCR-荧光探针法）	BioNTech Diagnostics GmbH		
137	丙型肝炎病毒核酸定量检测试剂盒（PCR-荧光探针"磁珠-管法"）	北京纳捷诊断试剂有限公司		
138	胚胎植入前染色体非整倍体检测试剂盒（可逆末端终止测序法）	北京中仪康卫医疗器械有限公司		

续表

序号	产品名称	申请人	公告时间	公告文件
139	骶神经刺激系统	北京品驰医疗设备有限公司	2016/6/17	创新医疗器械特别审批申请审查结果公示（2016年第6号）
140	心室辅助装置	苏州同心医疗器械有限公司	2016/6/6	创新医疗器械特别审批申请审查结果公示（2016年第5号）
141	髋关节假体系统	北京固圣生物科技有限公司		
142	全降解鼻窦药物支架系统	浦易（上海）生物技术有限公司		
143	肝脏储备功能检测仪	武汉昊博科技有限公司		
144	腔内肿瘤冷冻消融导管	宁波胜杰康生物科技有限公司		
145	miR-92a基因表达水平检测试剂盒（荧光RT-PCR法）	深圳市晋百慧生物有限公司	2016/5/13	创新医疗器械特别审批申请审查结果公示（2016年第4号）
146	胚胎植入前染色体非整倍体检测试剂盒（半导体测序法）	苏州贝康医疗器械有限公司		
147	生物全降解冠脉西罗莫司洗脱支架系统	山东华安生物科技有限公司		
148	生物可吸收西罗莫司靶向洗脱冠脉支架系统	上海微创医疗器械（集团）有限公司		
149	正电子发射及X射线计算机断层成像装置	明峰医疗系统股份有限公司	2016/5/3	创新医疗器械特别审批申请审查结果公示（2016年第3号）
150	无张力尿失禁悬吊系统	深圳迈普再生医学科技有限公司		

续表

序号	产品名称	申请人	公告时间	公告文件
151	药物洗脱外周球囊导管	先健科技（深圳）有限公司	2016/3/21	创新医疗器械特别审批申请审查结果公示（2016年第2号）
152	用于管腔道、呼吸道检测的光学干涉断层成像系统	广东永士达医疗科技有限公司		
153	瓣膜成形环	金仕生物科技（常熟）有限公司		
154	钛合金髋关节镀膜球头	中奥汇成科技股份有限公司		
155	多孔钽骨填充材料	重庆润泽医药有限公司		
156	药物洗脱PTA球囊扩张导管	浙江归创医疗器械有限公司	2016/2/4	创新医疗器械特别审批申请审查结果公示（2016年第1号）
157	血管重建装置	微创神通医疗科技（上海）有限公司		
158	一次性可吸收钉皮下吻合器	北京颐合恒瑞医疗科技有限公司		
159	可变角双探头单光子发射计算机断层成像设备	北京永新医疗设备有限公司		
160	二十项耳聋相关基因检测试剂盒（微阵列芯片-飞行时间质谱法）	北京毅新博创生物科技有限公司		
161	迷走神经刺激系统	北京品驰医疗设备有限公司	2015/12/1	创新医疗器械特别审批申请审查结果公示（2015年第8号）
162	无框架脑立体定向手术系统	北京柏惠维康科技有限公司		
163	药物球囊扩张导管（商品名：ReewarmPTX）	微创心脉医疗科技（上海）有限公司		
164	折叠式人工玻璃体	广州卫视博生物科技有限公司		
165	植入型左心室辅助人工心脏	重庆永仁心医疗器械有限公司		

续表

序号	产品名称	申请人	公告时间	公告文件
166	二尖瓣成形夹及导管输送系统	Evalve, Inc. DBA Abbott Vascular Inc.	2015/9/21	创新医疗器械特别审批申请审查结果公示（2015年第7号）
167	MicraTM经导管植入式无导线起搏系统	Medtronic Inc.		
168	呼吸道病原菌核酸检测试剂盒（恒温扩增芯片法）	博奥生物集团有限公司	2015/8/10	创新医疗器械特别审批申请审查结果公示（2015年第6号）
169	人EGFR基因突变检测试剂盒（高通量测序法）	深圳华因康基因科技有限公司		
170	腹主动脉覆膜支架系统	北京华脉泰科医疗器械有限公司		
171	分支型主动脉覆膜支架及输送系统（商品名：Castor）	上海微创医疗器械（集团）有限公司		
172	血管内动脉瘤密封系统（NELLIX® EndoVascular Aneurysm Sealing System）	Endologix International Holdings B.V.	2015/6/26	创新医疗器械特别审批申请审查结果公示（2015年第5号）
173	外科生物补片（膀胱、腹壁修补专用）	上海松力生物技术有限公司		
174	医用人工神经移植物	江苏益通生物科技有限公司		
175	三aPCS型角膜基质替代物	青岛中皓生物工程有限公司	2015/6/2	创新医疗器械特别审批申请审查结果公示（2015年第4号）
176	正电子发射断层成像装置	明峰医疗系统股份有限公司		
177	红细胞寿命测定仪	深圳市先亚生物科技有限公司		
178	外科手术机器人定位系统	北京天智航医疗科技股份有限公司		
179	三维心脏电生理标测系统	上海微创电生理医疗科技有限公司		

续表

序号	产品名称	申请人	公告时间	公告文件
180	三层仿生小口径人造血管	武汉杨森生物技术有限公司	2015/4/13	创新医疗器械特别审批申请审查结果公示（2015年第3号）
181	人工晶状体	爱博诺德（北京）医疗科技有限公司		
182	介入人工生物心脏瓣膜	江苏苏州杰成医疗科技有限公司		
183	药物洗脱外周球囊扩张导管	北京先瑞达医疗科技有限公司	2015/3/16	创新医疗器械特别审批申请审查结果公示（2015年第2号）
184	SMN1基因外显子缺失检测试剂盒（荧光定量PCR法）	上海五色石医学研究有限公司		
185	全吸收式生物血管支架系统	Abbott Vascular		
186	具有精确标测肾交感神经功能的消融导管和神经刺激射频消融仪	苏州信迈医疗器械有限公司	2015/2/2	创新医疗器械特别审批申请审查结果公示（2015年第1号）
187	恒温扩增微流控芯片核酸分析仪	博奥生物集团有限公司		
188	儿童型智能控制洗胃机	天津市同业科技发展有限公司		
189	MTHFR C677T基因检测试剂盒（PCR-金磁微粒层析法）	西安金磁纳米生物技术有限公司	2014/12/17	创新医疗器械特别审批申请审查结果公示（2014年第7号）
190	脱细胞角膜基质	深圳艾尼尔角膜工程有限公司		
191	可降解镁骨内固定螺钉	东莞宜安科技股份有限公司	2014/11/3	创新医疗器械特别审批申请审查结果公示（2014年第6号）
192	胸骨板	常州华森医疗器械有限公司		

续表

序号	产品名称	申请人	公告时间	公告文件
193	可吸收药物冠脉支架系统	先健科技（深圳）有限公司	2014/9/26	创新医疗器械特别审批申请审查结果公示（2014年第5号）
194	肺动脉带瓣管道	武汉亚心医疗科技有限公司		
195	锥光束乳腺CT（科宁锥光束乳腺三维成像系统）	科宁（天津）医疗设备有限公司		
196	大肠癌甲基化基因检测试剂盒（PCR荧光探针法）	博尔诚（北京）科技有限公司		
197	组织工程人角膜内皮	青岛宇明生物技术有限公司	2014/8/19	创新医疗器械特别审批申请审查结果公示（2014年第4号）
198	生物型人工角膜	广州优得清生物科技有限公司	2014/8/14	创新医疗器械特别审批申请审查结果公示（2014年第3号）
199	脑硬膜防渗医用涂敷系统	北京赛奇科科技有限公司	2014/6/19	创新医疗器械特别审批申请审查结果公示（2014年第2号）
200	21三体、18三体和13三体检测试剂盒	中山大学达安基因股份有限公司		
201	基因测序仪	深圳华因康基因科技有限公司		
202	具有无线程控功能的双通道植入式神经刺激系统	苏州景昱医疗器械有限公司		
203	左心耳封堵器系统	先健科技（深圳）有限公司		
204	经皮介入人工心脏瓣膜系统	杭州启明医疗器械有限公司		
205	可吸收硬脑膜封合医用胶	山东赛克赛斯药业科技有限公司	2014/5/14	创新医疗器械特别审批申请审查结果公示（2014年第1号）

附 录

附录8　2018年FDA发布指南性文件清单（中英文对照）

No.	Title/标题	Date issued /发布日期	FDA Organization /FDA机构	Subject/主题	Draft or Final 草案/定稿
1	Breakthrough Devices Program – Guidance for Industry and Food and Drug Administration Staff 《突破性设备程序 – 供行业和FDA工作人员使用的指南》	12/18/2018	CDRH	Postmarket, Premarket, 510（k）, PMA 上市后，上市前，510（k），PMA	Final 定稿
2	Clarification of Radiation Control Regulations For Manufacturers of Diagnostic X-Ray Equipment – Draft Guidance for Industry and Food and Drug Administration Staff 《针对诊断X射线设备制造商的辐射控制规定 – 供行业和FDA工作人员使用的指南草案》	12/17/2018	CDRH	Import/Export, Labeling, Radiological Health, Radiology Devices 进出口，标签，放射卫生，放射设备	Draft 草案
3	User Fees and Refunds for Premarket Approval Applications and Device Biologics License Applications – Guidance for Industry and Food and Drug Administration Staff 《上市前批准申请以及生物医疗器械上市许可申请的用户费和退款 – 供行业和FDA工作人员使用的指南》	12/12/2018	CDRH	Premarket, PMA, User fees, Electronic Submissions 上市前，PMA，用户费，电子递交	Final 定稿
4	Blood Glucose Monitoring Test Systems for Prescription Point-of-Care Use – Draft Guidance for Industry and Food and Drug Administration Staff 《用于医疗机构的床旁血糖监测系统 – 供行业和FDA工作人员使用的指南草案》	11/30/2018	CDRH	Premarket, 510（k）, IVDs（In Vitro Diagnostic Devices） 上市前，510（k），IVD（体外诊断医疗器械）	Draft 草案

续表

No.	Title/标题	Date issued/发布日期	FDA Organization/FDA机构	Subject/主题	Draft or Final草案/定稿
5	Self-Monitoring Blood Glucose Test Systems for Over-the-Counter Use – Draft Guidance for Industry and Food and Drug Administration Staff 《患者居家进行的血糖自我监测系统–供行业和FDA工作人员使用的指南草案》	11/30/2018	CDRH	Premarket, 510(k), Over-the-counter, IVDs (In Vitro Diagnostic Devices) 上市前、510(k)、非处方（OTC）、IVD(体外诊断器械)	Draft 草案
6	Select Updates for Recommendations for Clinical Laboratory Improvement Amendments of 1988 (CLIA) Waiver Applications for Manufacturers of In Vitro Diagnostic Devices – Draft Guidance for Industry and Food and Drug Administration Staff 《更新：针对体外诊断医疗器械制造商的<1988年临床实验室改进修正案>（CLIA）豁免申请的建议–供行业和FDA工作人员使用的指南草案》	11/29/2018	CDRH		Draft 草案
7	Recommendations for Dual 510(k) and CLIA Waiver by Application Studies – Draft Guidance for Industry and Food and Drug Administration Staff 《510(k)和CLIA豁免同步申请的建议–供行业和FDA工作人员使用的指南草案》	11/29/2018	CDRH	510(k)	Draft 草案

续表

No.	Title/标题	Date issued/发布日期	FDA Organization/FDA机构	Subject/主题	Draft or Final 草案/定稿
8	Unique Device Identification: Policy Regarding Compliance Dates for Class I and Unclassified Devices and Certain Devices Requiring Direct Marking – Immediately in Effect Guidance for Industry and Food and Drug Administration Staff 《唯一器械标识（UDI）：关于I类器械和未分类器械以及某些需要直接标记的器械的合规日期的政策 – 供行业和FDA工作人员使用的立即生效指南》	11/05/2018	CDRH	Labeling, Safety 标签，安全性	Final 定稿
9	Content of Premarket Submissions for Management of Cybersecurity in Medical Devices – Draft Guidance for Industry and Food and Drug Administration Staff 《有关医疗器械网络安全管理的上市前提交的内容 – 供行业和FDA工作人员使用的指南草案》	10/18/2018	CDRH	Premarket, 510(k), PMA, Digital Health 上市前、510(k)、PMA、数字健康	Draft 草案
10	Impact of Certain Provisions of the Revised Common Rule on FDA-Regulated Clinical Investigations 《修订后的共同规则的某些条款对FDA监管的临床研究的影响》	10/11/2018	OC	Clinical Trials/GCP 临床试验/GCP	Final 定稿

续表

No.	Title/标题	Date issued/发布日期	FDA Organization/FDA机构	Subject/主题	Draft or Final 草案/定稿
11	The Special 510(k) Program – Draft Guidance for Industry and Food and Drug Administration Staff 《特殊510(k)程序–供行业和FDA工作人员使用的指南草案》	09/28/2018	CDRH	Premarket, Administrative/Procedural, 510(k) 上市前，行政管理/程序，510(k)	Draft 草案
12	Benefit-Risk Factors to Consider When Determining Substantial Equivalence in Premarket Notifications (510(k)) with Different Technological Characteristics – Guidance for Industry and Food and Drug Administration Staff 《为上市前通告[510(k)]确定具有不同技术特征的实质等同时需要考虑的受益–风险因素–供行业和FDA工作人员使用的指南》	09/25/2018	CDRH	510(k)	Final 定稿
13	Civil Money Penalties Relating to the ClinicalTrials.gov Data Bank 《与ClinicalTrials.gov数据库相关的民事罚则》	09/20/2018	OC, CDER, CBER, CDRH, ORA	Clinical Trials/GCP 临床试验/GCP	Draft 草案
14	Heparin-Containing Medical Devices and Combination Products: Recommendations for Labeling and Safety Testing – Guidance for Industry and Food and Drug Administration Staff 《含肝素的医疗器械和组合产品：标签和安全测试的建议–供行业和FDA工作人员使用的指南》	09/20/2018	CDRH	Combination Products, 510(k), Premarket, HUD/HDE, PMA 组合产品，510(k)，上市前，HUD/HDE，PMA	Final 定稿

续表

No.	Title/标题	Date issued/发布日期	FDA Organization/FDA机构	Subject/主题	Draft or Final草案/定稿
15	510(k) Third Party Review Program – Draft Guidance for Industry, Food and Drug Administration Staff, and Third Party Review Organizations 《510(K)第三方审批程序 – 供行业、FDA工作人员和第三方审核机构使用的指南草案》	09/14/2018	CDRH	510(k), Administrative / Procedural, Laws and Regulations, FDA Safety and Innovation Act (FDASIA), Premarket 510(k), 行政管理/程序, 法律法规, 《FDA安全与创新法案》(FDASIA)	Draft 草案
16	Appropriate Use of Voluntary Consensus Standards in Premarket Submissions for Medical Devices – Guidance for Industry and Food and Drug Administration Staff 《医疗器械上市前提交中自愿性共识标准的适当使用 – 供行业和FDA工作人员使用的指南》	09/14/2018	CDRH	Premarket, Postmarket, Administrative / Procedural 上市前, 上市后, 行政管理/程序	Final 定稿
17	Recognition and Withdrawal of Voluntary Consensus Standards – Draft Guidance for Industry and Food and Drug Administration Staff 《自愿性共识标准的认可和撤销 – 供行业和FDA工作人员使用的指南草案》	09/14/2018	CDRH	Premarket, Administrative / Procedural 上市前, 行政管理/程序	Draft 草案

续表

No.	Title/标题	Date issued /发布日期	FDA Organization /FDA机构	Subject/主题	Draft or Final 草案/定稿
18	Consideration of Uncertainty in Making Benefit–Risk Determinations in Medical Device Premarket Approvals, De Novo Classifications, and Humanitarian Device Exemptions – Draft Guidance for Industry and Food and Drug Administration Staff 《医疗器械上市前批准（PMA），重新分类和人道主义器械豁免（HDE）中受益–风险判定的不确定性的考虑 – 供行业和FDA工作人员使用的指南草案》	09/06/2018	CDRH	Postmarket, PMA, HUD/HDE 上市后，PMA，HUD/HDE	Draft 草案
19	Medical Device User Fee Small Business Qualification and Certification – Guidance for Industry, Food and Drug Administration Staff and Foreign Governments 《2019财年医疗器械用户费和小企业资质与认证 – 供行业、FDA工作人员和外国政府使用的指南》	08/01/2018	CDRH	Administrative / Procedural, Laws and Regulations, User fees 行政管理/程序，法律法规，用户费	Final 定稿
20	Peripheral Vascular Atherectomy Devices – Premarket Notification [510(k)] Submissions – Draft Guidance for Industry and Food and Drug Administration Staff 《周边血管动脉粥样硬化切除设备 – 上市前通告 [510(k)] 提交 – 供行业和FDA工作人员使用的指南草案》	07/27/2018	CDRH	Premarket, 510(k), Labeling, Cardiovascular Devices 上市前，510(k)，标签，心血管手术器械	Draft 草案

续表

No.	Title/标题	Date issued/发布日期	FDA Organization/FDA机构	Subject/主题	Draft or Final/草案/定稿
21	Metal Expandable Biliary Stents – Premarket Notification (510 (k)) Submissions – Draft Guidance for Industry and Food and Drug Administration Staff 《可扩张金属胆道支架 – 上市前通告[510(k)]提交 – 供行业和FDA工作人员使用的指南草案》	07/18/2018	CDRH	Gastroenterology-Urology Devices, Premarket, 510(k) 肠胃病学-泌尿学器械,上市前,510(k)	Draft 草案
22	Logical Observation Identifiers Names and Codes for In Vitro Diagnostic Tests – Guidance for Industry and Food and Drug Administration Staff 《用于体外诊断检测的观测指标标识符逻辑命名与编码 – 供行业和FDA工作人员使用的指南》	06/15/2018	CDRH	Labeling, IVDs (In Vitro Diagnostic Devices), Digital Health 标签,IVD(体外诊断医疗器械),数字健康	Final 定稿
23	Intravascular Catheters, Wires, and Delivery Systems with Lubricious Coatings – Labeling Considerations – Draft Guidance for Industry and Food and Drug Administration Staff 《带有润滑涂层的血管内导管、导线和输送系统 – 标签注意事项 – 供行业和FDA工作人员使用的指南草案》	06/15/2018	CDRH	Cardiovascular Devices, Neurological Devices, 510(k), Labeling, PMA 心血管手术器械,神经外科手术器械,510(k),标签,PMA	Draft 草案

续表

No.	Title/标题	Date issued/发布日期	FDA Organization/FDA机构	Subject/主题	Draft or Final草案/定稿
24	Coronary, Peripheral, and Neurovascular Guidewires – Performance Tests and Recommended Labeling – Draft Guidance for Industry and Food and Drug Administration Staff 《冠状、外周和神经血管导丝 – 性能测试和推荐的标签 – 供行业和FDA工作人员使用的指南草案》	06/15/2018	CDRH		Draft 草案
25	Humanitarian Device Exemption（HDE）Program – Draft Guidance for Industry and Food and Drug Administration Staff 《人道主义器械豁免（HDE）计划 – 供行业和FDA工作人员使用的指南草案》	06/13/2018	CDRH	Premarket, Laws and Regulations, HUD/HDE 上市前、法律法规、HUD/HDE	Draft 草案
26	Requests for Feedback and Meetings for Medical Device Submissions: The Q-Submission Program – Draft Guidance for Industry and Food and Drug Administration Staff 《关于医疗器械申请的反馈和会议要求：预提交申请计划 – 供行业和FDA工作人员使用的指南草案》	06/07/2018	CDRH	Administrative / Procedural, Combination Products 行政管理/程序、组合产品	Draft 草案

续表

No.	Title/标题	Date issued /发布日期	FDA Organization /FDA机构	Subject/主题	Draft or Final 草案/定稿
27	Recommended Content and Format of Complete Test Reports for Non-Clinical Bench Performance Testing in Premarket Submissions – Draft Guidance for Industry and Food and Drug Administration Staff 《针对上市前提交的非临床台架性能测试完整测试报告的推荐内容和格式 – 供行业和FDA工作人员使用的指南草案》	05/31/2018	CDRH	Premarket 上市前	Draft 草案
28	Multiple Function Device Products: Policy and Considerations – Draft Guidance for Industry and Food and Drug Administration 《多功能设备：政策和注意事项 – 供行业和FDA工作人员使用的指南草案》	04/27/2018	CDRH	Digital Health, Premarket, Postmarket 数字健康、上市前、上市后	Draft 草案
29	Policy Clarification and Premarket Notification [510(k)] Submissions for Ultrasonic Diathermy Devices – Guidance for Industry and Food and Drug Administration Staff 《超声波透热设备的政策澄清和上市前通告[510(k)]提交 – 供行业和FDA工作人员使用的指南》	04/16/2018	CDRH	Physical Medicine Devices, Premarket, 510(k) 物理医学设备，上市前，510(k)	Final 定稿

续表

No.	Title/标题	Date issued/发布日期	FDA Organization/FDA机构	Subject/主题	Draft or Final/草案/定稿
30	Use of Public Human Genetic Variant Databases to Support Clinical Validity for Genetic and Genomic-Based In Vitro Diagnostics – Guidance for Stakeholders and Food and Drug Administration Staff 《利用人类遗传变异公共数据库支持基于遗传和基因组的体外诊断医疗器械的临床有效性 – 供利益相关者和FDA工作人员使用的指南》	04/13/2018	CDRH	Premarket, Emerging Technology, Molecular and Clinical Genetics Devices, IVDs (In Vitro Diagnostic Devices) 上市前、新兴技术、分子和临床遗传学设备、IVD（体外诊断医疗器械）	Final 定稿
31	Considerations for Design, Development, and Analytical Validation of Next Generation Sequencing (NGS) – Based In Vitro Diagnostics (IVDs) Intended to Aid in the Diagnosis of Suspected Germline Diseases – Guidance for Stakeholders and Food and Drug Administration Staff 《预期用于帮助诊断疑似遗传病的基于新一代测序（NGS）的体外诊断医疗器械的设计、开发和验证方面的考虑 – 供利益相关者和FDA工作人员使用的指南》	04/13/2018	CDRH	Premarket, Emerging Technology, Molecular and Clinical Genetics Devices, IVDs (In Vitro Diagnostic Devices) 上市前、新兴技术、分子和临床遗传学设备、IVD（体外诊断医疗器械）	Final 定稿
32	Acceptance and Filing Reviews for Premarket Approval Applications (PMAs) – Guidance for Industry and Food and Drug Administration Staff 《上市前批准（PMA）申请的受理和存档审查 – 供行业和FDA工作人员使用的指南》	01/30/2018	CDRH	Premarket, PMA 上市前、PMA	Final 定稿

续表

No.	Title/标题	Date issued /发布日期	FDA Organization /FDA机构	Subject/主题	Draft or Final 草案/定稿
33	Payment and Reimbursement to Research Subjects – Information Sheet 《对受试者的付费和报销 – 信息表》	01/29/2018	OC	Clinical Trials/GCP 临床试验/GCP	Final 定稿
34	Laser Products – Conformance with IEC 60825-1 Ed. 3 and IEC 60601-2-22 Ed. 3.1 (Laser Notice No. 56) – Draft Guidance for Industry and Food and Drug Administration Staff 《激光产品 – 与IEC 60825-1 Ed.3和IEC 60601-2-22 Ed.3.1 (Laser Notice No. 56) 的符合性 – 供行业和FDA工作人员使用的指南草案》	01/19/2018	CDRH	Import/Export, Laws and Regulations, Radiological Health, Radiology Devices 进出口、法律法规、放射卫生、放射设备	Draft 草案
35	Unique Device Identification: Policy Regarding Compliance Dates for Class I and Unclassified Devices – Immediately in Effect Guidance for Industry and Food and Drug Administration Staff 《唯一器械标识（UDI）：关于I类器械和未分类器械的合规日期政策 – 供行业和FDA工作人员使用的立即生效指南》	01/16/2018	CDRH	Labeling, Safety 标签、安全性	Final 定稿

续表

No.	Title/标题	Date issued /发布日期	FDA Organization /FDA机构	Subject/主题	Draft or Final 草案/定稿
36	Acceptance and Filing Reviews for Premarket Approval Applications (PMAs) – Guidance for Industry and Food and Drug Administration Staff 《上市前批准（PMA）申请的受理和立档审查 – 供行业和FDA工作人员使用的指南》	01/30/2018	CDRH	Premarket, PMA 上市前, PMA	Final 定稿
37	Payment and Reimbursement to Research Subjects – Information Sheet 《对受试者的付费和报销 – 信息表》	01/29/2018	OC	Clinical Trials/GCP 临床试验/GCP	Final 定稿

资料来源：FDA官网，奥咨达整理。

附录

附录9 欧盟施行MDR/IVDR相关重要事项时间安排

编号	项目	法律依据	描述	预期时间表（预计最终采用日期/履行日期）	进展情况/下一步工作
			实施条例/法规		
1	公告机构规范围的选定	MDR第42条第13节 IVDR第38条第13节	实施行动 为了规范公告机构指定的范围，对产品代码和对应的器械类型进行定义 这一行动是启动公告机构指定程序的一个基本先决条件	2017年11月26日（法定截止日期）	于2017年11月24日采用并发布完成
2	一次性使用医疗器械的再加工	MDR第17条第15节	实施行动 关于一次性使用设备的再加工的通用规范应涉及： ——风险管理，包括组成和材料的分析，相关器械的属性（逆向工程）利用未检测在设计方面较之原设备的变化的程序以及再加工后的预期应用情况； ——整个过程的验证程序，包括清洗步骤； ——产品放行和性能测试； ——质量管理系统； ——涉及再加工设备的不良事件的报告； ——再加工设备的可追溯性	2019年11月 需要指出的是，如果到2020年5月26日，这些CS（通用规范）仍未通过，则应按照涉及这些方面的任何相关国家调标准和国家法规进行再加工	正式发布公众征求意见稿（2019年第一季度）

续表

编号	项目	法律依据	描述	预期时间表（预计最终采用日期/履行日期）	进展情况/下一步工作
3	非医疗用途产品的通用规范	MDR 第1条第2节和第9条第1节	实施行动 MDR 附件十六所列的任何一组产品的通用规范（CS）至少适用于附件一所列的风险管理，必要时还适用于有关安全性的临床评估。MDR 在附件十六产品中的应用取决于 CS 的采用	2019年11月	与国家主管部门和利益相关人就于2018年第三季度之前启动的草案进行正式磋商
4	设立专家小组	第94独立章节 MDR 第106条第1节	实施行动（不涉及欧盟专家委员会） 为指定的专家小组提供经费。在此基础上，开展专家遴选工作。专家小组的任务尤其是在上市前审查时就某些高风险设备的临床评价发表意见。 专家小组的任务在第106条第10节有详细描述	2019年第3季度	与MDCG成员和利益相关者的调查正在进行中
5	设立专家实验室	MDR 第106条第7节	实施行动（不涉及欧盟专家委员会） 指定专家实验室。专家实验室的任务在第106条第7节有详细描述。需要指出的是，专家实验室的指定不是强制性的	待定（不早于2020年）	与MDCG成员和利益相关者的调查正在进行中。虽然已经在进行专家实验室的调查，但任命专家实验室并非优先事项

续表

编号	项目	法律依据	描述	预期时间表（预计最终采用日期/履行日期）	进展情况/下一步工作
6	在IVDR下设立新的组织架构：——欧盟参考实验室	第94独立章节 IVDR第48条第6节、第100条第1节和第3节	实施行动（不涉及欧盟专家委员会）指定欧盟参考实验室，在IVD领域有效。该任务在第100条中有描述	2019年第4季度/2020年第1季度	与MDCG成员和利益相关者的调查正在进行中
7	制定协助欧盟参考实验室完成工作，并确保其符合标准的规则	第100条第8节第（a）小节	实施行动 制定促进IVDR第100条第2节中关于EURLs（欧盟参考实验室）任务实施的规则；制定确保EURL符合IVDR第100条第4节标准的规则	2019年第4季度/2020年第1季度	与MDCG成员和利益相关者的调查正在进行中
8	专家小组服务的费用	MDR第106条第13节	实施行动 对专家小组提供意见的费用的界定	2019年第4季度	与MDCG成员和利益相关者的调查正在进行中
9	EURL服务费用	IVDR第100条第8节第（b）小节	实施行动 对EURL进行的试验/意见费用的界定	2020年第2季度	与MDCG成员和利益相关者的调查正在进行中
10	唯一器械识别（UDI）系统：指定发放机构	第94独立章节 MDR第27条第2节 第94独立章节 IVDR第24条第2节	实施行动（不涉及欧盟专家委员会）指定一家及以上机构（发放机构）来完成UDI发放系统的操作	2019年5月	正在进行申请工作。预计于2018年第4季度发布

续表

编号	项目	法律依据	描述	预期时间表（预计最终采用日期/履行日期）	进展情况/下一步工作
11	EUDAMED（欧洲医疗器械数据库）	MDR第33条第8节 IVDR第30条第1节	实施行动 定义建立和维护EUDAMED所需的详细安排。这个IA主要涉及到支持、变更管理和维护规则	2019年第4季度	实施计划于2018年5月26日交付。正在进行性能规范的确定
12	第D类IVD产品的通用规范	IVDR第9条和第48条第6节	实施行动 在高风险设备审查机制的背景下，IVD类D的通用规范	2019年第4季度	一旦采纳在现行的98/79/EC指令下的最后的通用技术规范，就将开始新的通用技术规范的起草工作（预计2019年第一季度通过）

行动/措施（除实施条例/法规外）

编号	项目	法律依据	描述	预期时间表（预计最终采用日期/履行日期）	进展情况/下一步工作
1	公告机构指定		指定MDR和IVDR下的公告机构。指定新法规下的公告机构是根据新规例进行符合性评估的先决条件	在2020年5月前尽可能多地指定公告机构	截至2018年9月中旬，委员会共收到33份申请，计划进行22项联合评估。MDR和IVDR覆盖在应用领域的全范围内
2	EUDAMED：实施计划	MDR第34条第1节	委员会起草EUDAMED的功能规范实施计划	第一版发布法定截止日期：2018年5月26日	已按时（2018年5月25日）完成第一版发布，后续版本的发布正在进行中完成

续表

编号	项目	法律依据	描述	预期时间表（预计最终采用日期/履行日期）	进展情况/下一步工作
3	EUDAMED：编制功能规范	MDR 第 34 条第 1 节	在 MDCG 的配合下，委员会起草 EUDAMED 的功能规范实施计划	2018 年第 4 季度	进行中
4	EUDAMED：功能规范审计	MDR 第 34 条第 2 节	委员会应根据独立审计报告，在确定 EUDAMED 已达到全部功能规格后，通知 MDCG	审计在 2019 年第 3/4 季度开始。对全部功能规范的符合性认定必须在 2020 年第 1 季度内完成	对合同类型的首次分析已完成。合同内容将于 2019 年开始确定
5	EUDAMED：上线	MDR 第 34 条	在完成符合 MDCG 要求的独立审计后，EUDAMED 可以在欧盟官方期刊上发布通知后立即上线	通知将于 2020 年 3 月 25 日发布	与制定和实施功能规范相关的工作正在进行中
6	EUDAMED：设置帮助台	MDR 第 33 条第 8 节	EUDAMED 的建立和维护所需的详细安排意味着至少要设立帮助台/应用支持（正常的 IT 良好实践和实施法规义务）	在 EUDAMED 上线前（2020 年 3 月）	尚未开始

续表

编号	项目	法律依据	描述	预期时间表（预计最终采用日期/履行日期）	进展情况/下一步工作
7	宣传活动		为了避免瓶颈和确保医疗设备的使用，预计至少在3年内，将针对受法规影响的所有利益相关方开展一场宣传活动。针对每个目标制作实况表，并在DG GROW网页医疗器械部分上更新，以提供更准确和更新的信息	在法规过渡期间更新信息，可交付成果举例包括信息实况表、目标演示文稿、专用网站	第一批实况报道已于2018年7月在当前DG GROW网页的医疗器械部分公布。2018年第4季度将完成更多的实况报道
8	专家咨询架构：设立MDCG	MDR第103条	在欧盟委员会中设立MDCG作为专家组。由MS专家组成并由委员会主持的MDCG，就与实施该法规有关的所有事宜提供意见	2017年11月26日（法定截止日期）	在法定截止日期内建立完成
9	专家咨询架构：设立MDCG分组	MDR第103条	设置MDCG分组，为MDCG提供与特定领域相关的必要专业知识	在2018年底前完成	在MDCG的配合下，各小组的人数和结构的设定已经完成。2018年第3季度，将向利益相关方发起申请，并正式建立MDCG分组
10	向SCHEER授权邻苯二甲酸盐的管理	MDR附录1第10.4.3节	授权科学委员会（SCHEER）起草邻苯二甲酸盐的指导原则	2018年5月26日（法定截止日期）	在2017年9月完成SCHEER意见预计在2019年中期提交

续表

编号	项目	法律依据	描述	预期时间表（预计最终采用日期/履行日期）	进展情况/下一步工作
11	欧盟医疗器械命名法	MDR第26条和IVDR第23条	将对未来用在UDI数据库中的欧盟医疗器械命名法进行制定	预计在2019年第1季度决定	已经设立了一个由委员会和4个会员国组成的工作小组。在MDCG文件（可在DG GROW网站上获得）的基础上，将来使用的命名法的预期要求，工作小组正在进行对提供者提供的详细输入的审查，这些细节中可能已经表露出其兴趣所在
12	标准化命名法	欧盟法规No. 1025/2012第10条（标准化管理）	要求欧洲标准化组织制定医疗器械领域的标准——根据医疗器械指令协调的现有标准需要与新框架一致	预计在2019年第1季度决定	正在就第一项任务的范围进行MS协商

资料来源：FDA官网，奥咨达整理。

附录10 现行法规欧盟官方公告机构清单

1. 有源植入器械指令公告机构清单：90/385/EEC Active implantable medical devices

序号	公告机构号	公告机构名	国家
1	NB 1014	ELEKTROTECHNICKÝ ZKUŠEBNÍ ÚSTAV, s.p.	Czech Republic
2	NB 0459	GMED	France
3	NB 0044	TÜV NORD CERT GmbH	Germany
4	NB 0123	TÜV SÜD Product Service GmbH Zertifizierstellen	Germany
5	NB 0197	TÜV Rheinland LGA Products GmbH	Germany
6	NB 0482	MEDCERT ZERTIFIZIERUNGS– UND PRÜFUNGSGESELLSCHAFT FÜR DIE MEDIZIN GMBH	Germany
7	NB 2409	CE Certiso Orvos– és Kórháztechnikai Ellenőrző és Tanúsító Kft.	Hungary
8	NB 0050	National Standards Authority of Ireland (NSAI)	Ireland
9	NB 0051	IMQ ISTITUTO ITALIANO DEL MARCHIO DI QUALITÀ S.P.A.	Italy
10	NB 0344	DEKRA Certification B.V.	Netherlands
11	NB 1434	POLSKIE CENTRUM BADAN I CERTYFIKACJI S.A.	Poland
12	NB 0086	BSI	United Kingdom

2. MD指令 93/42/EEC Medical devices

序号	公告机构号	公告机构名	国家
1	NB 0805	THERAPEUTIC GOODS ADMINISTRATION	Australia (MRA)
2	NB 1639	SGS Belgium NV	Belgium
3	NB 1014	ELEKTROTECHNICKÝ ZKUŠEBNÍ ÚSTAV, s.p.	Czech Republic
4	NB 1023	INSTITUT PRO TESTOVÁNI A CERTIFIKACI, a. s.	Czech Republic
5	NB 0543	Presafe Denmark A/S	Denmark
6	NB 0537	Eurofins Expert Services Oy	Finland
7	NB 0598	SGS FIMKO OY	Finland
8	NB 0459	GMED	France
9	NB 0044	TÜV NORD CERT GmbH	Germany
10	NB 0123	TÜV SÜD Product Service GmbH Zertifizierstellen	Germany
11	NB 0124	DEKRA Certification GmbH	Germany
12	NB 0197	TÜV Rheinland LGA Products GmbH	Germany
13	NB 0297	DQS Medizinprodukte GmbH	Germany
14	NB 0481	ecm–Zertifizierungsgesellschaft für Medizinprodukte in Europa mbH	Germany
15	NB 0482	MEDCERT ZERTIFIZIERUNGS– UND PRÜFUNGSGESELLSCHAFT FÜR DIE MEDIZIN GMBH	Germany
16	NB 0483	MDC MEDICAL DEVICE CERTIFICATION GMBH	Germany
17	NB 0494	SLG PRÜF UND ZERTIFIZIERUNGS GMBH	Germany

续表

序号	公告机构号	公告机构名	国家
18	NB 0633	Berlin Cert Prüf- und Zertifizierstelle für Medizinprodukte GmbH	Germany
19	NB 0681	Eurofins Product Service GmbH	Germany
20	NB 0653	NATIONAL EVALUATION CENTER OF QUALITY AND TECHNOLOGY IN HEALTH S.A.– EKAPTY	Greece
21	NB 1011	Országos Gyógyszerészeti és Élelmezés-egészségügyi Intézet Eszközminősítő és Kórháztechnikai Igazgatóság (National Institute of Pharmacy and Nutrition)	Hungary
22	NB 2409	CE Certiso Orvos– és Kórháztechnikai Ellenőrző és Tanúsító Kft.	Hungary
23	NB 0050	National Standards Authority of Ireland (NSAI)	Ireland
24	NB 0051	IMQ ISTITUTO ITALIANO DEL MARCHIO DI QUALITÀ S.P.A.	Italy
25	NB 0068	MTIC InterCert S.r.l.	Italy
26	NB 0373	ISTITUTO SUPERIORE DI SANITA'	Italy
27	NB 0425	ICIM S.P.A.	Italy
28	NB 0426	ITALCERT SRL	Italy
29	NB 0476	KIWA CERMET ITALIA S.P.A.	Italy
30	NB 0546	CERTIQUALITY S.R.L. – ISTITUTO DI CERTIFICAZIONE DELLA QUALITA'	Italy
31	NB 1282	ENTE CERTIFICAZIONE MACCHINE SRL	Italy

续表

序号	公告机构号	公告机构名	国家
32	NB 1370	BUREAU VERITAS ITALIA S.P.A.	Italy
33	NB 1936	TUV Rheinland Italia SRL	Italy
34	NB 0344	DEKRA Certification B.V.	Netherlands
35	NB 1912	DARE!! Certifications	Netherlands
36	NB 2460	DNV GL Presafe AS	Norway
37	NB 1434	POLSKIE CENTRUM BADAN I CERTYFIKACJI S.A.	Poland
38	NB 2274	TUV NORD Polska Sp. z o.o	Poland
39	NB 2282	DQS Polska Sp. z o.o	Poland
40	NB 2265	3EC International a.s.	Slovakia
41	NB 1304	SLOVENIAN INSTITUTE OF QUALITY AND METROLOGY – SIQ	Slovenia
42	NB 0318	AGENCIA ESPAÑOLA DE MEDICAMENTOS Y PRODUCTOS SANITARIOS	Spain
43	NB 0402	RISE Research Institutes of Sweden AB	Sweden
44	NB 0413	INTERTEK SEMKO AB	Sweden
45	NB 1250	Schweizerische Vereinigung für Qualitäts– und Managementsysteme	Switzerland（MRA）
46	NB 1254	QS Zürich AG	Switzerland（MRA）
47	NB 1783	TURKISH STANDARDS INSTITUTION（TSE）	Turkey
48	NB 1984	Kiwa Belgelendirme Hizmetleri A.Ş.	Turkey
49	NB 2195	Szutest Uygunluk Değerlendirme A.Ş.	Turkey

续表

序号	公告机构号	公告机构名	国家
50	NB 2292	UDEM Uluslararasi Belgelendirme Denetim Egitim Merkezi San. ve Tic. A.Ş.	Turkey
51	NB 2764	Notice Belgelendirme, Muayene ve Denetim Hizmetleri Anonim Şirketi	Turkey
52	NB 0086	BSI	United Kingdom
53	NB 0088	LLOYD'S REGISTER QUALITY ASSURANCE LTD (0088)	United Kingdom
54	NB 0120	SGS United Kingdom Limited	United Kingdom
55	NB 0843	UL INTERNATIONAL (UK) LTD	United Kingdom

3. IVD指令 98/79/EC In vitro diagnostic medical devices

序号	公告机构号	公告机构名	国家
1	NB 1023	INSTITUT PRO TESTOVÁNI A CERTIFIKACI, a. s.	Czech Republic
2	NB 0543	Presafe Denmark A/S	Denmark
3	NB 0537	Eurofins Expert Services Oy	Finland
4	NB 0459	GMED	France
5	NB 0123	TÜV SÜD Product Service GmbH Zertifizierstellen	Germany
6	NB 0197	TÜV Rheinland LGA Products GmbH	Germany
7	NB 0483	MDC MEDICAL DEVICE CERTIFICATION GMBH	Germany

续表

序号	公告机构号	公告机构名	国家
8	NB 1011	Országos Gógyszerészeti és Élelmezés-egészségügyi Intézet Eszközminősítő és Kórháztechnikai Igazgatóság (National Institute of Pharmacy and Nutrition)	Hungary
9	NB 2409	CE Certiso Orvos- és Kórháztechnikai Ellenőrző és Tanúsító Kft.	Hungary
10	NB 0050	National Standards Authority of Ireland (NSAI)	Ireland
11	NB 0373	ISTITUTO SUPERIORE DI SANITA'	Italy
12	NB 0344	DEKRA Certification B.V.	Netherlands
13	NB 1434	POLSKIE CENTRUM BADAN I CERTYFIKACJI S.A.	Poland
14	NB 1293	EVPU a.s.	Slovakia
15	NB 2265	3EC International a.s.	Slovakia
16	NB 0318	AGENCIA ESPAÑOLA DE MEDICAMENTOS Y PRODUCTOS SANITARIOS	Spain
17	NB 1783	TURKISH STANDARDS INSTITUTION (TSE)	Turkey
18	NB 0086	BSI	United Kingdom
19	NB 0088	LLOYD'S REGISTER QUALITY ASSURANCE LTD (0088)	United Kingdom
20	NB 0120	SGS United Kingdom Limited	United Kingdom
21	NB 0843	UL INTERNATIONAL (UK) LTD	United Kingdom

附录11 2018年投融资案例汇总

序号	投资时间	被投资方	投资方	产品、服务	金额（万元）
1	2018/1/2	元码基因科技（北京）股份有限公司	未透露	致力于将先进的基因组科学和技术应用于临床实践，为医生的医疗决策和患者的诊治提供可靠依据的高新技术企业	未透露
2	2018/1/4	北京泛生子医学检验所有限公司	源星资本 深商兴业基金 中金康瑞医疗产业基金	专注于癌症精准医疗的基因科技公司	40000
4	2018/1/8	杭州联众医疗科技股份有限公司	未透露	医院影像科信息化产品研发商	数千万元
5	2018/1/8	慧影医疗科技（北京）有限公司	鼎晖投资	第三方的医学影像咨询平台	未透露
6	2018/1/13	深圳市普博科技有限公司	达晨创投	医疗设备研发制造厂商	数千万元
7	2018/1/17	北京百康芯生物科技有限公司	上海曝景投资管理合伙企业（有限合伙）、西藏云祺创业投资有限公司、杭州脸峰三号投资合伙企业（有限合伙）、福州济峰股权投资合伙企业（有限合伙）、苏州济峰股权投资合伙企业（有限合伙）	自动化核酸检测系统研发商	未透露

附录

续表

序号	投资时间	被投资方	投资方	产品、服务	金额（万元）
8	2018/1/19	广州市雷德生物科技有限公司	达晨创投	"全免疫"诊断系统——新一代体外诊断技术的科技创新型企业	未透露
9	2018/1/22	金仕生物科技（常熟）有限公司	深圳信立泰药业股份有限公司、江苏邦盛股权投资基金管理有限公司	致力于心脏瓣膜等外科手术产品研发和生产的医疗器械公司	12500
10	2018/1/24	德品医疗	达晨创投	从事医用家具及设备行业的生产公司	3000
11	2018/1/24	杭州联川生物技术股份有限公司	杭州仰健投资合伙企业（有限合伙）、楼伶贞、浙江华睿胡庆余堂健康产业投资基金合伙企业（有限合伙）、浙江舟山汇如山汇盈创业投资合伙企业（有限合伙）、诸暨如山汇安创业投资合伙企业（有限合伙）等	致力于为国内的科研院所、医疗机构、制药企业、和生物技术公司提供创新的技术解决方案、微型化的临床诊断设备、可靠的实验技术服务和定制化的核酸产品	6360
12	2018/1/29	深圳市早知道科技有限公司	奇迹之光 贝壳天使基金 卓佳成长创投基金 成潍新生命基金	个人基因测序服务提供商	未透露
13	2018/1/29	北京九强生物技术股份有限公司	华盖资本 华盖医疗基金	体外诊断试剂与生化检测仪器研发商	未透露

续表

序号	投资时间	被投资方	投资方	产品、服务	金额（万元）
14	2018/1/29	上海致新医疗供应链管理股份有限公司	启明创投 乔景资本 宝楹资本 遵理资本 欧力士集团	专注于高值医用耗材供应链管理	25000
15	2018/1/29	珠海赛乐奇生物技术股份有限公司	新余时代伯乐创赢壹号投资合伙企业（有限合伙）、北京荷塘探索创业投资有限公司、南通时代伯乐创业投资合伙企业（有限合伙）、厦门群贤丰圆股权投资管理有限公司－片仔癀丰圆群贤（厦门）创业投资合伙企业（有限合伙）	专注精确诊断医院产品为主、专业从事生物传感器基因芯片产业化研究和相关的体外诊断基因芯片及其配套设备	4199.96
16	2018/1/31	摩尔齿科	松柏资本 国鑫创投	主要提供口腔医疗服务，口腔医疗业务管理，口腔医疗项目投资，口腔医疗器械经营，义齿加工，口腔新技术培训以及口腔学术研究等服务	亿元及以上

274

续表

序号	投资时间	被投资方	投资方	产品、服务	金额(万元)
17	2018/1/31	深圳一脉阳光医学科技有限公司	百度资本 新浚资本 高盛集团(中国) 华宇融创 华新世纪 泽悦资本	第三方连锁医学影像服务提供商	40000
18	2018/1/31	华志微创医疗科技(北京)有限公司	天士力资本控股(北京)有限公司、不公开的投资者	神经外科手术机器人研发商	5000
19	2018/2/1	康沣生物科技(上海)有限公司	元生创投	冷冻消融设备和导管生产商	数千万元
20	2018/2/2	常州乐奥医疗科技股份有限公司	未透露	高端医疗器械研发、制造和销售的中外合资企业	5000
21	2018/2/6	张家港万众一芯生物科技有限公司	优选资本	电学基因芯片开发商	未透露
22	2018/2/7	上海睿昂生物技术有限公司	凯辉基金	一家生物基因技术科技公司,致力于生物医药科研、生产和服务,提供基因检测序诊断服务	未透露
23	2018/2/7	深圳市库贝尔生物科技股份有限公司	仙瞳资本	体外诊断医疗器械产品及相关耗材的研发、生产和销售	未透露
24	2018/2/9	瑞尔通(苏州)医疗科技有限公司	通和毓承	一家医疗设备与高值耗材领域的企业	未透露

续表

序号	投资时间	被投资方	投资方	产品、服务	金额（万元）
25	2018/2/11	臻和（北京）科技有限公司	经纬创投（北京）投资管理顾问有限公司、上海盛歌投资管理有限公司、雅惠精准医疗基金、苏州凯风正德投资管理有限公司	二代测序技术和生物信息学为核心，专注于以血液检测为基础的肿瘤个体化精准诊疗与伴随诊断，致力于成为改善肿瘤患者生命质量的引领者	21000
26	2018/2/12	上海昆亚医疗器械股份有限公司	君联资本管理股份有限公司、江苏弘晖股权投资管理有限公司	独立第三方医疗设备器械维修的技术型企业	1000
27	2018/2/12	天津广大纸业股份有限公司	未透露	提供心电图纸、脑电图纸、胎儿监护仪纸、B超打印纸及其他医用记录纸等产品，并成为美国产品电动婴儿吸鼻CLEANOZ品牌器代理商，同时开发新型医用胶片	未透露
28	2018/2/14	北京推想科技有限公司	未透露	专注于智能医疗领域，利用深度学习算法实现医疗影像诊断，医疗影像学图像识别、金融统计等领域的前沿应用	未透露
29	2018/2/22	北京阿义玛医疗科技股份有限公司	未透露	医疗用品及器材批发商	未透露
30	2018/2/23	北京诺禾心康科技有限公司	国科嘉和	心血管疾病的基因检测公司	未透露

续表

序号	投资时间	被投资方	投资方	产品、服务	金额（万元）
31	2018/2/26	济凡生物科技（常州）有限公司	常州医疗器械研究院	提供分子生物学试剂，分子诊断原料及科研用分子诊断成品试剂盒	100
32	2018/3/2	江西博恩锐尔生物科技有限公司	银盈资本	专注于创口修复类生物材料耗材的研发生产，已经建立了多个高分子生物材料技术平台，为临床医学提供快速止血、创口粘合、创口修复、引导组织再生等系列高端耗材	数千万元
33	2018/3/9	杭州枫霖科技有限公司	西藏启新创业投资	致力于从事人体组织修复材料（植入性医疗器械）、生物医用材料耗材外肿瘤药敏测试平台的开发；原创型生物3D打印机的个性化定制；体内微创临床组织修复机器人研发	未透露
34	2018/3/9	宁波杜比医疗科技有限公司	鼎笠资本 水木泽华资本	专注早期乳腺癌检测（筛查）的设备开发，将在美国公司已有基础上用绕动态光学乳腺成像系统核心技术，面向全球市场开展乳腺筛查设备的研发、生产和销售业务	未透露
35	2018/3/11	吉安市记安长青生物科技有限公司	中卫基金	主要从事体外检测试剂盒的研发	未透露

续表

序号	投资时间	被投资方	投资方	产品、服务	金额（万元）
36	2018/3/15	北京工道风行智能技术有限公司	北京协同创新研究院	是集技术研发、设计、生产制造、营销服务为一体的专注于肢体运动康复服务的高科技公司。目前主要研发、生产的产品有风行智能碳纤储能脚、七轴机械膝关节、智能动力小腿假肢、儿童脑瘫康复治疗产品等	未透露
37	2018/3/18	上海脊近完美健康科技有限公司	动域资本	是一家为颈肩腰腿痛患者提供系统、精准、有趣的服务的专业推拿机构。开发了体态测试技术、定量评估系统和智能康复仪器，用于对患者进行全面的体态评估	过千万元
38	2018/3/19	深圳前海花兰金融服务有限公司	襄禾资本、启明创投、红杉资本中国、元生资本、尚珹资	推想深度人工智能系统在胸肺疾病的诊断当中接近住院医生水平，可有效辅助医生的日常诊疗工作，减轻医生的负担	30000

续表

序号	投资时间	被投资方	投资方	产品、服务	金额（万元）
39	2018/3/22	北京纳米维景科技有限公司	火山石资本、晨兴资本、紫旭资本	致力于国产X射线探测器及静态CT的自主研发。医疗方面主要产品为CMOS探测器和新一代计算机断层扫描（CT）解决方案。公司可以提供计算机断层扫描、牙科X射线成像、骨科X射线成像、乳腺X射线成像和其他医疗应用领域的产品	未透露
40	2018/3/26	上海宸安生物科技有限公司	普华资本	是一家运用人工智能手段为肿瘤患者提供治疗方案的科技公司	未透露
41	2018/3/27	宁波胜杰康生物科技有限公司	元生创投、复旦杭州湾创新创业基金	研发、生产和销售内窥镜微创领域高值耗材的创新型公司，重点聚焦单孔腔镜和自然通道手术，研发了一批"以冷冻治疗为核心"的独占性的产品	6000
42	2018/3/27	广州康盛生物科技有限公司	广东温氏投资	生物医药研发商，致力于血液净化高精尖技术与产品的研发，为用户提供康碧尔蛋白A免疫吸附、血液透析干粉、血液透析浓缩液、医用电动椅、中央供液系统等产品	未透露

续表

序号	投资时间	被投资方	投资方	产品、服务	金额(万元)
43	2018/3/28	上海鹍远生物技术有限公司	松禾资本、景旭创投、先锋投资、礼来亚洲基金、九州通	新一代基因测序技术服务提供商，开发常见疾病的检测和诊断产品，包括肿瘤诊断和个性化治疗、无创产前诊断、胚胎植入前筛查及其他遗传疾病诊断等	6000万美元
44	2018/3/30	杭州智微信息科技有限公司	普华资本	全自动骨髓有核细胞分析系统开发商，帮助医生提高诊断效率和准确度	未透露
45	2018/3/30	北京康夫子科技有限公司	晨山资本	一家专注于医疗健康领域的公司，致力于基于无结构化信息自动抽取技术，快速地从医学书籍、医学论文、电子病历、医疗资讯中抽取信息，构建知识图谱，辅助医生临床决策	数千万元
46	2018/3/31	深圳视见医疗科技有限公司	深创投、盛世方舟、臻善投资	一家专注人工智能辅助医疗领域的公司。依托计算机医学影像分析和人工智能技术，实现对医学影像数据进行智能化识别分析，从而提供快速精准的辅助诊断和治疗方案	6000

续表

序号	投资时间	被投资方	投资方	产品、服务	金额（万元）
47	2018/4/2	北京深睿博联科技有限责任公司	君联资本、联想之星、东方弘道（弘合基金）、道彤投资、同渡资本、昆仲资本、丹华资本	是一家人工智能医疗应用开发商，主要涵盖医疗影像图像识别，各种恶性疾病的早期筛查、精确诊断解决方案等领域	15000
48	2018/4/2	Airdoc（北京郁金香伙伴科技有限公司）	复星锐正资本、搜狗	是一家基于人工智能的医疗健康服务企业，基于深度学习技术，在医学专家机视觉图像识别技术，通过计算指导下形成医学影像识别算法模型服务，帮助医生提高效率	亿元及以上
49	2018/4/2	杭州德适生物科技有限公司	紫金港资本、东海聚合	是一家IVD产品及其他医疗器械研发商，该公司主要生产细胞培养基、人外周血淋巴细胞培养基、自动化病毒分型诊断平台等，可应用于生殖医学大健康领域，同时为用户提供健康咨询服务等	数千万元
50	2018/4/3	上海纽脉医疗科技有限公司	太浩创投、醴泽资本	是一家医疗科技领域内的技术开发商，重点开发的产品主要用于置换心脏内病变的二尖瓣膜，具有微创、无手术缝线、无须体外循环和无须开胸手术等特点	数千万元

续表

序号	投资时间	被投资方	投资方	产品、服务	金额（万元）
51	2018/4/5	天津九安医疗电子股份有限公司	小米科技	为全球家庭、医生与医疗机构提供最好最先进便捷的血压计、血糖仪等诊断工具	2500万美元
52	2018/4/8	江苏奇天基因生物科技有限公司	协立投资	专注于等温核酸扩增技术的研发及应用，主要开发应用于分子检测领域的检测试剂盒、检测仪器和提供技术服务，是集研发、生产、销售和服务于一体的科技型企业	数千万元
53	2018/4/9	浙江数问生物技术有限公司	渤溢基金	专注医学诊断的公司，业务范围涵盖了以专利保护的独家诊断标志物为核心的创新型诊断试剂的开发与生产，以高端特检为主的第三方医学检验服务	数千万元
54	2018/4/9	博恩思医学机器人有限公司	德屹资本、瑞华投资、天堃投资	是一家医学自动化解决方案提供商，致力于微创手术机器人的国产化研发、制造、临床及市场应用，为医生与患者提供数字诊疗解决方案	10000
55	2018/4/10	北京百奥赛图基因生物技术有限公司	招银国际、国投创业、本草资本、同创伟业、元禾原点	动物基因检测机构	41000

282

续表

序号	投资时间	被投资方	投资方	产品、服务	金额（万元）
56	2018/4/10	上海卡地美特医疗科技有限公司	中金启辰	专注于心血管医疗器械领域的创新型医疗科技公司，核心产品"普惠"人工生物心脏瓣膜	未透露
57	2018/4/10	杭州百凌生物科技有限公司	普华资本	一家体外诊断试剂与抗体原料供应平台	数千万元
58	2018/4/11	深圳华迈兴微医疗科技有限公司	江诣创投、上海博威集团、盈泰宏康基金	是一家医疗即时诊断设备研发生产商，主要从事医疗即时诊断设备化学发光免疫、分析仪以及配套的心血管疾病标志物试剂卡的研发、生产与销售，主要产品有微型化学发光系统及其配套多层复合微流流控化学发光芯片	5000
59	2018/4/12	无锡蕾明视康科技有限公司	瑞力投资、启明创投	致力于开发和生产人工晶状体和相关产品，用于治疗白内障、青光眼、视网膜病变等眼科重大疾病	未透露
60	2018/4/15	深圳市帝迈生物技术有限公司	红杉资本中国、金垣坤通	是一家从事医疗器械的研发生产与销售服务的高新技术企业。主要产品涵盖体外诊断设备、家用呼吸机等系列及其相关配件	10000

续表

序号	投资时间	被投资方	投资方	产品、服务	金额（万元）
61	2018/4/16	杭州迪英加科技有限公司	IDG资本、将门创投、合全投资	是一家肿瘤活检切片大数据分析及人工智能推荐治疗云平台开发商，致力于将人工智能用于医疗影像辅助诊断	未透露
62	2018/4/17	北京德美联合医疗科技有限公司	元生创投、博行资本	是一家骨科手术器械及康复类医疗器械研发商，为用户提供退行性疾病、习惯性扭伤以及颈椎、腰椎疾病等术前、术后检测设备及康复方案	数千万元
63	2018/4/18	爱博诺德（北京）医疗科技有限公司	国药资本、险峰旗云、盈富泰克、本草资本、昌发展	是一家提供眼科医疗服务和产品的公司，是一个集眼科医院和眼科医疗产品研发与一体的企业	未透露
64	2018/4/23	紫思（苏州）医疗科技有限公司	苏州工业园区金禾创业天使公益基金会、江苏联峰投资发展有限公司、鸿泰基金	主要从事柔性可穿戴医疗设备的研发，以及运用医疗大数据协助医生进行人工智能诊断与分析。公司研制的穿戴式动态心电记录仪是国内最早获得CFDA认证的医疗器械产品，2017年推出穿戴式体温检测仪和胎儿心电监测仪	数千万元

续表

序号	投资时间	被投资方	投资方	产品、服务	金额（万元）
65	2018/4/23	北京嘉宝仁和医疗科技有限公司	深圳高特佳	是一家辅助生殖领域提供新一代测序一体化服务的公司，致力于为基因筛查和诊断提供测序设备、耗材、诊断试剂和医学生物信息分析平台以及该领域所涵盖的服务	未透露
66	2018/4/24	上海东松医疗科技股份有限公司	未透露	医疗器械代理进口服务商	未透露
67	2018/4/25	江苏量点科技有限公司	鹏瑞投资、中科创星、中时鼎诚、个人投资者	专业从事医用体外诊断行业的研产销的生物科技公司。以高荧光效率生物兼容性量子点材料为核心专利技术，同时开发了多项量子点免疫荧光体外诊断试剂（POCT）和检测设备的专有技术平台	过千万元
68	2018/4/26	广州迈景基因医学科技有限公司	深创投	一家肿瘤基因检测技术研发商	数千万元
69	2018/4/27	无锡蕾明视康科技有限公司	启明创投、上海瑞健资本	是一家人工晶状体生产商，致力于开发和生产人工晶状体和相关产品，用于治疗白内障、青光眼、视网膜病变等眼科重大疾病	8000

续表

序号	投资时间	被投资方	投资方	产品、服务	金额（万元）
70	2018/4/27	北京数字精准医疗科技有限公司	金科君创、紫牛基金、中自投资	高端医疗设备和创新医疗技术提供商	未透露
71	2018/4/27	深圳啵观德芯科技有限公司	国科投资（领投）、IDG资本	高清晰度成像芯片制造商	4000
72	2018/5/4	宁波健世生物科技有限公司	辰德资本	专注于心脏瓣膜微创介入治疗的创新，具有丰富的生物瓣膜工艺、支架设计等领域的研发经验	数千万元
73	2018/5/7	苏州浚惠生物科技有限公司	安龙基金	是一家单细胞基因检测应用研发商，开发了最贴近临床的单细胞自动分析仪，以及液体活检-肿瘤细胞代谢基因检测等多项应用	数千万元
74	2018/5/8	上海尚融生物科技有限公司	通和毓承	是一家生物材料研发生产商	未透露
75	2018/5/9	北京速迈医疗科技有限公司	中信资本	前身为清华大学超声医疗仪器研究中心，主要从事高能超声刀医疗设备的研发和推广。集超声刀医疗设备的研发、生产、市场和销售于一体	未透露
76	2018/5/10	迈博斯生物医药（苏州）有限公司	红杉资本中国（领投）、礼来亚洲基金、King Star	是一家专注于开发用于诊断和治疗癌症、代谢和自身免疫病的抗体的生物技术公司，开发有知识产权的抗体药物和诊断试剂	4000万美元

286

续表

序号	投资时间	被投资方	投资方	产品、服务	金额（万元）
77	2018/5/11	北京康普森生物技术有限公司	浙商产融	基因测序服务商	数千万元
78	2018/5/15	北京爱特康科贸有限责任公司	博行资本、亦庄生物医药并购基金	是一家专注于高端止血材料的研发商，自主研发了三类纯植物可吸收止血医疗器械和尔迅（healsoon）外科术中止血装置	数千万元
79	2018/5/16	杭州启明医疗器械有限公司	德弘资本	是一家介入类耗材研发商，致力于心脏瓣膜疾病微创治疗领域的产品研发和生产，产品包括经导管主动脉瓣膜、经导管肺动脉瓣膜等，旗下研发了Venus A-valve经导管人工瓣膜，并获CFDA批准上市	数千万元
80	2018/5/16	广东欧谱曼迪科技有限公司	西域投资、清控银杏创投、力合开物	是一家专注于高端光学医疗器械系统的研发与生产的公司	数千万元
81	2018/5/17	新格元（南京）生物科技有限公司	元禾原点创投（领投）、峰瑞资本	美国药物开发、科研学术和基因组学行业前沿的海量单细胞多组学分析领域，开发一系列能满足临床应用的分子诊断产品和自动化设备	数千万元

附　录

287

续表

序号	投资时间	被投资方	投资方	产品、服务	金额（万元）
82	2018/5/22	南京贝登医疗股份有限公司	远毅资本（领投）、东方富海麦泉中卫	一家医疗器械采购电商平台，为中小医疗器械经销商提供相关医疗产品的一站式供应链服务，南京贝登生物科技有限公司旗下网站	10000
83	2018/5/24	山东蓓明医疗科技有限公司	山东工研院基金	医疗器械研发商	600
84	2018/5/28	浦易（上海）生物技术有限公司	北极光创投、君联资本	五官微创伤高端植入个人医疗器械研发商	未透露
85	2018/5/31	奥美医疗用品股份有限公司	未透露	医用一次性用品生产商	59800
86	2018/5/31	杭州小创科技有限公司	浙汇金控资本、利康消毒	物联网医疗设备研发商	未透露
87	2018/6/6	莱诺医疗技术（上海）有限公司	尚城资本、远毅资本、红杉资本中国	一次性使用介入性医疗器械的研发、制造和销售	数千万元
88	2018/6/6	北京星辰万有科技有限公司	富士康、皖新金智科教基金（领投）	视力训练仪及视力康复服务商	数千万元
89	2018/6/12	赛纳生物科技（北京）有限公司	乔景资本、清控银杏	创新型基因测序仪及配套芯片和试剂	数千万元
90	2018/6/13	法蒂玛（北京）医疗科技有限公司	东方弘道（弘合基金）（领投）、信天创投、中搜网络-中搜创投	外科专科手术机器人公司	1000
91	2018/6/19	执鼎医疗科技（杭州）有限公司	启明创投、重山资本、约印创投、康润股权投资	眼科高精密光学医疗设备的研发制造商	未透露

288

附　录

续表

序号	投资时间	被投资方	投资方	产品、服务	金额（万元）
92	2018/6/20	广州迪会信医疗器械有限公司	复星医药	一家进口体外诊断产品代理商，产品主要为POCT领域的体外诊断仪器	40600
93	2018/6/26	杭州花冰医疗科技有限公司	华岭资本、江宁科技创投	可吸收颈椎融合器	未透露
94	2018/6/27	深圳顺观德芯科技有限公司	国科投资、IDG资本、火山石资本	乳腺钼靶DR设备	4000
95	2018/6/27	成都思多科医疗科技有限公司	紫牛基金	提供便携式无创诊断超声医疗设备及服务	数千万元
96	2018/6/28	常州市速瑞医疗科技有限公司	华岭资本、江宁科技创投	前瞻性3D微创外科成像设备	未透露
97	2018/6/28	深圳市海普洛斯生物科技有限公司	深创投	超微量肿瘤基因检测技术的研发及临床应用	数亿元
98	2018/7/2	北京希望组生物科技有限公司	远毅资本、昌平科技发展母基金、经纬中国	一家基因测序精准医疗公司	过亿元
99	2018/7/3	数坤（北京）网络科技有限公司	华盖资本、晨兴资本、远毅资本	疾病辅助诊断设备研发商	10000
100	2018/7/4	北京百奥知信息科技有限公司	银河吉星、和悦资本	技术服务、医学研究与试验发展等	4000

续表

序号	投资时间	被投资方	投资方	产品、服务	金额（万元）
101	2018/7/5	丹娜（天津）生物科技有限公司	特科投资	主要从事侵袭性真菌病早期快速体外诊断产品的研发、生产和临床应用	未透露
102	2018/7/5	广州宸瑞软件科技有限公司	汇誉资管	智慧医疗及精准医疗服务商	3000
103	2018/7/9	杭州疆域创新医疗科技有限公司	赛嘉基金	医疗器械、医疗机器人、医疗检测设备、健康检测设备、智能健康牙戴装置等产品	数千万元
104	2018/7/9	浙江巴泰医疗科技有限公司	国家中小企业发展基金（国中创投）（领投）、三泽创投	心血管及外周血管介入、植入高端医疗器械产品研发、生产和销售	数千万元
105	2018/7/9	杭州疆域创新医疗科技有限公司	赛嘉基金	智能医疗检测设备研发商，主营医疗器械、医疗检测设备、健康检测设备、智能可穿戴装置等的研发、生产制造与销售	数千万元
106	2018/7/10	武汉互创科技有限公司	湖北高投	医学软件及医疗仪器设备开发、销售	未透露
107	2018/7/10	武汉明德生物科技股份有限公司	未透露	体外诊断产品研发商	340000
108	2018/7/11	北京安智基因生物技术有限公司	未透露	高通量基因测序技术，为临床医学提供整体解决方案	7000

续表

序号	投资时间	被投资方	投资方	产品、服务	金额（万元）
109	2018/7/12	大润医疗器械产业投资有限公司	宁波梅山保税港区康知源创业投资有限公司、宁波梅山保税港区祥博投资管理	提供医疗器械设备及服务	未透露
110	2018/7/12	中国科学器材有限公司	国药控股	科学仪器和医疗器械	510800
111	2018/7/17	苏州锐讯生物科技有限公司	真格基金、火山石资本、明势资本	数字PCR仪器、试剂和耗材	1300
112	2018/7/17	Wision AI	北极光创投	内窥镜影像辅助诊断提供商	数千万元
113	2018/7/17	深圳市梅丽纳米孔科技有限公司	同方厚持	纳米孔早期癌症检测设备研发商	未透露
114	2018/7/17	苏州锐讯生物科技有限公司	真格基金（领投）、明势资本（领投）、火山石资本（领投）	数字PCR仪器研发生产商	1300
115	2018/7/18	明峰医疗系统股份有限公司	未透露	医学影像设备研发商	未透露
116	2018/7/18	杭州法博激光科技有限公司	浙大科发	激光医疗设备研发商	未透露
117	2018/7/24	上海拓拓智能科技有限公司	洪泰基金、谷仓学院	智能听诊器	未透露
118	2018/7/24	北京蓬阳丰业医疗设备有限公司	建银中民医疗昆山基金	从事心血管疾病检测的医疗器械厂商	数千万元
119	2018/7/25	成都瀚辰光翼科技有限责任公司	复星集团、博远资本	低试剂消耗全自动基因分型、全自动流体工作站	数千万元
120	2018/7/25	成都威力生生物科技有限公司	三鑫医疗	血液净化系列医疗设备研发、生产、销售和技术支持	2070

续表

序号	投资时间	被投资方	投资方	产品、服务	金额（万元）
121	2018/7/26	北京倍肯恒业科技发展股份有限公司	中电健康基金	健康领域解决方案与医疗检验设备提供商	未透露
122	2018/7/27	北京君德医疗设备有限公司	共进股份	全科康复医疗设备的研发、生产、销售	4500
123	2018/7/31	仁东投资控股（杭州）有限公司	通和毓承、拾玉资本	从事基因检测服务和基因大数据运营	15000
125	2018/8/1	北京科美生物技术有限公司	华兴医疗产业基金、君联资本、平安创新投资基金、中金康瑞医疗产业基金、自贸区基金、弘晖资本、经纬中国	体外诊断仪器及配套试剂、技术服务提供商	200000
126	2018/8/3	北京易迈医疗科技有限公司	启迪之星、华控基石基金	医疗数字化，目前正在进行产品化及向CFDA申请注册的产品包括：全膝置换智能辅助系统项目、全髋置换智能辅助系统、动态体普记录仪	3000
127	2018/8/3	广州拓普医疗科技有限公司	广州越秀产业基金	肿瘤及基因检测	10000
128	2018/8/5	瞬知（上海）健康科技有限公司	越秀产业基金（领投）幂方资本	智能个人医疗器械解决方案提供商	1000
129	2018/8/6	宁波智机光电科技有限公司	通和毓承	可视化微创医疗器械的开发、生产和销售	未透露

续表

序号	投资时间	被投资方	投资方	产品、服务	金额（万元）
130	2018/8/7	DRA company	金域医学	香港基因检测服务及体外诊断产品研发商	15000
131	2018/8/10	苏州碧利医疗科技有限公司	盛鼎投资、旦恩创投	专注于微创手术领域的显微手术器械研发、生产和销售	数千万元
132	2018/8/13	博雅辑因（北京）生物科技有限公司	礼来亚洲基金、华盖资本、IDG资本、美国中经合集团、袭洪嘉、个人	结合真核基因组编辑技术及高通量筛选技术为医药企业及科研机构提供与基因编辑相关的多种产品和服务	未透露
133	2018/8/14	上海邦邦机器人有限公司	盛山资产、图灵资本、启迪金控、上海辰玛企业管理中心、视源股份	智能自理康复机器人研发商	未透露
134	2018/8/20	湖南伊鸿健康科技有限公司	联想之星、启赋资本	便携式床旁检测设备研发商	数千万元
135	2018/8/20	北京康旭医学检验所有限公司	人合资本	消费型基因检测服务提供商	数千万元
136	2018/8/22	武田（中国）投资有限公司	上海医药	检测试剂及临床诊断药物研发商	1.44亿美元
138	2018/8/29	青岛华东润国际商贸有限公司	康美药业	医疗器械设备经销代理商	547
139	2018/9/18	深圳一脉阳光医学科技有限公司	中金资本、晓渊投资	第三方连锁医学影像服务提供商，致力于线下第三方医学影像中心和医学影像云服务平台的建设、运营和管理	13000

续表

序号	投资时间	被投资方	投资方	产品、服务	金额（万元）
140	2018/9/18	惠州市铭好医疗科技股份有限公司	未透露	智能医疗设备提供商，主要提供助听器、血压监测仪、脉搏血氧仪、喷雾器、空气床垫等健康护理产品	未透露
141	2018/9/21	广州华钛三维材料制造有限公司	未透露	骨科治疗领域3D打印技术提供商	未透露
142	2018/9/27	苏州比格威医疗科技有限公司	翔石资本	一家眼科诊疗系统研发商，致力于眼科疾病诊断与分析系统的研发、制造，以品质为基石，创新为动力，力图打造成为眼科影像领域的国际知名公司	3000
143	2018/9/28	北京致雨生物科技有限公司	杭州泰煜投资咨询有限公司	医药硬件设备研发商，专注于开发自主知识产权的高端基因检测科研和临床设备	未透露
144	2018/9/28	上海夏泰生物科技有限公司	北极光创投、本草资本、LLC	流式细胞仪为主的医疗设备科技公司	未透露
145	2018/9/29	David Health Solutions	常铝股份	肌肉骨骼康复器械提供商，拥有针对脊柱、髋关节、膝关节和肩关节优化生物力学特性的关节特定装置，帮助患者有慢性和复发性疼痛的患者进行安全无痛的培训体验	232万美元

续表

序号	投资时间	被投资方	投资方	产品/服务	金额（万元）
146	2018/9/29	上海澳华光电内窥镜有限公司	君联资本、启明创投、济峰资本	医用内镜生产制造企业	30000
147	2018/9/30	Auctus Biologics	未透露	类抗体支架研发公司	150万美元
148	2018/9/30	深圳智触计算机系统有限公司	元真价值投资	医疗辅助机器人研发商	500
149	2018/10/1	北京图湃影影科技有限公司	清控银杏、聚海投资、启迪之星	致力于超高速、低成本、便携式扫频OCT视网膜诊断系统的研发制造，研发了ToPI-&Sigma、高速扫频桌面级OCT视网膜诊断系统，应用于眼科视网膜疾病诊断	未透露
150	2018/10/8	鼎科医疗技术（苏州）有限公司	启明创投、禾裕壹号	血管介入医疗治疗产品研发和生产	6000
151	2018/10/9	杭州比格飞格飞存生物科技有限公司	老鹰基金	分子检测仪器及试剂研发商	数百万元
152	2018/10/12	苏州雷泰医疗科技有限公司	国药资本	精确放疗设备提供商	数千万元
153	2018/10/15	Cardialen	RiverVest、启明创投、Cultivation Capital、HBM Healthcare	医疗器械研发商	1700万美元
154	2018/10/16	Berkeley Lights	未透露	医疗设备研发商	未透露
155	2018/10/16	南京沃福曼医疗科技有限公司	太浩创投、景旭创投	医疗影像设备研发商	未透露

295

续表

序号	投资时间	被投资方	投资方	产品、服务	金额(万元)
156	2018/10/17	苏州东泉生物科技有限公司	南凯创投、同兴财富	高纯度SOD及医用射线防护喷剂	未透露
157	2018/10/17	Mira	未透露	智能家用POCT设备研发商	220万美元
158	2018/10/19	山东百多安医疗器械有限公司	未透露	介入类医用耗材生产商	未透露
159	2018/10/22	北京数字精准医疗科技有限公司	紫牛基金、金科君创、国新央投	光学分子影像产品研发商，产品包括内窥式近红外荧光成像系统，手持式近红外荧光成像系统，应用光学分子影像手术机器人设备等	未透露
160	2018/10/24	武汉兰丁医学高科技有限公司	招商局创投、中银投资	医疗器械研发制造商	未透露
161	2018/10/24	菁良基因科技(深圳)有限公司	未透露	基因检测服务提供商	未透露
162	2018/10/24	中科博锐(北京)科技有限公司	明势资本	脑部诊疗设备研发商	数千万元
163	2018/10/24	微光医疗	启迪科服、西高投	光学影像系统研发商	12000
164	2018/11/1	Axonics	未透露	植入式神经调节器研发商	1.2亿美元
165	2018/11/2	杭州云呼网络科技有限公司	华强资本、国科嘉和、博远资本	基因检测服务平台	5000
166	2018/11/3	Nalagenetics	East Ventures, Intudo Ventures	基因检测公司	100万美元
167	2018/11/6	湖南永和阳光生物科技股份有限公司	未透露	体外诊断试剂及医学检验仪器研发商	2016

附 录

续表

序号	投资时间	被投资方	投资方	产品、服务	金额（万元）
168	2018/11/7	慧影医疗科技（北京）有限公司	芯动能投资、英特尔投资	医学影像领域进行高科技医学产品研发和制造的企业	未透露
169	2018/11/8	上海森亿医疗科技有限公司	襄禾资本	专注于医学文本分析的人工智能	亿元及以上
170	2018/11/10	上海脉沃医疗科技有限公司	未透露	康复评估设备和态分析设备小型化平台	700
171	2018/11/10	上海睿昂生物技术有限公司	浙江大健康产业基金（领投）	一家生物基因技术科技公司，致力于生物医药科技研发，生产和服务，提供基因测序诊断服务	亿元及以上
172	2018/11/12	苏州信迈医疗器械有限公司	翼朴资本、聚明创投	专注于开发产具有准确标测肾神经功能的消融导管及配套射频消融仪，用以治疗高血压及相关的心血管疾病	7000
173	2018/11/17	Amsino Medical美诺医疗	鱼跃医疗	主要生产并经销以感染控制、抗菌涂层和安全无针为核心技术的一次性医疗器械系列产品	500万美元
174	2018/11/20	NICO	正威集团	外科手术医疗设备研发商	1250万美元
175	2018/11/20	深圳因合生物科技有限公司	南京虎眼	肿瘤筛查和预防领域的基因检测高新技术企业	5000
176	2018/11/21	广州亮动信息科技有限公司		心电监护设备研发商	1000

续表

序号	投资时间	被投资方	投资方	产品、服务	金额（万元）
177	2018/11/21	Stilla Technologies	未透露	高精度遗传分析数字PCR解决方案供应商	1800万美元
178	2018/11/22	鑫诺基因	上善若水（北京）基金管理有限公司	基因检测	5000
179	2018/11/22	BTG plc	Boston Scientific	手术设备制造商	42亿美元
180	2018/11/23	苏州壹达生物科技有限公司	中山贝森医疗基金	电转染仪研发生产商	未透露
181	2018/11/23	极氧科技（北京）有限公司	御势资本	基因检测服务商	数百万元
182	2018/11/27	广州市微米生物科技有限公司	金阖资本、幂方资本	体外诊断试剂及仪器的研发、生产和销售	未透露
183	2018/11/28	明码（上海）生物科技有限公司	ISIF（领投） Temasek淡马锡 Sequoia Capital（红杉海外） 云锋基金	药明明码是一个提供医疗健康服务的平台，专注于实现大规模基因组数据查询、管理、存储和共享，致力于从数据分析结果提供项目设计到临床测试到诊断的服务	2亿美元
184	2018/11/29	深圳市前海安全人口科技有限公司	启尚资本	抑菌抗病毒的"安全套"	数百万元
185	2018/11/29	北京益序医疗科技有限公司	澜峰资本	高血压个体化用药基因测序产品研发机构	数千万元
186	2018/11/30	江苏华跋医疗器械投资有限公司	不惑创投	医疗器械综合服务平台	数千万元

续表

序号	投资时间	被投资方	投资方	产品、服务	金额（万元）
187	2018/12/3	北京英诺特生物技术有限公司	元生创投	POCT诊断技术产业化及相关产业研究的企业	数千万元
188	2018/12/4	ParaGen Technologies	Ikove Venture Partners	美国一家医疗植入物研发商	300万美元
189	2018/12/4	上海首格网络科技有限公司	上海首格网络科技有限公司	医疗供应链行业提升全面运营效率的科技型创业企业	数千万元
190	2018/12/5	Conformal Medical	Catalyst Health Ventures（领投）	医疗器械设备研发商	Catalyst Health Ventures（领投）
191	2018/12/7	Impel NeuroPharma	KKR（领投）、5AM Ventures、Northwest Venture Partners（领投）、Vivo Capital、venBio Partners	脑靶向鼻腔给药输送装置研发商	6750万美元
192	2018/12/7	深圳创怀医疗科技有限公司	蓝色彩虹科技、祥晖资本	移动智能医疗产品研发商	数千万元
193	2018/12/7	北京推想科技有限公司	鼎晖投资（领投） 海通开元 红杉资本中国 襄禾资本 尚珹资本 元生资本 泰合资本 泰合资本（财务顾问）	专注于智能医疗领域，利用深度学习算法实现医疗影像诊断，从事机器学习技术在人工智能、医疗影像与图像识别、金融统计等领域的前沿应用	亿元及以上

续表

序号	投资时间	被投资方	投资方	产品、服务	金额（万元）
194	2018/12/8	杭州安杰思医学科技有限公司	元生创投、天堂硅谷、宁波道源	主要从事微创介入诊疗领域产品的研发、生产和销售，并为用户提供手术方案的设计与开发等业务，产品包括内窥镜用送气送水装置、内窥镜用二氧化碳送气装置和高频切开刀等	数千万元
195	2018/12/10	康沣生物科技（上海）有限公司	比邻星创投（领投）银河投资（银河资本）盛山资产	冷冻消融设备和导管生产商	数千万元
196	2018/12/10	深圳裕策生物科技有限公司	IDG资本（领投）	基因检测和大数据分析	亿元及以上
197	2018/12/10	凯联医疗科技（上海）有限公司	斯道资本（富达亚洲）	医疗器械公司	5000
198	2018/12/10	江苏爱朋医疗科技股份有限公司	未透露	一家疼痛及五官科医疗器械研发商	31900
199	2018/12/11	上海安钛克医疗科技有限公司	鼎心资本	医疗器械及设备研发商	数千万元
200	2018/12/12	浙江优亿医疗器械有限公司	毅达资本	可视化喉镜设备研发商	数千万元
201	2018/12/14	安徽三爱口腔医疗投资管理有限公司	安徽联合邦达	一家口腔临床医疗机构，专注于口腔医学设备材料研发，应用与推广，口腔医学设备材料贸易和义齿加工技术研发	500

续表

序号	投资时间	被投资方	投资方	产品、服务	金额（万元）
202	2018/12/17	杭州华得森生物技术有限公司	点石医械基金、瑞享源基金	提供体外诊断试剂生产原料的公司	5000
203	2018/12/17	深圳市刷新智能电子有限公司	天泷资本、海之源投资	人体体征无创连续监测产品研发商	600

后 记

2019年，我们将迎来中华人民共和国70周年华诞，中国经济的大海更加壮阔。作为健康行业的细分板块，医疗器械行业近年来一直保持着高于同期国民经济发展的增幅，而其多学科交叉的行业特性，使其产业外延在不断扩大。同时，全面破除以药养医、公立医疗机构的改制完成，国家版4+7带量采购方案的公布，人口老龄时代的来临，以及消费能力的提升，将进一步拉动市场需求，推动医药行业快速增长。与发达国家相比，我国医疗器械市场发展空间仍然较大，医疗器械行业的市场将持续扩大。在此产业背景下，我国高端医疗器械在总体质量和技术水平上与发达国家的同类产品相比还有不小的差距，赶超发达国家高端医疗器械技术水平，还需要付出巨大努力。

可喜的是，国家通过一系列的政策措施为产业发展助力，以及医疗需求的拉动，促使我国自主创新的医疗器械将会加速涌现。就在开春伊始，首个医工结合类医疗器械注册证颁发了，并由科研机构取得。这充分体现了医疗器械注册人制度的核心意义——为研发企业松绑、鼓励科技创新、加速成果产业化。相信随着政策红利的持续释放，我国更多的优质医疗器械研发将转化为产品落地。国产高端医疗器械在市场的占有比例将逐步提高，打破跨国公司产品在国内高端医疗器械市场的主导地位，我国的医疗器械将向高端市场突破。

在这个中国医疗器械行业变革的时代，我们都在努力奔跑，我们都是追梦人，我们希望通过记录行业发展的足迹，分享行业的成

后 记

长动态,展望行业前进方向,为中国医疗器械行业作出有益的贡献。本书的编写得到了业内专家学者的广泛关注,特别感谢以下专家:夏天、杨宇、周晶、任力、郭新海、陆志城、方菁嶷、魏旭峰,对书稿给予了大力支持和专业的指导。专家们的辛勤付出,使我们的行业年度报告学术水平更上一层楼。此外,对在本书编写过程中提供过帮助的专家学者、同事们,也在此深表感谢。若没有您的帮助,行业年度报告相关编写工作不会如此顺利。

由于编写时间仓促、水平有限,书中难免存在错误与疏漏,还望业内同侪海涵。

2019年1月18日